JN038953

死者の力

死者の力

津波被災地「霊的体験」の死生学

高橋 原
Takahashi Hara
堀江宗正
Horie Norichika

岩波書店

はじめに

高橋　原

本書にまとめることになった研究を私に焚きつけたのは、宮城県名取市で在宅緩和ケアのクリニックを営んでいた故・岡部健《たけし》医師（一九五〇—二〇一二）だった。二〇一二年春に東北大学に「臨床宗教師」養成のために実践宗教学寄附講座が立ち上がり、仙台に赴任した私に、岡部先生は「いま、被災地では集合的無意識が噴出しているんだ」と言われた。集合的無意識とは人類に共通している心の奥底の古層を意味するユング心理学の用語であり、この言葉はいささか唐突に感じられたのだが、次第に、津波の被災地でしばしば聞こえていると報じられていた幽霊目撃譚が先生の気にかかっているのだとわかってきた。幽霊を見ることは単なる気の迷いではなく、地震とともに心の深い部分が揺り動かされ、人類が共有する根源的イメージが体験されている、というのが先生の真意だったのだろうか。被災地の幽霊を素材とする新聞記事も出始めていた頃で、先生は、「平成の遠野物語」をやってみたらどうかという提案をされたこともあった。すなわち、被災地を回って幽霊話の収集をしたら面白いのではないか、ということであった。

遠野物語の第九九話には、明治の三陸津波の際に妻の幽霊と出会った男の物悲しいエピソードが記されている。ふと目を覚ました初夏の月夜に、男は、波打ち際を歩む二人の人影を見る。それは妻と、やはり津波で死んだかつての恋人の姿であった。二人は今は夫婦となっているという。男は「子供は可愛くは無いのか」と問いかけるが、妻は泣いて、そして消えていった(1)。

このような経験は、イタコなどの巫女による死者の口寄せの文化が息づく東北地方ならではのものなのではないか。岡部先生が、自身の経営するクリニックの患者遺族を対象に、末期患者が経験する「お迎え」についてのアンケート調査に取り組み、成果を公表したのもそうした発想に基づいていた(2)。

岡部先生が闘病中であった癌のために亡くなったのは、そんな言葉を交わして間もなくのことであったので、幽霊話収集の提案は、私にとっては先生の遺言のようなものとなってしまった。しかし実のところ、この宿題は甚だ気乗りのしないものであった。ひとつには、仮にそのような仕事をやりおおせたとしても、ステレオタイプの怪談風の断片が集まるだけではないかという予感があった。実際、いくらか聴き取りを試みたりもしたが、どこそこの遺体安置所の跡から声が聞こえるとか、海面からたくさんの手が突き出しているのが見えたといった話の内容自体は、もう何十年も前からお馴染の、心霊スポットにまつわるオカルト的な怪談噺の域を出ないものであった。気乗りがしなかったもうひとつの理由は、調査の手法に関わるものであった。死別の悲嘆を抱えた人々の住む土地に出かけていって、「幽霊を見た人はいませんか?」などと聞いてまわるということなど自分にはできそうもないと思われた。自分が東京から来たよそ者であるという意識も重い足枷となった。

その一方で、恐ろしい幽霊にまつわる相談を持ちかけられた宗教者たちはどのように対応しているのだろうかというテーマには魅力を感じていた。宮城県栗原市の曹洞宗僧侶、金田《かねた》諦應《たいおう》さん(3)に、死者の霊の憑依や供養、除霊といったことに関わるいくつかの事例を紹介され、霊に関する専門家であるところの宗教者を対象とした調査であれば自分にも可能であり、また宗教学者としてユング心理学を論じてきた自分の興味関心とも無理なく繋がっていくのではないかという感触があった。そこで、科学研究費の挑戦的萌芽研究に「東北被災地域における心霊体験の語りと宗教者による対応に関する宗教学的研究」を課題として申請したところ、幸いにこれが採用されることとなった。その研究分担者となってくれたひとりが、学生時代に宗教心理学をともに学んだ旧友である本書の共著者、堀江宗正であった。

こうして、二〇一三年から足かけ三年にわたる、宮城県の宗教者を対象とする質問紙と聴き取りによる調査、仮設住宅に住まう被災者に対する対面調査、被災地支援の経験を持つ首都圏の宗教者に対するインタビューなどを内容とする一連の研究が始まったのである。宗教者たちは、いわゆる「心霊現象」をどのように理解し、悩みを抱える人々にどのように対応しているのか。被災地の人々は死者とどのような関係を保ちながら生きており、そこに霊的問題がどのように関わっているのか。こうした問題を、宗教学や死生学の観点から明らかにすることが目標となった。

(1) 柳田国男『遠野物語・山の人生』岩波文庫、一九七六、六四―六五。
(2) 「地域社会にみる死生観の現在に関する複合的研究」(科学研究費課題番号二二四三〇五四八、二〇一〇―二〇一二年度、研究代表者・諸岡了介)。岡部医師の主治医となった河原医師によってまとめられたのが、河原正典『「お迎え」体験』(宝島社新書、二〇二〇)である。
(3) 金田氏の震災以降の経験については次を参照。金田諦應『東日本大震災 3・11生と死のはざまで』春秋社、二〇二一。

さて、私が手を付けずに投げ出した幽霊話の収集という岡部先生の宿題に、別の方面から向きあった人たちもいる。一人はNHKのディレクター佐野広記さんで、彼はフットワークも軽く被災地を回って心霊体験をした人たちを探しだし、インタビューを行なった。この記録はNHKスペシャル『〝亡き人〟との再会』(二〇一三)という良質のドキュメンタリー番組となって放送された。もう一人は、ノンフィクション作家の奥野修司さんである。実は奥野さんは、私が岡部健先生を自宅に訪問した際に同行され、「平成の遠野物語」についてのお話を一緒に拝聴した人物であった。奥野さんは緩和ケア医としての岡部先生の評伝を『看取り先生の遺言――がんで安らかな最期を迎えるために』(文藝春秋、二〇一三)としてまとめた後、幽霊話の収集に本腰を入れ、根気強く正攻法でこれを行なった。それは『魂でもいいから、そばにいて――3・11後の霊体験を聞く』(新潮社、二〇一七)として出版された。さらに、『呼び覚まされる　霊性の震災学――3・11生と死のはざまで』(東北学院大学震災の記録プロジェクト/金菱清(ゼミナール)編、新曜社、二〇一六)は、女子大学生がタクシードライバーから幽霊話を集めてまわったということで話題となった。これらについては第二章で触れる。また、本書でも第三章以降において堀江が被災地で語られる霊的物語についての分析を行なっている。

被災地の幽霊話を取り上げた類書は、近年の実話怪談・怪談実話への注目を追い風に、多くの読者を獲得しているように思われる。しかし、これらの特徴として、娯楽的に消費されることを意図しているのではなく、遺族となった人々が死者となった故人とどう向き合っているのか、死者の記憶や思い出がどのように意味づけられ、生を支える希望につながっているのかに注目していることが指摘できる。そのため、普段はこのような本を取り上げない新聞などでもよく紹介される。ネットでは、被災者ではない人々が、自らの死別体験と重ねて、共感を表明している。多死社会を迎えつつある現代人一般にとって、このテーマは決して他人事ではなく、死者との絆の問題が切実なものとなっていることがうかがえる。

これらの著作は必ずしも学問的アプローチをとらず、余計な解釈や批判的分析なしに、証言を記録するというスタンスをとるものが多い。震災直後は、被災者の心理を考慮して、そのような態度で証言を収集し、公刊することには意味があっただろう。しかし、それがこれまでの宗教伝統とどのように関わるのか、生きている人のケアとどのようにつながるのか、被災地の共同体のなかでどのように作用するのか、さらには現代日本社会にとってどのような意味を持つのかを、震災後一〇年を経て、そろそろ考えるべき時期に至っているように思われる。そして、これらの問いを考えようとすれば、宗教学、心理学、社会学、死生学の方法や学問的蓄積の参照を避けることはできない。本書は、このような課題に取り組んだ成果である。

津波被災地における幽霊あるいは心霊体験、死者のイメージへのアプローチは、親しい身内との絆を象徴する「身近な霊(死者)」を扱う方向と、宗教者に対応を依頼しなければならないような恐ろしい「未知の霊(死者)」を扱う方向に大別される。本書に収められた論考は、どちらかといえば堀江が前者、高橋が後者の方向で進めた研究に基づくものである。両者ともに宗教学の出身であり、宗教心理学の理論研究で博士論文を書いている(高橋『ユングの宗教論』、堀江『歴史のなかの宗教心理学』)。また、ユング心理学と心霊現象に関する研究書の翻訳も共同で手がけている(渡辺学・葛西賢太との共訳であるチャレット『ユングとスピリチュアリズム』第三文明社、一九九七)。様々な偶然の巡り合わせから、二人は現在、東京大学、東北大学でそれぞれに「死生学」の名を冠する講座の教員となっているが、このことは、二人が、死者、霊、宗教といったテーマを、過去の学問的議論を踏まえて、生きている人間の心の問題とケアの実践に結びつけて考えようとしていることを意味している。「集合的無意識が噴出している」という岡部医師が示唆した今日的課題の意味を、同時代、そして後世の読者・研究者にどのように伝えるか。私たちなりに取り組んできたことをまとめたのが本書である。

念のために付言しておくと、本書は、「幽霊」と呼ぶかどうかは別として、死者の霊魂が存在するか否かという判断には踏み込まない。東日本大震災の被災地で「幽霊」の目撃談があることは事実であり、そのような体験をしたという人は多い。一方では、この現象を、ストレスや不安による錯覚にすぎないと解釈する人々がいる。また他方では、死後の世界、霊の世界が実在するからこそ、そのような現象が起こるのだと解釈する人々もいるだろう。本書では、どちらの解釈も退けることはしない。ただ、少なくとも、彼らの「心的現実」の中ではそのような現象が生じており、彼らが生きている「物語的現実」の中では、死者の霊が有意味な存在感を持っているという立場にとどまることにする。

ただし、体験の当事者の中には、「幽霊」という言葉を嫌う人々もいる。また、「亡くなった人々が心の中に生きている」と語る人が、必ずしも故人が霊魂として存在していると信じているとはかぎらない。したがって、本書のタイトルに含まれる「死者」とは、「死者の霊」という意味に限定されるものではなく、もちろん「遺体」という即物的な意味でもなく、もう少し幅を持たせて、生きている人間の「心的現実」「物語的現実」の中に存在している故人を意味するものである。そのような意味での死者が、現に生きている我々の生を時におびやかし、時に勇気づけ、悲しみを癒す力ともなる。

我々が生きているのはそのような世界であり、宗教が存在してきたのも、人間が「死者の力」を無視するわけにはいかなかった証であろう。

各章の執筆分担と内容について概要を示す。いずれも本書のために新たに書き下ろしたものであるが、既発表の論考を下敷きにした部分もある。

第一章「物語の力」(高橋担当)では、被災地で経験された「心霊現象」の語りがなぜ人々をひきつけずにはいないのか、体験された現象の性質と、それが語られることの意味について、いくつかの先行研究を紹介しながら検討する。ここでは、死者の霊をめぐる物語は、生き残った人々の不安や希望が投影されたものであるという観点から考察が行なわれる。死者がまだどこかに存在しており、安らかに自分たちを見守ってくれていると考え、それを願うことは、人々の生きる希望をつなぐ絆を語る物語となる。反対に、死者の存在が生者の生活に様々な形で否定的な影響を与えてくるという物語は、人々の不安が投影されたものである。いずれにせよこれらは日本人が共有してきた死者供養の文化を背景に語られる物語である。

第二章「儀礼の力」(高橋担当)では、心身の不調などを死者の霊の影響だと考えて相談に訪れる人々に対して、宮城県の被災地の宗教者がどのように対応しているのか、調査結果をもとに、宗教宗派別にその実態を紹介する。得られた知見の一つは、現場の宗教者たちが、儀礼を巧みに用いながら、相談に応じているということであった。また、一般的に、仏教、神道、キリスト教などの宗教教団は「心霊現象」の解釈や対応方法について定めた公式の教義を持っているわけではなく、現場の宗教者はそれぞれの経験や知識に基づき、臨機応変に対応を判断していることも見えてきた。そして、どのように対応するにせよ、それが効果的なケアとなるためには、丁寧に話を聴く「傾聴」の姿勢が重要であると考察している。

第三章「絆の力」(堀江担当)では、震災によって大切な人を亡くした被災者を対象とした「こころの絆」調査(アンケートと聞き書き)の結果を報告する。この調査は、理論的には「継続する絆」研究をもとにしている。これは亡き人の表象(イメージ)を、死別者の多くが長年にわたって堅持し、それに支えられているという理論である。この継続する絆を示唆する体験としては、故人の気配を感じたり、心のなかで会話をしたりするというものがある。このようなマイルドな体験だけでなく、ときおり死者の霊の実在を強く確信させるような体験をする人もいる。この章では、被災地での霊的体験を、「身近な霊」の体験と「未知の霊」の体験に分け、その典型例を示す。前者は被災者によって日常的に体験されているのに対して、後者は外部から来た運転手、工事関係者、ボランティアらによって体験される。

第四章「共同体の力」(堀江担当)では、この二つの体験の境界線上にあるもの、複雑に二つの要素が絡み合った事例を取り上げる。主な調査対象地となった岩手県のA市では、身近な霊の語りが多く聞かれるが、未知の霊についてもあたかも身近な霊のように共感が寄せられる。それに対して、宮城県のB市では、身近な霊の語りはほとんど見られない。そこで、A市の信号待ち怪談とB市のコンビニ怪談を比較し、二つの共同体の霊的体験のありようの違いを生む地理的要因、心理的要因、宗教的要因を分析した。

第五章「信仰の力」（堀江担当）では、支援を目的に被災地の外から来訪した信仰者（仏教系、神道系、スピリチュアリズム系の信仰者）が、被災地での霊的体験をどのようにとらえたか、自らはどのような体験をしたのかを、インタビュー調査をもとに明らかにする。この「信仰者調査」からは被災地の宗教者や被災者から得られない知見がもたらされた。というのも、地元で噂になることを恐れて、被災者同士でも話さないし、現地の宗教者にも話せないような霊的体験が相談されることが多いからだ。被災地は、世俗化や宗教復興の二分法には収まらず、ポスト近代の悲嘆文化のなかにあり、第三者によるスピリチュアルケアを必要としている部分があることが分かる。また、調査の過程で、死者と生者の密着した「継続する絆」だけでなく、ある程度の距離感を持った「継続する連帯」が「死者―生者―支援者」の間で育まれていることを確認する。

結論（堀江担当）では、調査全体を踏まえて、宗教学、宗教心理学、物語理論、死生学の観点から理論的考察をおこなう。日本人の死後観は、実在論的というよりは、物語的現実の立場に移行していることを死生観調査から示し、物語的現実としての霊とは「生前の人格的イメージ＋体験者の心理状態＋既存の集合的象徴」から構築されることを明らかにする。次いで「霊」を、物理的に離れたものをつなぐ媒体との関わりで理解される生命原理とし、疫病モデル、電磁波モデル、情報モデルが時代とともに発達してきたことを示す。被災地では疫病モデルが復活しやすい状態にあったが、被災者や宗教者は情報モデルにシフトしつつある状態にあった。最後に、本書のタイトルでもある「死者の力」について考察する。死者を特徴づけるものとして、他者性、人格性、社会性が論じられてきたが、超越性もあり、その変容と生者の癒しが連動するという筋立てを持つドラマツルギーが、様々な事例のなかに見出されることを示唆する。

本書のもととなった研究プロジェクト「東北被災地域における心霊体験の語りと宗教者による対応に関する宗教学的研究」は日本学術振興会科学研究費の助成を受けている(挑戦的萌芽研究・課題番号・二五五八〇〇一二)。調査結果の概要は巻末資料としてまとめたので参照されたい。

このプロジェクトにはいくつかの調査が含まれている。

(一)宮城県の宗教者を対象とする質問紙調査
(二)宮城県の宗教者を対象とする聴き取り調査(非構造化面接)
(三)岩手県・宮城県の仮設住宅住民を対象とする調査(質問紙に基づく半構造化面接)
(四)東京近郊の信仰者を対象とする聴き取り調査(非構造化面接)

(一)と(二)は高橋が中心に進めた調査であり、その結果は本書第二章に反映されている。(二)の聴き取り調査の一部には堀江も同行している。(三)と(四)は堀江が中心となって進めた調査であり、(三)には高橋も同行し、(四)には小川有閑の協力を得た。(三)(四)の結果は本書第三、第四、第五章に反映されている。

本研究は、これらの調査に応じてくださった宮城県、岩手県の被災者の方々、宗教者の方々、また仲介の労をとってくださった宮城県神社庁、仙台キリスト教連合等の諸団体、被災地支援に関わった様々な立場の信仰者のご協力なしにはなしえなかったものである。お一人お一人の名前をあげることはできないが、あらためてここに心からの御礼を申し上げる。

目　次

第一章

物語の力

――被災地の霊的体験になぜひきつけられるのか――

高橋　原

メディア報道

東日本大震災後一年に満たない二〇一二年一月に、津波で多くの死者を出した被災地に幽霊が出るという噂話について報じたのは産経新聞であった。

「「お化けや幽霊見える」　心の傷深い被災者　宗教界が相談室」　産経新聞（二〇一二年一月一八日）

記事では、被災者の幽霊目撃談が絶えないとされており、幽霊の出現は「心の傷の表れ」であるという被災地の住職の言葉が引かれて、相談相手が他にいないこの問題に対して、宗教者たちが相談の取り組みを始めたとされている。いくつかの主要紙の類似記事の見出しを並べると次のようになる。

幽霊目撃談、被災地で　切ない思い、姿を変えて　朝日新聞夕刊（二〇一二年一一月一九日）

被災地の幽霊話　ほんのり温かく〈死と向き合う心に癒やしも〉　東京新聞（二〇一三年八月一二日）

幽霊、意外と存在感「心のケアに」研究進む　朝日新聞デジタル（二〇一三年一二月二〇日）

幽霊を心のケアに　話すことで、不安和らぐ　朝日新聞（二〇一三年一二月三一日）

霊、時には癒やしに　男性、被災地で幽霊話取材　河北新報（二〇一五年一月四日）

見出しからもうかがえるように、記事は特定の地名を挙げて興味本意に不安や好奇心をあおるようなものではなく、「幽霊」とは身近な人々を失ったり、多くの死に接したりしてストレスを抱える被災者の不安が表現されたものであり、その体験から目をそらさないことが、心のケア、グリーフケアの手がかりとなり得るという考え方に基づいて書かれている。これらの新聞記事の中には私たちの研究を参照して書かれたものもあるのだが、いわば常識的な観点を踏み越えずに書かれているといえる。

注意しておきたいのは、この「常識的な観点」は、死者の霊の実在については明確に肯定も否定もしていないということである（暗黙のうちに否定しているという解釈も可能であるが）。これは一見無難な論述スタイルであるが、それでも厄介な問題をはらんでいる。京都大学で開かれたシンポジウムにおける私（高橋）の「常識的な発言」が、ネット記事として配信されたことがあった。それは、「心霊現象を人々が語る背景には心身《ママ》や社会的不安がある」という発言であった（京都新聞二〇一三年七月一〇日）。これに対して、それを引用掲載したネットの匿名掲示板では、国立大学がこのような非科学的な研究を行なうのはけしからんという否定派からの反応や、心の傷だと決めつけるなという肯定派からの反応が並んだ。霊の問題というのは、明確に肯定しても、否定しても、あるいは無難に語ろうとしても、多くの人の感情をかき立てずにはいられないテーマであるということが実感された。

それにしても、幽霊目撃談が絶えなかったというのは本当だろうか。やや誇張されすぎなのではないかと評価する向きもある（鵜飼　二〇一八）。私たちの研究では、ステレオタイプになりがちな「目撃談」の収集には重きをおかなかったのであるが、私たちが実施した質問紙調査（後述）によると、回答者の二五％ほどが、単なる噂話としてではなく、自分で「霊的な現象」あるいは「不思議な現象」

を体験したという人と会ったことがあると答えている。回答者が宗教者であり、そのような話題に接することが多いだろうということを割り引いても、やはり、新聞種にするだけの頻度で、「不思議な現象」が体験されていたとみてよい。ただし、「上半身のない人が歩いていた」といった証言がある一方で、「目撃談」という言葉に収まらないものも多く含まれている。いくつかの例を見てみよう（巻末参考資料2、問3）。

「夢に行方不明の祖父母が現われ、誘われた。犠牲者の霊が息子に憑いているようだ。」（B001）

「被災地（津波）の現場付近を車で通ると頭が痛くなり、通り過ぎるとなおる。毎回同じことがおこる。」（B007）

「亡くなった息子さんの車のライトが点いたり、ドアの音がした等。」（B020）

「夜中に戸の開く音がして参拝する拍手の音が聞こえた。昼でも戸をノックする音がしたり砂利の上を歩く音がする。」（N003）

「海に行った後、体調がだるくなり、交通事故を起こす」（S046）

ここに取り上げたものは、死者を夢に見ること、頭痛がすること、機械類の不自然な作動、幻聴、身体的不調と交通事故などであり、「幽霊」との関係が不明瞭なものばかりである。しかし、それを体験した当人によって、またはその話を聞いた宗教者のフィルターを通して、「霊的な現象」あるいは「不思議な現象」であると解釈されているのである。人は死んだらそれで終わりなのではなく、なんらかの形で存在し続け、死んで後も生き残った者の世界に影響を与えている…。(1) これは死者（の霊）の存在を肯定する語り方になるが、「存在する」というのがどういう意味であれ、死者が生きている者の生の営みに与える影響をどうにかして排除しようとしたり、逆になんとかして保とうとしたりするのが人間というものであり、そこに宗教が求められてきたのである。後に見るように、単に「幽霊」を目撃したからというのではなく、さまざまな生活上の問題、特に心身の不調の原因に死者（の霊）に由来する要因が関係すると考えられたときに、相談事が寺社教会などに持ち込まれ、宗教的対応が期待されるようである。

亡き人との再会

ＮＨＫスペシャル『〝亡き人〟との再会』（二〇一三年八月二三日放送）は、死者の霊の「肯定派」の立場からこのテーマにアプローチしたかのように見える番組であった。番組は、「亡き人を想う鎮魂の祭り」である盛岡さんさ踊りの映像から始まり、津波によって遺族となった人々のインタビューを軸に組み立てられ、彼らが不思議な形で故人と「再会」した体験談の数々が報告される。亡くなった義母の幻影、亡き父から送られた花、呼びかけに応えて自然に動き出した亡き子の玩具、亡き子どもた

（1）　鈴木岩弓は、〈死者から生者への働きかけ〉を語る「怪異譚」を福島県相馬市で採集し、考察を加えている。鈴木岩弓「震災被災地における怪異の場」『口承文芸研究』三八、二〇一五。

ちがあの世で元気に成長を続けているかのような夢…。ドキュメンタリーの手法であるが、落着いたナレーションとともに、スローモーションを用いた美しいイメージ映像を随所に折り込んだ、詩的な余韻を残す作品となった。どの体験談も死者の霊の存在を証明するようなものではなく、合理的な解釈の余地は残されているものの、故人がどこかに存在しており、今は安らかにこちらを見守っているというメッセージを読み取ることができるものとなっている。

番組を担当したディレクターの佐野広記氏とは、臨床宗教師養成の取材を縁に、私たちの研究プロジェクトが立ち上がった当初からコミュニケーションを重ねていた。前述の厄介な問題――「霊」を公に語ることの困難さ――についても配慮をされたようで、番組の中で「幽霊」という言葉が使われることはなかった。予想された通り、放送当日のネット掲示板では、ＮＨＫが「オカルト」を放送することに対する激しい批判が見られたが、佐野氏によると、ＮＨＫのコールセンターへの電話の中で、クレームに類するものは、意外にもわずかに一件であり、概ね好意的な反応が多数を占めたということであった。番組に対するツイッター上のコメントを検討した堀江も否定的な反応はほとんどなく、一般視聴者や影響力のある知識人のあいだからは、「幽霊」や精神病理としてとらえず、個人的な物語として尊重し、傾聴するべきだという意見が表明されたと述べている(堀江　二〇一八)。

番組が視聴者に好意的に受け入れられた要因はいくつか考えられる。一つには、「霊」という言葉を使用しなかったことにも現われているように、死者の霊や死後の世界の実在を示唆するような特定の宗教的価値観や世界観の提示を差し控えたことがある。もちろん、暗黙のうちに死後の世界の存在が前提されているのだということもできるだろうが、映像の中で報告されていたのは、あくまで、こちらの世界で人々が経験したことであった。そして、番組の趣旨から当然のことであるが、出会った者に恐怖や不安を引き起こすような、恐ろしい死者が登場しない。すなわち、たとえ現われたものが「幽霊」であったにせよ、それは親しい身近な死者の霊であり、もう一度会いたいと思えるような懐かしい存在であった。しかも、描写の中心となったのは、現われた死者ではなく、遺族となった人々が、悲しみにくれながら、あらゆるところに故人の面影を探し求め、それを支えとして前向きに生きていこうとする姿であった。その心情に第三者が異論を挟む余地はない。津波は遠い東北の地で起こったことであるにしても、死別の体験はいつなんどき訪れるかわからない。誰もが潜在的な当事者として、同情と共感を誘われたと考えられる。

未知の霊、身近な霊(見知らぬ死者、身近な死者)
――阪神・淡路大震災との違い――

「幽霊」の出現は、恐ろしいものとして体験される場合と、心温まるものとして体験される場合がある。私たちの研究プロジェクトが進む中でこのような二分法が共通認識として形成されていた。その違いは何に由来するのかというと、考えてみれば当然のことながら、生前よく見知っていた人物であれば、たとえ「幽霊」として現われても、恐ろしさよりも懐かしさが勝ることがあるだろう。法事で親類が集まった時に、故人の部屋から物音が聞こえたなどという場合に、「きっとみんなに会いたくて帰ってきてるんだね」という一言で一同が納得して済んでしまうような例がわかりやすい。一方、現われるのがどこの誰とも素性のわからない人物であれば、得体の知れない不気味さを感じるだろう。
私たちは、恐ろしい体験として現われるものを「未知の霊」、心温まる体験として現われるものを「身近な霊」と呼ぶことができるのではないかと考えた。『〝亡き人〟との再会』で描かれたのは身近な人物との再会であり、それは「幽霊」であるとしても「身近な霊」との出会いである。これは心温まる体験であるために、それを体験したひとりひとりが大切な記憶として胸にしまっておくかぎり、表に出ないことが多いと思われる。反対に、怪談風に語られる「被災地の幽霊」の噂話は、たいてい見知らぬ誰かの「未知の霊」に関するものであり、宗教者に相談が持ちかけられるのもこのタイプである。

東日本大震災被災地の「幽霊」の多くが「未知の霊」に関するものであったと仮定して、なぜそのようなことが起こるのか。しばしば阪神・淡路大震災の後には怪談めいた幽霊譚が聞かれなかったと指摘されることと合わせて考えると、津波という災害の特異性が浮かび上がってくる。それを要約して言えば、被災地域が広大で、行方不明者の数と身元不明者の――したがって「見知らぬ死者」の――遺体の数が極めて多かったということである。

被災直後の宮城県石巻市の様子を語ってくれたある住職の話をまとめると次のようになる。
津波が押し寄せたあるスーパーマーケットの二階に避難した人たちは、水がひいてから外に出るのに、階段に折り重なった多くの遺体を踏み分けていかなければならなかった。大人も子供も、否応なくそんな光景を目にしたし、津波の直後には道端に遺体が埋まっているようなことが珍しくなかった。石巻は人の出入りが多い土地柄であるので、当然、見知らぬ人の遺体(やその一部)があたりに隠れているという気味の悪い状況だった。家族の中に行方不明者がいる人は、遺体安置所をまわって、入り口に貼り出された写真を手がかりに遺体と対面し、それが自分の家族でないか確かめなければならなかった。それが見知らぬ誰かであった場合には安堵を覚えつつ、不安を抱えたまままた別の安置所に赴くことになる。家族が見つかった場合には、たとえ遺体であっても出会えてよかったと涙を流すという、なんともやりきれない状況がどこにもあった。

遺体安置所をめぐる凄惨な状況については、真宗大谷派の僧侶であり、震災当時は宮城県名取市職員として遺体安置所の運営を担当した木村敏も、NHKのドキュメンタリーの中で証言している(2)。名取市のボウリング場には、死亡時の苦悶そのままの表情を浮かべ、虚空をつかんだまま硬直した、損傷の激しい遺体が次々と運びこまれ、五〇〇もの遺体が並んだ。木村は防犯のために泊まり込みで番をすることになったが、帰宅してからも寝つかれず、金縛りの中で、寝室に誰かが入ってくる気配をはっきりと感じ、死者の顔が次から次へと目に浮かんで消えなかったという。そのような日々の中で、木村は、流れ作業のように運ばれてくる遺体が人格を持った人間であるということを忘れ、番号を付されたモノであるという感覚に支配されていくのを感じたという。心を凍りつかせ、麻痺させないと、とてもではないがその仕事を続けるのには耐えられなかったということであろう。筆者も、遺体の運搬に関わった消防団員から、ストレスのために髪の毛がすべて抜け落ちてしまったと聞かされたことがある。

(2) NHKEテレ『こころの時代・シリーズ私にとっての3・11　苦と共にありて』(二〇一六年三月一三日放送)。

我々が平時の葬儀において出会う穏やかな死に顔とは違って、死んでなお苦しげな死者の姿が多くの人々の記憶に、実体験によって、また想像の中で、焼き付けられていった。そのような遺体が、泥の中に、水の下に、大量に取り残されているのであり、行方不明者の家族にとっては、自分の家族がそのような遺体となっているのではないか、あるいはどこかで生きていてくれるのではないかという不安定な心持ちを強いられていたわけである。

ところで、現在では全国的にほぼ一〇〇%の遺体が火葬されているが、火葬という仕組みは、たとえ生前苦しんだ死者であっても、死を境にしてその苦しみは去り、安らかな存在となっているという感覚に説得力をもたらすための一つの装置となっている。遺体が焼かれ、立ち上る煙とともに白い骨と灰になって清められるという感覚は多くの日本人に共有されていると考えてよいだろう。津波直後には火葬場の稼働が十分ではなく、土葬(仮埋葬)されたことがあったが、その遺族から聞いた言葉の中には、「土の中で腐っていくことを想像するとかわいそうで耐えられない」というものがあった。かつての土葬時代にはそれが当然であったはずなのだが、現代ではそれではかわいそうだという感覚が生まれている。だから、火葬場が稼働し始めると、いったん埋められて腐敗が始まっている遺体をわざわざ掘り起こして火葬し直すという事態が生じたのである(3)。

言うまでもなく、いまだ発見されず行方不明となっている人々は、火葬されないまま、どこかに放置されている。清められ、安らかな存在へと転化しないままの見知らぬ死者が、被災地の土の下、水の中のそここに存在するという感覚が生じたと考えられる。そして、行方不明者の遺族の宙ぶらりんの心理状態は「曖昧な喪失」と呼ばれる(4)。葬儀を出せば気持ちに区切りをつけることもできようが、それは希望を捨てることであり、自分が最後の手を下すかのように感じられるので死亡届を出す決心もできない。免許証一枚、石ころ一つを遺骨代わりに葬儀を行なったという話も聞いたが、そこにいたるまでの不安や苦しみはどれほどのものであっただろうか。このようなことは阪神・淡路大震災では起こらなかったのである。

東日本大震災後一〇〇日目の節目に、名取市主催の合同慰霊祭が開催されたのは、自らの体験を踏まえて葬式の大切さを再認識したという木村の尽力によるところが大きかった。「葬式仏教」の何が悪いのか。人の死を人の死として受け入れることができるように、「悲しみや苦しみを一皮ずつ剝いていく」のが宗教者の役割であり、葬式の機能なのではないかと木村は語る。きちんと型通りに葬式を執り行なうことによって心の区切りをつけ、公的慰霊行事によって多くの人々と悲しみを分かち合う。そして人々は新しい一歩を前に進めていく。しかし、こうしたセレモニーというのは「私」の感情を抑えることで成り立つものでもある。そのような器には収まり切らない個人の想いというものがどうしても残る。ひとりひとりの脳裏に去来する死者の姿は、そうした想いの一つの形である。

（3）　宮城県で葬儀社を経営する菅原裕典の証言を参照（菅原　二〇一三：一〇二以下）。また、火葬されたにせよ、きちんと葬儀をすることについてのこだわりを示すエピソードもある。ある寺院では、津波直後の混乱の中でやむを得ず三家族合同での葬儀を行なったが、遺族から不満が出たために、後で個別にすべての葬儀をやり直すことになったという。

（4）　ポーリン・ボス『あいまいな喪失とトラウマからの回復――家族とコミュニティのレジリエンス』中島聡美・石井千賀子監訳、誠信書房、二〇一五。

たとえ幽霊でもいいから会いたい

さて、前述のＮＨＫスペシャル『〝亡き人〟との再会』は、「身近な死者（会いたい幽霊）」の体験談を集めたものであったといえる。この種の心温まる体験は阪神・淡路大震災においても、表に出ないだけで存在していたのではないかと想像されるのだが、東日本大震災では多くの事例に光が当てられた。(5) 奥野修司『魂でもいいから、そばにいて——３・11後の霊体験を聞く』（新潮社、二〇一七）は、そのような体験談を根気よく収集した労作である。

「はじめに」で述べたように、奥野は岡部健医師の評伝を書く傍らで、被災地の幽霊譚を集める仕事にも着手していたのだが、この作品は、怪談風の幽霊譚ではなく、「生者と死者をつなぐ物語」に着目して書かれたものである。奥野は、岡部医師との会話の中で「石巻のあるばあさん」が、亡くなった夫の霊と出会えることを期待して夜な夜な十字路に立っているという話を聞いたときの、次のような感慨を記している。

「切ない話だったが、それを聞いてほっとすると同時に、思わず胸が高鳴った。これまで霊を見て怖がっているとばかり思っていたのに、家族や恋人といった大切な人の霊は怖いどころか、それと逢えることを望んでいる。この人たちにとって此岸と彼岸にはたいして差がないのだ。たとえ死者であっても、大切な人と再会できて怖いと思う人はいない。むしろ、深い悲しみの中で体験する亡き人との再会は、遺された人に安らぎや希望、そして喜びを与えてくれるのだろう。」

この観点は、私たちの研究においても、「身近な死者（会いたい幽霊）」が現われる意味として考えられていたことである。そして、それは東北の「この人たち」に限らない普遍的な思いの反映であろう。ゆえに、阪神・淡路大震災においてもこのような事例はあったに違いないと私は考えるのである。

奥野は、東日本大震災の死者・行方不明者一万八〇〇〇人余とその遺族にあったはずの、一万八〇〇〇通り、それ以上の物語を聴き取ることで、「生き残ったものが、彼岸に逝った大切なあの人との物語をどうやって紡ぎ直そうとしたのか、できるだけ多くを記録しておきたい」と述べている（以上、同書「旅立ちの準備」より）。

奥野の手法でもっとも注目に値するのは、取材対象者ごとに最低三回は会って話を聞いたということである。もともとは、語られた霊体験の真偽を確かめたいという動機からそうしたということであるが、二度三度と話を聴くうちに、証言が少しずつ変わっていくという発見があったという（同書「旅のあとで」）。それは意図的に嘘をついたり、話を取り繕おうとしたということではない。そのつどありのままに「心的事実」を語っても、あるいは、それだからこそ、少しずつ語られる内容が変わっていくのだと考えられる。

たとえば、自宅で不思議な人の顔を見たという女性は、最初のインタビューではそれが誰なのかわからなかったと語っていたが、三度目には、「すぐにお父さんだとわかった」と証言が変わったそう

（5）「閖上《ゆりあげ》を走る幽霊」の噂を聞いて夜中に外に出てみる母親のエピソードなどが心を打つ。「被災地で聞いた不思議な体験談「幽霊の噂を聞いて夜中に見に…」」『女性自身』ウェブ版、二〇一五年八月二七日。木越康「「死んだら終りですか？」——慈悲のかわりめ」（鈴木・磯前・佐藤　二〇一八）。

である(同書：一五八)。

奥野によるこの発見は、喪失体験からの回復(グリーフワーク)過程を考える上でも興味深い。喪失から立ち直っていく過程は、しばしば人生の物語の紡ぎ直しであるという言われ方をする。喪失によって心に大きな痛手を受けた者は、その体験が自分にとってどのような意味を持つのかを不断に問い直し続ける。その意味を理解する新たな枠組を発見することで、歩んできた人生全体の意味付けも変わっていき、そして再び、喪失体験が新しい視点から捉え返される。物語の紡ぎ直しとはこのようなことである。

奥野が語る証言の変化が意味することは、単に語り手内部の変化があったということにとどまらない。対面を重ねる中で、津波を経験していない取材者である奥野との感覚の落差が埋まり、よりリラックスした関係が築かれた結果でもあるのではないかと奥野は書いている。この本には一六人の人々がほとんど実名で登場して自身の体験した物語を語っている。故人の遺影や思い出の品々を飾った祭壇、生前のスナップ写真などが豊富に掲載されていることからも、奥野が取材対象者との信頼関係をしっかりと築きながら仕事をしたことがうかがわれる。

あらためて、私が尻込みして手を出せなかった津波の遺族への聴き取りが、調査者の真摯な努力によって豊かな実を結んでいるということに敬服せざるを得ない。NHKスペシャル『〝亡き人〟との再会』の取材の様子を仄聞した際にも感じたことであるが、これらの取材においては、「侵襲的」な出会い(調査によって対象者を傷つけるような事態)は生じなかったかのように見える。もちろん、体当たり取材的な手法を安易に肯定するつもりはなく、勇気を出して挑戦すればよかったと後悔しているわけでもないが、「身近な死者」との出会いの体験は、誰かに聞いてもらいたい話であり、それを語ることが前を向いて生きていく力となり得るようなものであると言うことができるだろう。「心のケア」を謳って被災地入りした心理専門職が、かえって迷惑がられたという話は何度も耳にしているところであるが、多くの人が、言葉にならない想いを抱え、時が来たときにそれを語る相手を求め、それぞれに心の裂け目を癒そうとしているということがわかる。

犠牲者遺族の夢

もう一つ、「身近な死者」の系統に属する研究に、『私の夢まで、会いに来てくれた――3・11亡き人とのそれから』（東北学院大学震災の記録プロジェクト／金菱清（ゼミナール）編、朝日新聞出版、二〇一八）がある。この本は、東北学院大学の金菱ゼミナールの学生による、「被災者遺族の見る亡き人の夢」の調査報告である。この本の中で、夢枕に立った故人が「幽霊」として扱われているわけではないが、「幽霊」にせよ夢にせよ、それが遺族の「心的現実」の表現であるかぎりにおいて同一平面で扱われうるという観点から、ここに取り上げることにする。(6) 夢の中で会いに来てくれた故人も、「幽霊」として再会することができた故人も、ともに遺族の心的現実の中に現われた存在であり、故人がいなく

（6）「心的現実」とは、ユングが用いる用語で、夢、空想、幻覚などを含む、客観的・物理的現実との対応に制約されない主観的リアリティを表す。堀江宗正（二〇一九b）は、語り手と聞き手の関係の中で展開する次元にこれを拡張して、「物語的現実」という視点を提示している。

なった世界を生きていく遺族にとっては意味を持つ存在である。

「はじめに」に記された学生の言葉を読むと、災害公営住宅への「突撃」が必ずしも歓迎されない困難な試みであったと、調査手法の危うさが示唆されているが、それでも、「この子のことが大好きだったから、話すのは楽しいです」という遺族の言葉を引きながら、「私たちがしていることは無駄ではないとほっとした」という安堵感が表白されている。夢の聞き書きは、誰かに語りたいという遺族の思いに形を与える行為であり、遺族が故人との絆を再確認し、生きる力を確かめる「グリーフワーク」の手助けになっている一面が見て取れる。

だが、そのような幸せな解釈だけに甘んじているわけにはいかない遺族たちの現実もまた、この本の中に丹念に記録されている。故人が現われる夢は、遺族を元気づけるものばかりではなく、不安夢のようなものも含まれているし(同書：五四など)、故人の夢を見るとその日は憂鬱になり元気がなくなってしまったり、辛い感情がかき立てられたりするので、むしろ夢を見たくないと語る遺族もいる(同書：六七、二二一など)(7)。

しかし、この聞き書き調査全体のまとめとしては、やはり、遺族は夢を通して故人との絆を再確認し、人生の物語の紡ぎ直しを行なっているのであり、したがってそれはグリーフワークの歩みの一過程として理解できる、という解釈に落着くようである。編者の金菱の言葉を引用する。

「夢は、見る度に死者との関係を更新＝交信することができる。つまり、夢は、断ち切られた現実に対して、死者となおもつながり続けることができる希望《のぞみ》なのだ。」(同書：二五四)

「私たちは夢の話にじっくりと耳を傾けることで、遺族が亡き人との邂逅をとても温かい体験として捉え、その体験によって救われているという事実に気づいた。夢は、遺族たちが前を向こうとする魂《いのち》の律動《はたらき》ともいえるだろう。」（同書：二五七―二五八）

「遺族が死者の存在を「気配」として感じとったり、夢で見たりするのは、単に過去の記憶が蘇っているとは断定しにくい。彼らにとっては、死者が今も「生き続ける」人であり、鮮明な夢の体験が記憶を上書き《アップデート》しているからだ。」（同書：二五八）

遺族にとって、故人は死者となっても、存在をやめることはない。私たちがしばしば耳にする、「心の中に生きている」という言い古されたフレーズのリアリティがここにある。金菱は、夢は見ようとして見られるものではない、死者からの「贈り物」であるとも指摘している（同書：二五六）。死者は私たちの主観的な心的事実、物語的現実の中の存在でありながら、一方で、自らの意思を持つかのように自律的なものとして現われてくるものであり、それに否応なく応答してしまう私たちの生に影響を与えるのである。

同じ金菱ゼミナールによる、『呼び覚まされる　霊性の震災学――3・11生と死のはざまで』（東北学院大学震災の記録プロジェクト／金菱清（ゼミナール）編、新曜社、二〇一六）についても短く触れておこう。この本は同ゼミの学生である工藤優花による第一章「死者たちが通う街――タクシードライバーの幽

（7）　私たちの仮設住宅訪問調査（後述）でも、故人が夢に出てこない方がいいという回答があった。

霊現象」によって大きな話題となった。夏だというのに、震災当時の冬場の服装をした客が、気づくと車内から消えていたという類いの話が多く、収集された体験の内容自体は、お馴染のタクシー怪談という範疇に収まるものであると言えるが、やはり調査してみないとわからない発見もあり、感心させられる。

タクシーの「幽霊」は、「かもしれない」で片づけられないリアリティを備えた体験であり、一般的な「怪奇現象」とは異なることが指摘されているが、私が興味を持ったのは、タクシードライバーたちが「幽霊」たちに抱くある種の親近感である。「今となっちゃ別に不思議なことじゃないな～。…この世に未練がある人だっていて当然だもの。」「どうしても大事な人に会いたかったんじゃないかなぁ」「幽霊なんて蔑むように言うんじゃない！」といった言葉からは、体験当時はただ恐ろしかったにせよ、「無念」の思いを抱いて自分の車の客となった死者たちに対する優しさのようなものが感じられる。

タクシーの「幽霊」は、見知らぬ死者たちであったが、それは危害を加えるものとしてお祓いすべき存在ではなく、むしろ人格を持った同じ街の住人または訪問者として描かれている。そういう意味で、「身近な霊」に似た性格を持たされている。

物語の力

ところで、優しく遺族を見守っている死者たちはどこにいるのだろうか。どうも、彼らは、宗教が冥土、浄土、天国等の名で呼んできた特定の場所に落ち着いているわけではないらしい。「成仏する」とか、「草葉の陰で見守る」という言葉も死語のようになっている。ただし、伝統的な「あの世」観が説得力を失う一方で、若い世代を中心に死者の霊魂やあの世の存在を信じる人が多いというデータもあり（白岩・堀江　二〇二〇）、死者がなんらかの形でどこかに存在しているという感覚は失われていない。

もっとも、親しい存在（身近な死者）としてであれ、恐ろしい存在（見知らぬ死者）としてであれ、死者が「自由に」出現するというのでは、日常世界は不安定なものとなるであろう。柳田國男以来の民俗学が日本人固有のものとして描いてきたのは、死者たちは祖霊となって山におり、常日頃は子孫を見守り、盆や正月に里を訪れてまた帰っていくという死生観であった。そして、死者たちを安らかな祖霊に変容させる装置が、様々な習俗と結びついた「葬式仏教」であり、その漠然とした仏教的雰囲気の中で、日本人は死者たちと秩序正しく共存してきたのである。堀江はこれを「葬式仏教的死生観」と呼んでいる（堀江　二〇一八）。

もちろん、現代の都市生活においては、葬儀を起点とする様々な死者儀礼は形骸化・簡略化されることが多くなり、「〇〇家先祖代々之墓」という墓碑銘が減少していることにも現われているように、イエの先祖を祀るという意識も廃れつつある。しかし、葬式仏教的死生観がゆるみ、墓参や年忌法要等の先祖祭祀の習慣は流動化しても、火葬、そして多くは四十九日の節目に行なわれる納骨を境に、死者が安らかな存在として思い出されるようになるという感覚は、多くの日本人がまだどうにか共有していると言ってよいだろう。

安住の地の所在ははなはだ曖昧であるが、死者たちはどこかに存在している。それはどこなのかというと、神や仏のもとではなく、故郷の山や墓の中にでもなく、「千の風になって」自由に漂いながら、家族とともにいる。おそらくそのような感覚が、しばしば耳にする「亡くなった誰それは、私たちの心の中に生きています」という定型句に凝縮され、現代日本人の死生観の基調をなしている。であればこそ、タクシーの怪談や亡き人との不思議な「再会」がさほどの違和感もなく受け入れられ、また、懐かしい死者に想いを届ける「漂流ポスト」や「風の電話」が共感を呼んだのであろう。(8) このような死者との再会の物語は、残された生者に前を向く力を与えるメッセージを持つものとして再生産され続けているのである。

心霊現象と被災地復興のフェーズ

「幽霊」として出会う相手が、どうしてももう一度会いたいと思っている人であったり、ただ現われて消えていくだけの無害な存在であれば、その体験はただ胸にしまっておいてもよいものである。しかし、浮かばれない死者が存在し、生きている者の生活に影響を及ぼすという物語も、「葬式仏教」の裏側で日本人が長い間育んできた死生観の一部であろう。それは強い力を持ち、死者の霊が恐ろしい存在として現われ、不安をもたらすのであれば、何らかの対応が必要となってくる。そのような時に、人々はさしあたり身近な宗教者に相談を持ちかけるようである。言い換えれば、「身近な死者」は意味ある存在として個人の物語の中に居場所を見つけることができるが、恐ろしい「見知らぬ死者」は別の原理を介入させて排除したり宥和したりしなければならないのである。
こうした営み――死者供養という救済システム――が日本人の民俗宗教の世界で繰り広げられてきたことは、池上良正の仕事に学ぶことができるが(池上　二〇〇三、池上　二〇一四)、東日本大震災の被災地においてもまた生じていることが、本章冒頭の産経新聞の記事や、何人かの宗教者へのインタビューによってわかってきたので、私たちは宗教者対象の調査プロジェクトに着手することになったのである。

本格的な調査を開始する以前から、宮城県の宗教者たち(主に仏教僧侶)と言葉を交わす中で、幽霊を見たとか取り憑かれたとかいった相談事は、震災後、「生活が落着いてきた頃」に現われ始めたのではないかという指摘を聞くことがあった。まずこの点を考えることを皮切りに、調査結果の紹介を始めたい(調査結果の詳細は巻末の参考資料参照)。

震災後二年半の時期にあたる二〇一三年七月に、私たちが郵送した質問紙に回答を寄せてくださった宗教者二七三名のうち、「いわゆる霊的な現象・体験について相談を受けることがありますか(9)」という質問に「はい」と答えた回答者が一一一名(約四割)で、さらに、東日本大震災以降にそうした相

(8)「漂流ポスト」は岩手県陸前高田市に、「風の電話」は岩手県大槌町に存在する。両者ともに、どこかに存在する故人に対する思いを伝えるためのギミックとなっている。それぞれを題材とした映画が二〇一七年、二〇二〇年に公開された。

(9)「霊」という言葉は多義的であるが、「いわゆる霊的な現象・体験」という質問の仕方は、この質問が「幽霊」「祟り」といったテーマに関わるものであるという方向性を示すものとなっている。

談が増えたという回答者は三一名であった（以前と変わらないという回答者は七〇名）。そのうちで、（霊的な体験そのものではなく）相談が増加した時期とその理由についての回答をまとめたものが巻末の参考資料2、問6である。

相談が増えたのは震災直後からという回答が多いものの、半年後以降という回答が半数ほどを占めることに注目したい。震災後半年というのは最初のお盆の時期であり、また、遺体の発見が遅れた場合や行方不明者の場合など、葬儀がこの時期になったこともあったようである。衣食住の確保もままならず、目の前のことだけで精いっぱいだった震災直後の必死の日々――「災害ユートピア」という言葉も語られる――が過去のものとなりはじめ、先行きの見えない不安が続く中で、ひとり我が身を顧み、あたりを見回す時期がやって来る。それが、「生活が落着いてきた頃」の意味するところである。一周忌という契機を指摘した回答もあるが、失ったものの大きさを実感しつつある時期に、節目節目の私的・公的な宗教行事が死者への想いをかきたて、「霊的な現象・体験」の呼び水になったとも考えられる。遺族が死別した故人の命日に経験するという「記念日反応」という言葉を想起してもよいだろう。そして、幽霊の噂話がメディアに拡散したこと自体が影響している可能性もあるだろう。被災地の外の無責任な流言は別としても、被災当事者が、怪談噺を消費することで不安の心理的処理をしていたと考えることもできるかもしれない。

ある曹洞宗寺院の住職からこんな話を聞いた[10]。津波で亡くなった男性の葬儀の際に、故人の娘が突然憑依状態になった。住職が呼ばれて行ってみると、たしかに娘が白目をむいており、声をかけても返事がなく、うわごとのように「悔しい、悔しい」と呻いている。その声はまさしく住職が生前から知っていた故人のものであり、父の霊が娘に取り憑いたのだと思われるような状態であった。咄嗟の機転で、住職は娘の頭に数珠を置き、不動真言を唱えて印を切ったところ、娘は正気に戻ったという。この葬儀は津波から半年後の夏の日のことで、喪主は故人の長男が務めるはずであったが、長いあいだ付き合いの絶えていた親族から横やりが入り、その人に喪主の役割を譲ることになった。遺族に支給される災害弔慰金五〇〇万円の分配が、喪主の権利として要求されたという。

もちろんそのようなルールは法律にもしきたりにもないことであり、葬儀が済んだ後で、実際にどのような差配が行なわれたのかは知る由もない。しかし、震災後の半年間には、死別の悲しみ、生活再建といった表面的な言葉だけでは尽くせない、金銭トラブルも含む新たな人間関係の軋みが絡み合い、押し寄せて、浮上するものであるということが想像される。「霊」にまつわる問題も、そのような背景の中で生じるのだと考えると、「幽霊」が実在するかどうかという問題にこだわるのではなく、背後にある複雑な要因を考えてみなければ何も解決しないのだという認識につながってくる。

したがって、宗教者たちが霊にまつわる問題の相談に応じることが、その複雑な問題の解決に直接つながるわけではない。被災者支援の大きな枠組から考えれば、彼らが行なっていることは、より大きな問題が落着くまでの、いわば「宗教的応急手当て(Religious First Aid)」なのだと私は考えている(これについては第二章で述べる)。

稲場圭信は、被災地支援のプロセスを、被災後一週間後までのフェーズ１(緊急救援期)、三カ月後

(10)　以下、個々の事例についてはプライバシーに配慮して細部を加工し、人物は匿名にしている。

までのフェーズ2（避難救援期）、一年後までのフェーズ3（復旧期）、二年後までのフェーズ4（復興準備期）に時期区分して、それぞれの時期に必要な支援について考察している（稲場　二〇一三：二五以下）。これに対応させるならば、何人かの宗教者が霊の相談が増えたと語る半年後以降というのは、「仮設住宅での生活支援、丸ごとのケア」が必要だとされるフェーズ3、「生活再建に向けての支援、心のケア」が必要だとされるフェーズ4に当たる。仮設住宅で生活する多くの人々を支える支援者の中には様々な職種の人々がおり、その中には宗教者もいる。モノの支援から心の支援へと重点が移行していく時に、宗教者の役割が大きくなることを稲場は示唆しているが、心の面でのケアの必要性が前面に出てくる時期が、「霊」にまつわる相談の増加時期と重なっているように見える。これは、宗教者が心のケアという分野で発揮し得る役割を考えるうえで興味深いことである。誰かに話したい、聴いてもらいたいことを胸の中に抱えているとき、その相手は誰でもいいというわけではない。長いあいだ重荷になっている秘密や、逆にとるに足らない瑣末事など、一般に、こんなことを他人に相談しても仕方がないと思われる内容ほど、宗教者になら話しやすいということがあり得る。たいていの相手を当惑させてしまう「心霊現象」もそんな話題の一つである。

臨床宗教師を提唱した岡部健医師はこう語っている。「被災地のあちらこちらでおばけ問題が起こった。おばけを見た人がいっぱい出たんです。その時、間違えても医療者に相談なんてしないですよ。病気にされちゃうから（笑）。それを、お坊さんたちは引き取ることができる。「大丈夫、あの霊はそんなに悪い霊じゃないから、お経をあげてやろう」で済んでしまう。それは理屈じゃないし、お坊さんたちはそういう状況で「大丈夫」と言いきれるんです。その一言でおばけが見えなくなる。(11)」

宗教者は「霊」の問題をどう考えており、相談があった場合にどのように応じているのか、というのが私たちの研究調査のひとつの焦点であった。同じような興味関心に基づくものとして、鵜飼秀徳による「僧侶一三三五人への霊魂に関するアンケート調査」（鵜飼　二〇一八）に触れておこう。これは全国各地における僧侶対象の講習会等において回収したアンケート結果をまとめたもので、質問項目の中には、「霊魂」「不思議体験」について、自身の体験や相談の有無を尋ねるものが含まれている。ここではデータの詳細について立ち入らないが、「近代教育」を受けた僧侶たちが霊魂の存在を信じていないか、あるいは少なくともそれを言葉にするのが憚られると考えていること、しかし、「意外に多くの僧侶が、霊魂現象に接してきている」ということ、そして、教学的に霊魂をどう理解しているかとは別に、彼らが宗教実践の現場では「供養」「鎮魂」「除霊」などを依頼に応じて行なっていることが指摘されている。

これらの指摘は、私たちが宮城県で行なった宗教者対象の調査結果と大枠において合致するものであり、少なからぬ人々が、死者が霊魂として存在し続けていると考えていることを示している。そして、その存在は人々の生きる希望を支えることがある一方で、時に宗教の専門家に介入を依頼せざるを得ないほどに、不安をかき立てるものとなり得るのである。死者をめぐるこのような物語世界は普段は私たちの視界の背後に退いているが、震災などの出来事によって日常が揺るがされたときに、に

（11）岡部健（インタビュー）「医療者と宗教者が、手を取り救う、命と心」『フィランソロピー』三五〇号、二〇一二、一三―一四。

わかに眼前に浮上してくる。宗教者はそのような物語世界を人々とともに紡ぐアクターの一人なのである。

第二章

儀礼の力
——被災地の宗教者は霊的体験にどう対処したのか——

高橋　原

儀礼の効用[1]――「楽になりました」

東日本大震災の被災地には幽霊が出現し、僧侶たちがそれを鎮めるために様々な宗教実践を営んでいる。このような語り方をすると、恐山のイタコや遠野物語で知られる東北地方には、今日でも霊や怪異の世界が日常に溶け込んで生き続けているのだ、という印象を与えがちである。しかし、エクソシスト映画や、かつて流行したテレビの心霊特集で描かれたような、悪霊と宗教者・霊能者の命がけの戦いなどというものは、あったとしてもごく例外的な事態であって、実際に生じていることは、見かけ上の派手さはない、地道な寄添いがほとんどである。

一つの例を紹介する。宮城県石巻市の仮設住宅において、僧侶たちによる傾聴活動に同行したときのエピソードである。二〇一二年一〇月のことであった。六〇代くらいの男性が、風邪をひいたわけでもないのに、「ゾクゾク寒気がする。霊に取り憑かれているようだ」と、曹洞宗僧侶のK師にうったえた。男性によると、それは、九月にたくさんの人が亡くなった川沿いを車で走っているときに、黒い影を見てゾーッと寒くなった経験をして以来のことだという。男性は、瓦礫処理施設で働いていたが、施設の特定の部屋に入ると「ドーンと空気が重くなる」のを感じ、作業中に誰かに袖を引っ張られる感じがしたこともあるという。また、自分の中に誰かがふっと入ってくることがあり、近々自分の身に何かが起こりそうだと感じるとも語った。

男性の話をうかがったのは仮設住宅のご自宅でのことだったが、話題は親族の墓の改葬に際して遺骨をどこに納めるべきかという相談に移っていった。K師は丁寧に話を聴いていたが、やがて、墓参りができていない親族や、津波で亡くなった人の中でちゃんと供養ができていない人はいないかと問いかけた。K師は男性にそのような人の心当たりを挙げてもらい、名前を一人ずつできるだけ正確に書き出していき、その紙片を位牌と香炉が置かれた場所(仮設住宅に仏壇はなかった)に供え、般若心経を唱えて供養を行なった。男性は「楽になりました」と礼を述べた。

これは一時間にも満たない中でのやりとりであるが、ここには、被災地における「心霊現象」と宗教者による対応のありようを端的に示すエッセンスが凝縮されている。まず、人間の姿をした幽霊らしき何ものか(この場合は黒い影)を目撃したということにとどまらず、身体的不調と不安感が主訴となっており、これが男性の主観によって、霊的な現象なのではないかと解釈されている。その背景には被災後の生活にまつわるストレスがあったであろう。慣れない仮設住宅での暮らしに由来する気疲れはもとより、瓦礫処理施設の仕事というのは、津波で生じた大量の瓦礫を重機等で分別し、最終的に手作業で選り分ける作業を含むものであったことから、そこで様々な遺品、時には遺体の一部に出会うこともあったであろうと想像される。この施設には幽霊が出るという噂もあった。深夜の資材置き

(1)　この章で用いる「儀礼」という言葉は、宗教的意図を込め、時間を区切って一定の所作や発声を伴いながら行なわれる形式的行動全般のことを指す。典型的には、僧侶が本尊に向かって木魚を叩きながら読経するという行為がそれであるが、牧師が任意の場所で信徒ともに神に祈りを捧げるというような、比較的に自由度の高い行為や、即席で行なわれるおまじないのようなものも含めて儀礼と呼ぶ。詳細な規則に基づいてあらかじめ決められた状況で行なわれる場合など、「儀式」と呼ぶ方がふさわしい場合もあり得るが、この章では「儀礼」に統一する。

場で子供が遊んでいる姿が目撃されるということであったが、敷地内に木製の慰霊塔が立てられ、定期的に近隣寺院の住職が供養のために訪れ、読経していた。やがて、子供の姿が目撃されることはなくなったというが、この男性は被災後のすべてが変わってしまった生活の中で、以前のように死者供養行事への参加もままならなくなり、漠然とした心残りのようなものが積もっていたことがうかがわれる。

K師の側の対応としては、何よりもまず、丁寧に話を聴くという「傾聴」の姿勢が顕著である。そこでは、黒い影の正体や悪寒の原因については、断定的な肯定も否定もなされない。十分に話を聴いた後で、巧みに儀礼の執行が提案されるが、これが簡略なものであること、日頃から耳に馴染み、おそらく男性が自分でも唱えることができるであろう般若心経が用いられていることも重要である。一緒に経文を唱えることが区切りとなって相談の時間が一段落し、日常に戻ることができるのである。漠然とした不安が死者供養の問題へと変換され、紙片の上で可視化されるという仕掛けが効いている。

そして、「楽になりました」という言葉は、儀礼を区切りとして気持ちの整理ができたことを表している。この言葉は、今回の調査を通じて何度も耳にした言葉である(巻末の参考資料2、問8 B058にも現われている)。「肩の重荷がおりる」と言い換えてもいいように思うが、単なる比喩ではなく、実際に身体感覚として肩から背中にかけての強張りが取れて心身に柔らかさが戻るようである。肩や背中がこるのは、悪いものに取り憑かれているときの典型的な症状なのだと語ってくれた神職もいた。儀礼によって「楽になる」ということについては、私(高橋)自身も、ある祈禱師のところで体験することになった。これについては後述する。

宗教的応急手当て(Religious First Aid)

右に紹介したエピソードは、僧侶たちが巧みに儀礼を用いながら、「心霊現象」にまつわる相談に応じていることを示すものである。宗教者対象の質問紙調査の中で、「いわゆる霊的な現象・体験について相談を受けることがありますか」という問いに対して、「はい」と回答した宗教者は、二七三人中一一一人(約四一％)であったが、この一一一人に対して、具体的にどのような対応をしているかを質問した結果が、次頁の表1である。それに対して、表2が示すのは、そのような相談を受けることはないが、仮に相談を受けた場合にどう対応するかという質問に対する回答である(巻末の参考資料1の問9・問10)。

回答者の所属宗教が多様であることから、選択肢中の「供養」とは仏教者を意識して、「お祓い」というのは神職を意識して、「除霊」という言葉は(一九七〇年代のオカルトブームを通じて人口に膾炙したと思われるが)悪霊的なものを退散させるという意味の一般用語として、併記したものである。いずれにせよ、質問の趣旨は、何らかの儀礼的行為を行なっているかを問うことであった(なお、これらの質問は、震災後の出来事に限定したものではない)。

どちらの群においても、「ひたすら話に耳を傾ける」という回答が最も多く、「病院やカウンセラーを紹介する」という回答が最も少ない。これは、まずは相談事を受け止めることが自分たちの役目であるという宗教者たちの意識のあらわれであろう。顕著な差が見られるのは、「供養や除霊、お祓い

表1

問 「霊的な現象・体験」について相談を受けた場合，どのように対応していますか？	
(A)ひたすら話に耳を傾ける	84(75.7%)
(B)病院やカウンセラーを紹介する	10(9.0%)
(C)供養や除霊，お祓いなどをする	72(64.9%)
(D)共に祈る	32(28.8%)
(E)個人でできる具体的な対応方法を伝える	32(28.8%)
(F)その他	38(34.2%)
(複数回答可，(n＝111))	

表2

問 もし「霊的な現象・体験」について相談を受けた場合，どのように対応しますか？	
(A)ひたすら話に耳を傾ける	130(81.8%)
(B)病院やカウンセラーを紹介する	11(6.9%)
(C)供養や除霊，お祓いなどをする	66(41.5%)
(D)共に祈る	42(26.4%)
(E)個人でできる具体的な対応方法を伝える	22(13.8%)
(F)その他	20(12.6%)
(複数回答可，(n=159))	

などをする」という選択肢への回答率で、霊的な現象・体験について相談を受けるという宗教者の方が、六四・九％であるのに対して、そのような相談を受けないという宗教者の方は、四一・五％である。

「個人でできる具体的な対応方法を伝える」という選択肢についても同様の傾向があり、相談を受けるという宗教者の二八・八％に対して、相談を受けない宗教者の方は一三・八％という数字が出ている。これらから示唆されることは、霊的な現象・体験について実際に相談を受けている宗教者ほど、特定の儀礼的行為の有効性を経験的に知っているのでそれを実践しているのではないか、ということである。

では、宗教者による儀礼的対応とはどんなものなのだろうか。当初は、「心霊現象」にまつわるトラブルに対して、どのような所作とともにどの経文を唱えるか、所属宗教・宗派ごとの一定の解釈に基づいた決まりごとや作法があるのではないか。そのような想像をしていたが、調査を始めて何人かの宗教者にインタビューする中で、実態はむしろ正反対であることがすぐにわかった。

たとえば、前述のK師による、紙片に氏名を書き出すという方法は、K師の師匠で父親でもある先代住職から教わったものだという。第一章で曹洞宗寺院の住職が不動真言を唱えた事例に触れたが、これも日頃行なうことではなく、幼い頃に何かにつけて母親がまじないとして唱えていたものが咄嗟に口をついて出たのだという。ちなみに、この母親はその地域で祈禱師のような役割を担っていたというが、要するに、どちらの場合も、たまたま親の代から受け継いで身に付けた方法を臨機応変に適用しているのである。

僧侶たちはこのような儀礼の持つ効果についてどのように考えているのだろうか。ある真言宗寺院の住職が語ってくれたところによると、何かに取り憑かれたらしいといって連れられてくる人がいた場合に、長いときには一時間ほどかけて、真言を唱えながらその人の周囲を回ることがあるという。そして、「そんなことをやっていておさまるのかなと不安なのだが、不思議なことに、おさまります」とのことである。

別の曹洞宗寺院の住職は、霊的なものの影響で具合が悪くなるという人に対応した経験があるというが、「執り行なった儀式はお祓いとかではなく、供養を願う、曹洞宗の普通の先祖供養」だったということである。「なんとかなるかはわからないけど、やれることはやりましょうというのが我々のスタンス。葬式と同じで、その人が満足、あるいはなんとかなったと思ってもらえればそれでいい」ということであった。どちらの僧侶の場合も、儀礼に先立って相談者の話を辛抱強く聴くという姿勢も印象的であった。

特定の決まったやり方がない以上、個々の宗教者は、手持ちの道具でできることをするしかなく、そしてそれが時に効果を発揮するのである。僧侶の場合は、印を結ぶ、水滴をかける(洒水)、鐘や太鼓を鳴らすといった行為を組み合わせつつ、中心となるのは経文を唱えるということである。神職であれば幣束や榊をかざして祝詞を奏上し、牧師であれば聖書の一節を読み、神に祈りを捧げることになるだろう。それがどのように効果を発揮するのかは人知の及ばないところであるが、好ましい方向に働くことを信じてそれを行なっているということのようである。

私たちの調査対象は、いわゆる「霊能者」のような民間宗教者ではなく、ほとんどが伝統教団に所属する宗教者たちであったが、彼らは、自分が執り行なう儀礼的行為が、直接に悪霊を退散させたり相手を治療したりする術であるという考え方はしないようであった。むしろ、相談者本人が霊的な影響によると感じている心身の不調などのトラブルは、時が経つと(神仏の加護もあり得るのだろうが)「自然に」解決することが多い、という考え方が、彼らに共通するものであると言ってよさそうである。

では、それでもなお、なぜ彼らが儀礼を行なうのかというと、それは、相談者が納得し、多少なりとも元気を回復し、辛い一時期を持ちこたえられるようにするためであろう。相談者の悩みは必ずしもひとりの宗教者が丸抱えしているわけではなく、家族をはじめとする様々な支援者が支えの手を差し伸べており、その中で、やがて「自然に」問題が解決していくように見えるのである。そういう意味で、私は、宗教者たちが行なっている儀礼は、「日にち薬」が効くまでの時間を確保するための「宗教的応急手当て（レリジャス・ファーストエイド）[2]」と呼び得るものだと考えている。「こうしておけば大丈夫だから」と一時的にせよ安心を与え、次の一歩を踏み出せるように背中を押すのである。

言うまでもなく、このような解釈は、「心霊現象」はその背後にある様々な心理的苦痛や不安の表現であり、「霊」をどうにかすればすべて片づくようなものではなく、心理的苦痛や不安の原因となっている諸問題の解決の方が本丸であるという考え方に基づくものである。

私はこういった発想を、文化精神医学、臨床人類学といった研究領域から取り入れているが、被災地で霊的な問題に起因するものとして語られる心身の不調は、アーサー・クラインマンが「苦悩の身体的慣用表現」と呼んでいるものと近いと考えている。それは、それぞれの文化や社会には、不安やストレスを身体症状として表現する慣用的な型があり、同時にそれに対する適切な対処方法が備えられているという考え方である（クラインマン　一九九六：二八）。「心霊現象」として経験されているものは「症状」であり、その症状に対する治療法として宗教的儀礼が用意されている。ただし、日本では、カトリック世界におけるエクソシズム（悪魔祓）ほどには、権威によって確立され、社会的に認知され

（2）　これは阪神・淡路大震災後に翻訳・公開された『サイコロジカル・ファーストエイド』から借用した命名である。なお、この中でも、宗教や信仰が悲嘆を抱える被災者を支える場合があるとして、宗教行為をする空間や時間、宗教的物品等を確保することの意義が説明されている。『サイコロジカル・ファーストエイド――実施の手引き第二版』（兵庫県こころのケアセンター　二〇〇九：二〇―二一）

た様式が、かつても現在も、存在するわけではない。

では、「供養」「除霊」「お祓い」といった儀礼的行為は、それ自体には効果がない単なる気休めなのかというと、そうではないだろう。霊の存在と儀式の効果を信じている当事者がいなければ、儀礼の場は生まれない。私も必ずしもそれらを否定しようとは思っていない。前述のK師によると、「儀式はみんなが心を合わせてやると効果が出る」という。あらかじめ存在している宗教的権威が持つ効験(パワー)ではなく、「心を合わせる」ことがよい効果を生むのである。そのために必要なことは、まず、相談者の話を誠心誠意丁寧に聴くこと、すなわち傾聴の姿勢である。逃げることなく相手の苦悩を受け止めるという宗教者の姿勢、覚悟が信頼感(ラポール)の基礎となり得る。相談者とのやりとりの中で問題となるのは、悪霊と神仏の闘争や力関係、死者が成仏する仕組みといった普遍的物語ではなく、相談者ひとりひとりが個人として抱えている苦悩の物語である。その個人の物語を誠実に受け止めた地点から、宗教的儀礼によって、普遍的救済のシステムへと舵が切られる。「心を合わせる」ことのできた場において、個人性と普遍性が交差するダイナミズムが、宗教者による霊的問題への対応の核心なのである。

相談内容――オガミヤとの関係

儀礼について筆が先走ってしまったが、その前提となる、霊にまつわる相談の内容にも触れておかなければならない。宗教者対象の質問紙の問8(巻末の参考資料2)が相談の内容を問うものである。これも震災後の事例に限定した質問ではない。また、回答の記述に「霊的なもの」という言葉が目立つが、これは、回答の記載例として調査票に「例：「霊的なもの」を見たり感じたりする。「霊的なもの」にとりつかれている。供養や除霊、お祓いの依頼」と記載したことが影響しているためで、宮城県の宗教者たちが日常的にこのような語彙を用いて相談者に対応しているわけではないだろう。

まず目に付くのが、「夢」に言及する回答が一〇件に上ることである。

「亡くなった方の夢を見たので、成仏していないのではないか、何か悪いことが起きるのを知らせに来たのではないだろうか」(B085)

「夢に亡くなられた身内の方が出て来て、自分の気持ちを話す。どのように対応していったらいいでしょうか」(B097)

「毎夜々々、夢の中でその御友人が立って何かを訴えておられる様子に悩まされ精神がまいってしまわれ、お祓いの御相談を受けました。」(S080)

同じく睡眠に関わるものとして、「金縛り」に言及する回答も散見されるが(問8 B072、S068、問14 B069)、死者に関する夢を見たときに寺院などの宗教施設に相談に行くという行動様式が存在することがわかる。もちろん、相談に行かない人の数はデータに現われていないので、夢の内容を宗教者に相談するのが宮城県の人々に一般的なことだと言えるわけではないが、死者が夢枕に立つことを不吉な兆しだと考える人が少なくないことをうかがわせる。

次に際立っているのが、「オガミヤ（拝み屋さん、「神様」、霊能者）」への言及の多さである（問8 B004、B046、B050、B065、B084、B086、B087、B092、X003、問6 S052、問14 B026、B083、B103）。オガミヤとは、さしあたり、「霊能力」の行使によって様々な相談事に応じている民間宗教者と定義しておく。僧侶などの資格を持たず、一般人と見かけ上の区別もなく、看板などで宗教施設であるということを明示していないが、その呼び名の通り、依頼に応じて祈禱などをして謝礼を受け取っているというのが一般的なイメージであろうか。これだけ名前が出てくるのは、オガミヤたちが地域住民の相談相手としてあてにされている証拠であろう。しかし、今回の調査対象者の多数を占める寺院に生活する僧侶たちには、オガミヤは迷惑な存在であると感じられているようだ。

「自分自身が作り出す、又は人から話をきいてふくらませた強迫観念を人に話して同意を得たり、拝み屋さんで益々大きくされているようなのが多いようです。」（問14 B065）

「生き方の問題を有し、霊的なものへとなすりつけている方々が多いのも事実でしょう。それが「拝み屋」と称す者の餌食となっていることも見逃せないのでは…。」（B083）

「新興宗教や無責任な拝み屋、ネットでの情報で地元のひとや遺族は振り回されています。」（B103）

しばしば、オガミヤと一緒に「水子」への言及がある（問8 B050他、一〇件）。オガミヤはありもしない水子の祟りや障りを語って人々の不安を煽っているという批判が、僧侶たちの口からしばしば聞こえてきた。

右に、オガミヤは「霊能力」を行使すると書いたが、いわゆる「霊感」があったとしても、行なうのはいわば「診断」だけで、供養やお祓いは寺院や神社にまかせることが少なくないようである。その結果、供養の対象が水子の霊であれ、津波による死者の霊であれ、オガミヤ経由の相談者が寺社を訪れているのだから、傍目には、うまい具合に地域の中で持ちつ持たれつの分業システムができあっているようにも見える。

池上良正が、「霊能を誇る民間巫者自身であっても（むしろ自らの霊能を熟知するがゆえに）、不特定多数の非業の死者と向き合わねばならない施餓鬼的な実践などは、自分には手が負えないとして、大きな寺での僧侶による供養儀礼を勧めることさえある」（池上　二〇一四）と指摘しているとおり、オガミヤの側には、死者供養は伝統仏教の領分であるとする棲み分けの意識があるようである。しかし、住民たちが僧侶の批判的な立場がわかっていて僧侶の前で口を閉ざすということも手伝って、僧侶の目にはオガミヤの活動実態は見えず、不当な領域侵犯を行なう者として映っているのではないだろうか。「金取り（悪徳）の拝み屋」という言葉を用いた回答者もいた。

もっとも、オガミヤたちの生業《なりわい》が「悪徳」であると一概には言えないであろう。専門家に相談事を依頼した場合には、たとえ小額であれ金品の授受を伴うのが普通であり、依頼者がサービスに見合った対価であると納得して払っているのであれば問題は生じにくい。檀信徒が相談に訪れた場合にいちいち対価（お布施）を受け取らない寺院は多いだろうが、一方で、祈禱を専門にしてそれを受けている寺院ももちろんある。オガミヤの謝礼の相場がどうなっているのかわからないが、一例を挙げると、津波で行方不明になった姉の声を「霊能者」から伝えてもらったある男性が、支払った謝礼が一万円であったという(「不明の姉どこに　霊能者「もう捜さないで」」毎日新聞二〇一五年九月四日)。青森県の恐山大祭におけるイタコの口寄せは、私が数年前に訪れた時には、一〇分程度で一回四〇〇〇円であった。

霊として存在する死者が自分の生活に影響力を及ぼしてくると感じ、それを何とかするために、この程度の金額を負担するのは当然であると考える人々は決して少なくないということである。問題なのは金額の多寡ではなく、ありもしない祟りや「霊障」を種に商売をしていることであるという批判については、なお一考の余地があるだろうが、今回の調査からはそのような「悪徳」の実態を示す材料は得られなかったので言及しない。ここでは、オガミヤたちと神社・寺院とのあいだに奇妙な相互補完関係が成り立っており、死者の霊による影響を気にかける人々がそれぞれを使い分けているということを指摘しておくに留める。なお、念のため、仮設住宅に傾聴ボランティアで訪れていた前述のK師は、一切の謝礼を受け取っていないことを書き添えておく。

仏教教団の霊魂観

僧侶たちは、「死者の祟りなどない」とオガミヤの生業《なりわい》を批判しつつ、一方では、盆行事などと結びついたいわゆる「葬式仏教」によって生計を立てている。客観的な視点に立てば、オガミヤにせよ僧侶にせよ、どちらも霊魂の存在が信じられているからこそ成り立つ職業であると考えられるのではないだろうか。だが、仏教において死者の霊魂の存在をどう扱うかは、単純には整理できないグレイゾーンに属する微妙な問題なのである(佐々木・藤井・津城　二〇一〇)。乱暴なのを承知で簡単にまとめてしまうと、仏教の教えでは「私」というものは実体を持たないとされているので、肉体を離れても人格を持ち続ける実体としての霊魂のようなものは存在しないことになり(無我)、釈尊も霊魂や死後生について問われたときに、その問題には答えても仕方がないとしている(無記)。ゆえに、死者の霊は仏教の教義の中に位置づけられていない。だから、各宗門の大学で、近代仏教学を修めた教員から仏教教理を学んできた現代の僧侶たちの多くは、頭では霊魂は存在しないと考えている。しかし、一般の人々は、日本の民俗的な伝統にしたがって、位牌や墓に死者の霊魂が宿っていると考えて手を合わせ、それが仏教的だと思っているという矛盾した事態が生じているのである。

したがって、僧侶が霊魂の問題を問われた場合に、教理としての正しさを意識するのか、一般の人々へのメッセージとしての妥当性を意識するのかによって、回答の仕方が変わってくることになる。現代の仏教諸教団の「公式見解」はどのようになっているのだろうか。堀江宗正は、教団が発行した一般向けの説明文書(公式ホームページやリーフレット等)、檀信徒向けの教育的文書、教団内部の研究報告書等を資料として、仏教主要宗派の霊魂観と、それに代わるものとしての「いのち」についての見解(生命主義)をあわせて検討している(堀江　二〇一五ａ)。

要約的に示すと次のようになる。天台宗は、信仰の場として葬儀を意義あるものとするという趣旨において、霊魂の存在を否定しない。高野山真言宗は、教義としては霊魂よりも「いのち」を強調するが、少なくとも一般向けの説明としては霊魂に肯定的である。浄土宗は、特に霊魂を否定せず、生命主義と両立させている。浄土真宗本願寺派は、はっきりと霊魂に否定的である。真宗大谷派は、諸宗派の中でもっとも霊魂に否定的で、浄土真宗本願寺派と同じく、浄土をある種の心理状態としてとらえる傾向が強い。臨済宗(妙心寺派)では「典型的な生命主義」の立場からの「徹底した霊魂否定論」が目立つ。曹洞宗は、宗祖道元の教えに基づいて、教学的な立場としては霊魂を否定しているが、葬式仏教を営む現場の意識との乖離への反省から、霊魂否定論の見直しの声も出はじめている。また、曹洞宗僧侶のうち、「魂は存在しない」と考える僧侶が七・五%にとどまったという調査報告もある(曹洞宗総合研究センター 二〇〇三)。日蓮宗は、日本の伝統的な先祖供養が仏教思想に結合しているという立場から、霊魂の存在を容認している。

鵜飼秀徳も、包括宗教法人を対象に、「教義上「霊魂」の存在を認めているか」などを問うアンケートを試み、一二の法人から回答を得ている(鵜飼 二〇一八)。その結果は概ね堀江による分析に合致しているが、天台宗がより明確に霊魂に肯定的な回答を出しているほか、日蓮宗も明確に肯定の立場であり、浄土宗はやや否定的な立場を表明するなど、微妙な違いが見られる。このあたりは、回答者が質問者の意図をどのように汲み取り、教学を重視するのか、一般人向けの説明を意識するのか、によってニュアンスの違いが出た部分であろう。

なお、鵜飼が神社本庁からも回答を得ているので紹介すると、神社本庁では、民俗信仰である神社神道には教義や経典がないという前提を置いた上で、「信仰に関わる多くの概念が地域の伝統や民俗的な信仰に任されています」とされている。そして、教義として規定されているわけではないが、「御霊《みたま》」は広く認められていると付け加えられている。

宮城県の宗教者の「心霊現象」観　(一)仏教僧侶

仏教の教義の中で「霊」は語られないにもかかわらず、各教団に質問すれば「公式見解」らしきものが返ってくるということ自体が、死者供養と結びついた日本仏教の特質を示すものとして興味深い(3)。
では、ひとりひとりの僧侶はこれをどのように受け止めているのだろうか。

宮城県の宗教者を対象とする調査の質問紙では、回答者が所属する宗教・宗派等では「霊的な現象・体験」をどのように考えているか、を問うている(問11)。一読すればわかる通り、多くの回答者が、所属教団の公式見解を正確に伝えようとするのではなく、むしろ、比較的自由に自分の受け止めを書いていると見てよい。各教団が教義として明確な指針を持たないのだからそれは当然のことであり、ゆえに、同じ教団に属している回答者同士の見解も必ずしも一致しないのだが、それでも、それぞれの宗教・宗派のキャラクターが随所に垣間見える。ここでは、「個人の立場から感じていること、考えていること」(問14)への回答と合わせて検討する(巻末の参考資料2)。

まず、宮城県の仏教最大宗派である曹洞宗から見ていこう(回答数六二件)。只管打坐を旨とする禅宗の僧侶らしいな、と感じるのは、次のような回答である。

---

(3)　池上良正はこれを東アジアの文化圏に通底する問題として捉える視座を示している(池上　二〇一一)。

「あり得ない話ではないが、恐がることはない。」(問11 B013)
「宗教とは、霊的な現象を否定・肯定もせず、今を生き切る事に教義の主眼。」(問11 B027)
「あって当然のことではあるが、そのことにこだわる必要はない。」(問11 B030)

曹洞宗の宗派の教えとして霊の存在に否定的であることは知っているが、そのような現象があっても不思議ではない、大切なのは霊の有無を理屈で語ることではなく、どのように生きるかという心構えであり、それを人々にどのように伝えるかである。そういう態度が他の回答にも随所にうかがわれる。そしてこれが、津波の遺族のケアにどのようにつながるのかを示す回答が次のようなものである。

「あの様な震災を体験し多くの物故者をだし、近しい人達がお亡くなりになった中で何も感じないという事は無いと思う。霊が存在する、しないではなく、その様な「者」を見たり感じたりする人には否定するのではなく肯定的に捉えて精神的に落ちつかせてあげる様考えます。」(問14 B006)
「目の前で家族や知人が流されていく光景は簡単に忘れられることではないと思う。中には建物の下にはさまり助けたくても助けられず、そのまま置いてきた知人のことを、その知人の遺族に言えず誰にも言えずずっと一人で苦しんできた方がいる(二年を経過した頃相談があった)。なんでも良いので、話していただける場をつくり、何度も話していただけるように接していく必要があると思う。」(問14 B025)

「心霊現象」について語られる内容を否定しないこと、よく耳を傾ける、ということが大切であるという認識が広く共有されていることがわかる（他に、問14 B011、B017、B022、B027、B032など）。
次に、やはり禅宗である臨済宗からの回答には、前述の堀江や鵜飼の調査に一致して、霊については否定的な記述が目立つ（回答数一四件）。

「否定的である。心の問題、怖いと思えば縄もヘビに見える。」（問11 B069）
「恐れからの先入観から、物音・光に敏感に感じられ、それが霊的現象と勘違いしているのではないか。」（問14 B063）

真言宗の回答は、宗派の見解については「知らない」と断った上で、個人見解を分けて、霊の存在を肯定的に記述するものが多い（回答数一一件）。

「普段、我々は霊が見えていない為、存在している事に気がつかないだけです。死んだら終わりではない。肉体から魂（霊）が抜け出たに過ぎない。霊は存在しています。人間重視から霊重視の供養をしなければならない。」（問14 B072）
「霊的現象に対する悩みを抱えている方は、相当いると思っている。突然起こったありえない現象に恐怖し言葉にできない方、到底理解されないだろうと、話すことを控えている方。話しをして、相手が理解してくれることで、悩みが常態化しないことが肝心だと思う。それには周囲の理解が不可

欠。」(問14 B078)

最後の(B078)の回答者にはインタビューを行なうことができたが、二時間、三時間と相談者の話を聴いて、得体の知れない恐ろしいものに取り憑かれているという場合は「お祓い」「ご祈禱」を行ない、亡くなった人が取り憑いているという場合は「供養」を行なうのだと説明があった。そうすることによって、怖いと感じるものが怖くなくなる「耐性」を作ることができると考えているのだという。

特徴がはっきり出たのが、浄土真宗の諸宗派である(回答数九件)。サンプル数は少ないものの、「迷信」「妄想」といった言葉を用いてはっきりと否定的な記述をしている回答が多い。「現実にはありえないことで、妄想の現象だと思う。」(問11 B089)「そういうものはない。きのせい。」(問11 B143)などが、浄土真宗らしいと言える回答である。宗派が分裂を繰り返しながら正統な教えと異端(真宗用語でいう「異安心」)とを厳格に区別してきた歴史を背景に、浄土真宗系の僧侶たちは、教団の公式見解を意識しながら回答を記述していると考えられる。

だが、このように否定的な見解を持ちながら、「心霊現象」の相談に応じることはどのようにして可能なのだろうか。東日本大震災被災地における浄土真宗本願寺派僧侶の傾聴活動を描いた藤丸智雄『ボランティア僧侶――東日本大震災　被災地の声を聴く』(同文館出版、二〇一三)に格好の事例があるので参照する。被災地での幽霊の話は二〇一一年一一月頃から聞かれるようになったとされ、金縛りにあうので「除霊」してくれという相談を受けた時の対応の様子が記録されている。

そこでは、「浄土真宗で除霊を行うことはない。そもそも…「霊」は仏教の考え方になじまない。

［中略］金縛りとか幽霊とかを経験している人が、経験したり、見たりして、どう思い、何を感じているかということに注目します。まずは、不思議なことを経験している方の話をしっかりと聞きたいと思います」という態度が示されている。そしてそれは、「仏教を学んできたことの中にヒントを探しながら、「お釈迦さまだったら、どう答えただろうか」「親鸞さまだったら、どんな対応をされただろうか」と考えてみることにしている。」とも言い換えられている（藤丸　二〇一三：一〇六―一一〇）。

ここには、「霊」を認めない立場を保ちながら、「霊」に苦しめられているという人にいかに真摯な態度で向き合うかという苦慮がよく現われている。儀礼が「宗教的応急手当て」として役立つということを書いたが、それに頼らない対応は、やはり、「話をしっかり聞く」ということに帰着するのだろう。相談者がそれで納得して落着くのであればよいが、満足しない場合は、「除霊」をしてくれる別の誰かを訪ねることになるのかもしれない。

続いて、浄土宗の回答を見ると、これも否定的なものが多い（回答数一四件）。もっとも強い言葉が用いられている回答を紹介する。

「新興宗教や無責任な拝み屋、ネットでの情報で地元のひとや遺族は振り回されています。また、根も葉もないうわさを助長する宗教者もいますし、何よりマスコミの責任のあり方を問いたい。遺族は誰もそんな事を言う人は、一人もいないし、おばけでもいいから、亡くなった人と会いたいと云います。また、「うちの家族はどこかでさまよっているのでは…」などと悩まされています。非常に腹立たしい。」（問14 B103）

ここまではっきりとした批判の言葉は今回の調査への回答の中では例外的であるが、オガミヤ批判、怪談風の噂話の流行、おばけ(幽霊)でもいいから会いたいという遺族の思いなど、津波の死者にまつわる問題が凝縮されている。また、「祈禱の宗派ではない[ので対応ができない]」(問14 B104)「基本的には「ない」ことですし、宗派的立場においても肯定できませんが、個人的な体験については無下に否定はできませんので、個々の求めに応じて供養等を行っております。」(問14 B100)など、宗派の見解と相談者のニーズとの間で適切なポジションを模索する僧侶の姿が見てとれる回答もある。

回答数が少なかった宗派については、巻末の参考資料に「仏教諸派」としてまとめたが、同じ宗派から、はっきりと死者の霊の存在を認める立場の回答と、否定的な回答が届いた例を紹介する。

「死後の世界で供養されないでいる霊が現世の人にのりうつり、精神的、肉体的に不調を来している例が多い。原因がはっきりしていれば除霊供養することによって解決することが多い。体質的に霊感の強い人がいるようです。霊がのりうつりやすいケースを見ている。」(問14 B112)

「「無」。個人的には死後の世界があれば良いなと思っている。」(問14 B113)

あらためてここにも、「霊」に関する考え方、対応方法は、いちおう宗派の公式見解があるにせよ、個々の僧侶によって千差万別であるということが示されている。

宮城県の仏教僧侶による回答を概観してきたが、総じて言えることは、彼らが、死者の霊というのは実体的な存在ではなく、人間の心が作り出した現象に過ぎないと考えているということである。言い換えれば、心理学的な発想が随所に垣間見える。個人の見解を問うた問14への回答の中から、心理学的な語彙を抜き出してみると、宗派を問わず、次のようなものがある。「心身の状態」(B001)、「恐怖心」(B011)、「心的な要因」(B015)、「心の状態」(B017)、「実験心理学でいわれている幻覚・幻聴」(B019)、「感情や記憶」(B023)、「自分の心のあり様」(B030)、「心理現象」(B037)、「主観」(B038)、「潜在的妄想」(B146)、「精神的な状況」(B058)、「先入観」(B063)、「強迫観念」(B065)、「心の中が不安定」(B068)、「ストレス」(B073)、「精神状態」(B089)、「不安や心理状態」(B095)、「テレパシー的な心理作用」(B107)、「心の中にある不安」(B119)、「強迫観念」(B121)。

これらは、仏教の教えの性質がそもそも心理学的であるということを示しているとも言えるし、また、心理学的概念が浸透した現代日本人の常識的観点が反映したものであるとも言えるだろう。したがって、仏教僧侶の回答には、東北という地域の特殊性を殊更に読み取ることはできないと考えられる。

宮城県の宗教者の「心霊現象」観　(二)神職

宮司、禰宜等の役職で神社に奉職する神職たちは「霊」についてどう考えているのだろうか。一般に、神社神道は死を穢れとして忌避しており、もっぱら生の儀礼に関わると言われ、清め祓いを行ない、一家や土地の繁栄(五穀豊饒)を祈るのがその務めの中心となる。もちろん、仏教が死者供養の役割をほぼ独占してきたという状況を前提としてのことであるが、死者の霊にまつわる個人相談というのは神社の得意分野ではなく、また、「言挙げせぬ」（柿本人麻呂）ことをよしとする神道では、特定の定まった考え方も整備されていないであろう。およそそんな先入観をもって調査に臨んだ。神職による回答数は八七件であった。

質問紙の問11への回答を見ると、「特に統一した見解は聞いたことがありません。」（S021）、「個々に任せている。」（S024）のごとくで、先に引いた神社本庁からの公式見解を裏書きするものとなっている。実際、神社を訪れてインタビューをしても、個々の神職の考え方や宗教実践に対して、神社本庁から何らかの干渉を受けることはまったくないという答えが異口同音に返ってきた。死者の霊魂の行き先として、「黄泉の国」（本居宣長）や「幽世《かくりよ》」（平田篤胤）といった神道神学的概念に基づく説明に出会うことはあっても、知識として触れられるだけで、宗教的に重要なものとされてはいないという印象であった。

では、個人としての見解はどうか。問14への回答にある、「神道では「祓い」による明き清き正しき直き心を以て事に当たる」（S052）、「ひたすらにお祓い、清祓いすることにより、心身の不浄をなくし心をさわやかにすることが、神道人の役割」（S068）というのが、たとえ定まった教義のようなものがないにせよ、神職としてのスタンダードな考え方であろう。一方、神職からの回答に特徴的なのが、「霊感」という言葉が比較的に多く用いられていることである。ただし、「霊感」が神社界の共通語であるというわけではなく、通俗的な一般用語を抵抗なく用いていると考えてよいだろう。これは公式見解のくびきのようなものがない自由さの現われであるとともに、神職が「御霊《みたま》」あるいは「神霊」

という概念によって、日頃から霊的なものの存在と作用を自明と考えていることを示しているのだろう。あっけらかんと、自分には霊感があると語る神職もいた。

相談への個人対応については、次のような回答があった(いずれも問14)。

「古くから当地域の鎮守さまと尊崇されている神社の宮司として、人生相談の一つとして、可能な限り親身になって対応するよう心がけている。」(S017)

「聞くこと、本人の気がすむことが大切だと思っています。」(S021)

「リアルに苦しまれていますので、楽にしてさしあげることと、対応策をシッカリとお教えする。」(S024)

「亡くなられた身内や友人に対する強い思い等が関わっているのだと考えています。霊的な現象・体験は否定しません。本人が納得できるまで、悩み等の相談に対応します。」(S057)

「儀礼や神事を通して相手の不安を払拭するよう取計らう。」(S077)

これらを見ると、「心霊現象」や死者供養にかかわる問題も含めて、日頃から困り事の相談があること、それを傾聴することが重んじられるとともに、儀礼的な対応がなされていることがわかる。ある宮司によれば、神社のホームページに、悩み相談を受け付けるということを明記したところ、遠方からも相談者が訪れるようになったということである。また別の宮司は、年に一度の神宮大麻頒布の際に、氏子の一軒一軒を回り、その年に不幸があった人には、気持ちの整理がついているかどうか見極めたうえで大麻を渡す判断をしているということであった。このように、神社に奉職する神職たちの中にも、氏子崇敬者ひとりひとりの相談に応じることを自分の職務と考えて、人々の心の問題に関わっている者が少なくないことが分かった。

ある単立神社の宮司は、インタビューの中で、東日本大震災後に「幽霊」をなんとかしてほしいという依頼が多くなったと語った。多数の死者が出たある商業施設の建て替え工事の際に、多くの工事関係者によって幽霊が目撃されていたが、八カ所の神社がお祓いの依頼を断わった結果、最後に自分がそれを引き受けることになったという。幸いにもその後、幽霊は出なくなったというが、この話を額面通りに受け止めるとするならば、「幽霊」に積極的に対応するかどうかには、神社によって温度差があるということであろう。もちろん、お祓いが断られた理由には、死者や「心霊現象」への考え方の違いばかりではなく、震災後の復興状況に関わる様々な事情が絡んでいたであろうと想像されるのだが。

地域の中での神社のはたらき、とりわけ仏教との関わりについて、他にも調査の中で学ぶところが多かった。ある地域では、仏式の葬儀が終わり僧侶が帰った後で、必ず神職が呼ばれて「後祓い」をする習慣があるという。またある宮司は、若い頃に奉職した県内の神社で、先輩神職から、「現場でやっていくには般若心経を読めるようにしておかなければだめだ」と教えられたという。また、回答の中に「動物霊(きつね)」への言及があったが(問14 S002)、数年前に狸が憑いた男性をお祓いしたという話もあった。このケースでも、「見える人」に狸がついていると診断された依頼者が神社を訪れたのだった。服喪中に正月を迎える場合などに、仏教僧侶がお祓いを行なう場合もあるようで、それは「ボクバライ」と呼ぶのだという複数の証言があった（宮城県南部）。その言葉の由来は分からないということであったが、忌服《きぶく》明けの儀礼を「ブク抜き」「ブク祓い」などと呼ぶことから、「ボクバライ」はそれが転訛したものであろうと思われる。

宮城県の宗教者の「心霊現象」観　（三）キリスト教牧師

今回の宗教者対象の質問紙調査へのキリスト教会からの回答は二六件（一四教派）であった。ハリストス正教会の二件以外はすべてプロテスタント教会である。サンプル数が少ないことと、教派のばらつきから、特徴を一般化するのが難しいのだが、「霊」という言葉への反応の仕方に一定の傾向が現われた。それは、調査者の質問（問11）と回答の趣旨がしばしば嚙み合っていないということである。

「「霊的な現象・体験」を否定することはない。そういった事象、事象を知覚できることは神からの賜物であると考える。」（X004）

「キリスト教として聖霊の存在を認めている。人の心を導くものとして。」（X025）

「サタン（悪魔）、悪天使が霊魂不滅を信じさせるために行っていると考えます。」（X026）

このように、調査者が「幽霊」などのいわゆる「心霊現象」について質問しているにもかかわらず、回答者は聖書の中に現われる神の霊（聖霊）や悪霊（サタン）について記述することが多い。ここに嚙み合わなさを感じてしまうのは、『霊』の世界の出来事がキリスト教の世界観における善と悪（神と悪魔）との対立という大きな原理の中に回収されてしまい、無念を抱いて死んでいった津波の死者や、残された人々によって生きられてきたひとりひとりの物語や苦悩がどこかに置き去られてしまうからかもしれない。

そのように、この世の個人的苦悩を宗教的世界に置き換え、普遍的救済の物語の中で意味を持つものとして上書きするからこそ、宗教による救済が可能になることはすでに述べた。しかし、「津波の被災地で幽霊を見た」とか、「体調が悪いのは霊に取り憑かれたためではないか」といった語りを念頭に置くときに、こうした神学的解釈を持ち出されても、どこかはぐらかされたような印象を持ってしまう。自分なりの宗教観に基づいて語っているという点では、これらの回答を寄せたキリスト者たちと、僧侶や神職とのあいだに違いはないとはいえ、これらが聖書や神学的な知識を参照しなければ簡単には理解しがたい語り方となっていることは否めないだろう。

そうはいっても、彼らは神学的な思考だけにとらわれているのではない。個人の見解について問うた問14への回答を二つ取り上げる。回答者はいずれもプロテスタントの牧師である。

「いわゆる「霊的な体験」を経験することにはその人個人の人生観や生育歴といった人格の根底にある部分との密接なつながりがあると思います。ですからその体験を安易に否定することは避けなければならず、ていねいな対応が求められていると思います。その意味で、除霊や慰霊といった行為はその人の体験の意味を探ることを回避してしまう行いではないかと考えます。」(X005)

「現象ばかりに目を向けると、解決が難しくなります。現実の生活での「生きにくさ」や「心の傷」の問題が根底にあるので、さまざまなサポートや支援をしながら、「現実逃避」せずに現実に向かって生きて行けるように助けてあげることが鍵だと思っています。宗教関係者の誤った霊的問題の対処がニュース沙汰になるのを見るにつけ、とても残念な気持ちでいっぱいになります。」(X017)

この二つの回答に共通しているのは、目の前に現われている「心霊現象」の根底には、個人の経験や心理的な問題があるという捉え方であり、興味深いことに、宗教的対応が的外れで、時に有害でさえある可能性が示唆されている。これは、キリスト教的であるというよりは臨床心理学的な観点であろう。ちなみに、(X017)の回答者は、不登校児などを対象とするカウンセリングルームを営んでいる。牧師による信徒への働きかけをパストラル・ケア、あるいはパストラル・カウンセリングという言葉で呼ぶことがある。後者にはより心理学的な色彩が濃いが、カウンセラー的な意識のもとに信徒の悩みに耳を傾け、ともに神に祈るというのが、一般に、牧師の活動の中心であると言ってよく、それがこの回答にも現われている。

では、僧侶や神職が行なっている「供養」「お祓い」に類することを牧師たちはまったく行なわないのかというとそうでもないようだ。インタビューに応じてくれたある牧師は、「悪魔追い出し」の経験について語ってくれた。

「悪魔追い出し」(または「悪霊《あくれい》追い出し」)というのは、いわゆるエクソシズム(悪魔祓)のことである。カトリック教会では教育を受けて正式な資格を持った司祭だけが悪魔祓の儀式を行なうことができるが、プロテスタントにはそのようなものがなく、これをおおっぴらに実践することは「ご法度」とされているとのことである。しかし、それを得意にしている教会もあり、この牧師もそのような教会で学んだ経験をもとに実践しているという。ただし、十字架を突きつけたり聖水を振りかけたりといったことは行なわず、そしてお馴染の「キリストの名のもとに命ずる。立ち去れ！」という連呼をするでもなく、静かな音楽をかけながら一時間ほど聖書（旧約聖書の詩編など）を読み聞かせるのだという。

悪魔（悪霊）に取り憑かれている人は目つきでそれと分かり、頭痛を訴えるが、悪魔が追い出されると目つきも通常に戻り、頭痛も消える。ただし、そのような人は虐待による心の傷やトラウマを抱えていることが多いので、ただ悪魔を追い出すだけでは「元の木阿弥」になってしまう。「人格の中心部分」に働きかけ、傷を神様に癒してもらい、自分が大切な人間であると感じられるように働きかけ、それがうまくいくと取り憑かれることがなくなり、治っていくのだという。

このようなアプローチを取るかぎり、傍目からは悪魔祓の儀礼をしているようには見えないだろう。行なわれていることはむしろ、心理カウンセリングと宗教的儀礼の折衷的なアプローチであり、相談者の話に真摯に耳を傾けるというプロセスが不可欠な前提となっているのである。

仏教、神道、キリスト教の宗教施設に、霊にまつわるどのような相談が寄せられ、そこでどのような対応がなされているのか、その特徴について考察してきた。天理教、金光教など新宗教の教団からも質問紙調査への回答が寄せられたが、サンプル数も少なく、まとまった指摘をすることができないので、具体的な記述内容については巻末の参考資料を参照していただきたい。

儀礼の力

この章で指摘したことを振り返り、死者の霊にまつわる相談に対して宮城県の宗教者たちがどのように対応してきたのか考察してまとめとしたいが、その前に、今回の調査によって得られたデータに生じている偏りの可能性について述べておきたい。それは、宗教者対象の質問紙調査の実施に当たって郵送した添え状の中で、調査者である私たちが「公共空間での心のケア」に関わる問題意識を持っており、私たちの中に、当時、宮城県の地元メディアで盛んに取り上げられていた「臨床宗教師」育成事業の当事者も含まれているということを明らかにしたのだが、そのことが多少なりとも回答者の意識に作用したのではないか、ということである。調査の主旨説明には、次のような記述があった。

「新聞などで、被災地住民の方々がいわゆる「幽霊」や「お化け」を目撃し、不安を感じていることが報告されています。このような話は、真偽の定かでない興味本位の怪談噺としても広まっていますが、実際に「霊的な現象・体験」を深刻な悩みとして抱え、宗教者に相談をしている方もおられるようです。これは被災者の方々が抱えるさまざまな不安の現われであると考えられますが、この種の悩みはなかなか相談する相手が見つからず、胸の奥に抱え込んでいる方も少なくないのではないかと推察されます。」

これは、幽霊の噂話の流布を快く思っていない地元の宗教者たちに対して、私たちの調査が興味本位の怪談噺収集ではないことを弁明するために必要だと考えて記した文章であったが、結果として、幽霊を目撃したり、何かに取り憑かれたりしている人はトラウマや不安を抱えており、「心のケア」を必要としているのだ、という暗黙の前提を回答者の脳裏に刷り込んでしまった可能性があるだろう。質問紙に記入してそれを返送してくださった、またとりわけ対面でのインタビューに応じてくださった調査対象者はなおさら、私たちの立場に理解を示し、共感を寄せる傾向のある宗教者であった可能性もある。そして、霊にまつわる相談への対応においてトラブルを起こすような宗教者は、今回の調査に回答を寄越さなかったと推測することもできる。この結果、調査の期間中に出会った宮城県の宗教者たちは、相談者に対してまずまず適切に、良心的に接していると思われる人々ばかりであった。

こうしたバイアスがかかっていた可能性を認めた上でのことであるが、霊にまつわる相談に対する宮城県の宗教者たちの対応の仕方には次のような特徴を指摘することができる。

第一の特徴は、受容的態度である。宗教者の多くが「心霊現象」に対して合理的、あるいは心理学的に理解しているにもかかわらず、「幽霊を見た」「霊に取り憑かれている」といった相談者の主張を頭ごなしに否定せず、受容するというのが基本姿勢である。「あれだけの人が亡くなったのだから、そういう経験をするのも無理はないですよ」という言葉が調査中にしばしば聞かれた。同じ被災者である地元の宗教者であればこそ、このような態度で話を聴くことがごく自然であり、ゆえに世俗的支援者を戸惑わせるような内容でも打ち明けることができる相談相手として選ばれるのであろう。

第二の特徴は、儀礼的対応である。相談相手として宗教者が優れている点があるとすれば、そのひとつが、彼らが何らかの御利益が期待される儀礼の執行者として社会に存在しているということである。私の考えでは、宗教者の対応が効果的であるためには丁寧に話を聴くことが不可欠なのだが、この傾聴の営みに、儀礼はメリハリをつける。我々が医師に対して、効果的な処方箋を引き出そうと一生懸命に症状を説明するように、相談者は自分が抱えている問題を包み隠さず話そうとする。ただ単に話を聴いてもらうことが目的の面接というのは、しばしば着地点を見失って堂々巡りに陥ってしまうものだが、僧侶であれば、「では、本堂で一緒にお参りしましょうか」という一言によって、ちょうどよいところで自然に話を切り上げることができるのである（もちろん、相手にきちんと向き合わずに儀礼に逃げるというのでは本末転倒である）。神社であれば本殿に参拝し、お祓いを受けるであろうし、牧師と信徒であれば、ごく当たり前の習慣として、話の最後にともに神に祈ることになるだろう。いずれも、「心霊現象」に対応するための特異な儀礼が行なわれるのではなく、日常の信仰生活の中で見聞きしたことがある儀礼を通して平常心を取り戻す仕組みになっていることが多い。そもそも儀礼というのは気持ちを切り替えるためのものでもあるので、相談者は、辛い出来事を語るあいだに気持ちを暗くしたとしても、当初の来訪の目的を果たした一定の満足感・納得感のもと、気分をリフレッシュして家路につくことができるのである。儀礼が一足飛びに問題を解決するわけではないが、「宗教的応急手当て（Religious First Aid）」の効果を持つのだということはすでに述べた通りである。

第三の特徴は、教育的・指導的助言である。右に述べたように、彼らは相手の主張を否定せず、受容するのだが、死者の祟りなどはないということだけは必ず言って聞かせている。仏教僧侶の場合は、先祖となる死者たちが、子孫を祟るなんてことがあると思いますか、と問いかける。そして日常の心がけとして、死者を生きている人と同じように丁寧に遇すること、墓参りや仏壇へのお参りなど、先祖供養を欠かさないようにと説く。それは寺院の営業活動にすぎないのではないかと意地悪に見る向きもあるかもしれないが、死者を丁寧に弔うことは次世代の心を育むことであり、それによって日本がよい国になっていくのだという気概や矜持のようなものが、僧侶たちの言葉の中に感じられることがしばしばあった。

第四の特徴は、自己解決の了解である。これは自然治癒への信頼と言い換えてよいかもしれない。宗教者たちは、宗教儀礼が何らかの効果を持つと信じてそれを執り行なうが、その一方で、その効果が自分の持つ神通力なり霊能力なりによってもたらされたのだとは考えていない。神仏のおかげであるということまでは否定しないだろうが、「心霊現象」というのは、相談者がそれぞれに抱えている問題の解決とともに、「自然に」落着いていくものだということも、宗教者たちは同時に理解している。このことは「日にち薬」という言葉を用いながら説明したが、もちろん、漫然と時を過ごしていればよいというものではない。ある僧侶から「霊のことで相談してくる人というのは、たいてい家の中に何か問題を抱えているものなんですよ」という言葉を聞いた。津波という大災害は、人々が潜在的に抱えながらなんとか抑え込んでいた問題を一挙に浮上させるとも言われる。もともと存在していた別の問題を解決するには意識的な努力も必要で、そこに別の専門的支援者が介在する場合もある。それは「自然な」解決ではないが、しかし、いずれにせよ、根本的な問題は、宗教者が直接解決するのではなく、宗教施設での傾聴や儀礼を経て帰宅した後に、相談者の側で解決に向かって動いていくのである。解決しない場合はどうするのか。相談者はまた何度も宗教者のもとを訪れるか、あるいは、別の相談相手を探すであろう。

以上が、今回の調査の中で出会った、霊にまつわる相談事を無難に引き受けていると見られる宗教者たちの対応についての考察である。仮にこの正反対の態度による相談者への対応があるとしたらそれはどんなものであろうか。相談者の抱える問題の原因を一方的に決めつけ、特殊な、時に暴力的な儀礼を強制し、祟りや因縁罪障といった概念で不安を煽り、問題が解決した場合は宗教者の持つ霊能力を誇り、法外な報酬を要求する。刑事事件としてニュースの種になるケースというのは、たいていこのような条件の組み合わせによって生じているのではないだろうか。

むすび

この章では、霊にまつわる問題への宗教者ならではの対応方法として、巧みに儀礼を用いることを強調したが、同時に、それを効果的なものとするためには、丁寧な傾聴が不可欠であるということも強調してきたつもりである。最後に、このことを示すために、津波による死者の霊と直接関わる事例ではないが、調査の中で印象的に残ったエピソードを紹介してこの章の締めくくりとしたい。

ひとつは、地鎮祭を行なうことによって精神疾患が治った(かに見える)事例である。具体的な詳細は省かなければならないが、ある女性の夫が突然、家で暴力をふるうようになり、かねてから知っていた曹洞宗の住職に相談するようになった。事態は改善しないどころか悪化していき、やがて警察の介入を招くことになり、夫は強制入院の措置を受けた。なんらかの精神科領域の疾患が疑われたが、確定診断に至らず、医師も匙を投げた格好になり、家族も怖れて面会に行けないという状態であった。

そんなある日、何度目かの相談に訪れた女性に、住職は、いま住んでいる家を新築したときに地鎮祭をやったかと質問した。しなかったという女性に対して、住職は、あらためて地鎮祭を行なうことを提案したのである。地鎮祭というと神職が行なうものがすぐに思い浮かぶが、曹洞宗にもその作法がある。実際に見せてもらったところによると、それは、米に酒と塩を混ぜたものを敷地の四隅に穴を掘って埋め、不動明王像を祀った祭壇をしつらえて米、酒、野菜、果物などを供え、先祖代々の諸霊を供養する法要を営むという形式であった。家はすでに建っているので、法要はリビングルームで行なわれ、また同じ日に、方々の寺社等でもらってきたお札などで雑然としていた神棚もきれいに整頓された。この儀礼の後で、その女性は、住職から手渡されたお守りを手に、入院中の夫のもとを訪れることができたのだが、驚くべきことに、それを境に夫の症状は劇的に改善し、仕事に復帰することができ、平穏な家庭生活が戻りはじめたのである。

なぜこのようなことが起こり得たのだろうか。具体的な事実を挙げながら因果関係を説明することはしない。また、その材料もないのだが、たまたま自然にそうなったのだと考えるのが無難である。ただ、言えそうなことは、住職の地道な働きかけがあったから女性は問題から逃げずに向き合う決断ができた。また逆に、そのような覚悟が育ち、機が熟した頃合いに、儀礼の提案がなされたということである。熟柿の落ちるがごとき絶妙のタイミングに様々なことが重なって起こり、事態が動き始めたのだと私は考えるが、それが経験を積んだ宗教者のなせる技というものなのか、あるいは神様仏様のお計らいなのかは知らない。儀礼が不思議な効果をもたらしたように見えることは確かであるが、住職があえてこの突飛な提案を切り出すことができたのも、女性がそれを受け入れたのも、そこに至る傾聴の積み重ねによって築かれた関係性を踏まえてのことであった。最初の相談の時に、いきなり

地鎮祭をやってみようということにはならないのである。(4)

もうひとつ、ある祈禱師のところで、私自身が「楽になった」という感じを体験したエピソードを記す。私がインタビュー調査のために、学生一名を伴い、知人から紹介されたTさんの自宅を訪問したのは二〇一五年の二月であった。Tさんは六〇代後半の気さくそうな老人で、平屋造りの小さな家に家族とともに暮らしていた。Tさんは宮城県の沿岸部の出身で、東京でのサラリーマン生活を経て故郷に戻り、海の仕事をしていたが、三〇代の頃、毎晩のように神仏が夢に現われるようになったという。それが何年も続くので、滋賀県の寺院で学び、ある密教系の宗派の「律師」という資格を得た。それを示す免状を実際に見せてもらったが、要するに、Tさんは神仏からのお告げを授かる能力を密教の作法に包み、人々の相談事に対して祈禱で応じる仕事を始めたのである。右に「祈禱師」と書いたが、Tさんは人から「カミサン」「先生」と呼ばれるとのことであった。「拝み屋さんみたいのとは違う」という発言もあったが、それは自分が僧侶としての資格を受けているという自負からであろうか。

Tさんに聞きたかったのは、どのような相談にどんなふうに応じているのかという具体的な話であったが、守秘義務への配慮からか、「密教だから」と一切教えてもらえなかった。そのかわりに、「挨拶代わりに」と、私たちに祈禱をしてくれることになった。次の間に通されると、四畳半ほどの部屋

(4)　宗教的カウンセリングの節目節目に儀礼が行なわれ、時に功を奏することについては、東山・加藤(二〇〇七)を参照。

の床の間に掛け軸が三本下っていた。中央が「天照皇大神」、向かって左が昇龍、右が仏の姿を中心に梵字を配置した軸であった。簡易な祭壇に御幣や榊が供えられ、周囲を仏像、仏画などが囲んでいた。

私たちは合掌してその前に座らされ、背後に正座したTさんが般若心経を唱え始めた。リズミカルな読経はそれまで聞いたことのない節回しで、Tさんが振る錫杖の輪が鈴のような音を響かせ、気持ちが高揚してきた。時おり、数珠の房が首筋に当てられたようであったが、それがまた何とも言えず心地よく、次に触れられるのが待ち遠しいように思われてきた。次第に身体がポカポカと温まってきて、全身の強張りがとれてきたのがわかった。これが十分ほど続いただろうか、二度ほど法螺貝が吹き鳴らされて、祈禱は終わった。その時、私は、なるほど「楽になった」と感じた。そして、我ながら驚いたことに、些少なりとも謝礼を渡したいという感情が芽生えた。後から考えてみると、それは、祈禱をされているあいだ、Tさんが他ならない自分のために心を込めて勤めてくれているという実感に由来するものであったと思われる。

渡そうとした謝礼は固辞されたが、帰ろうとする私に向かって、Tさんは「いま、頭のよさそうな白い服を着たおばあさんが見ていましたよ」ということを言った。当時、数年前に亡くした祖母がほぼ唯一の「身近な死者」であった私にとって、この言葉は素直に嬉しいと感じられるものだった。そして同時に、祖母が本当に「守護霊」として見守ってくれているかどうかは別として、ああ、この人たちはこういう話術を使うのか、と得心したのである。もっとも、Tさんは、通常、初対面の人にこの種のことは言わず、また祈禱もしないそうで、まずは手料理を振る舞いながら話を聴くということであった。祈禱をするとしたら日を改めるのだそうだ。ここでもやはり、丁寧な傾聴があってこそ、儀礼が意味を持ち得るのだということが示唆されている。

ここまで論じてきたのは、あくまで生者の心の中の存在（心的現実）としての死者が、生者に働きかけ、影響を及ぼすという事態、そして宗教者がそれにどう対応しているのかということであった。しかも、死者は生者の心理的不安や苦悩の象徴的表現という扱いであり、宗教が本来最重要の問題としているはずの、死者そのものの存在性や、見えない秩序の実在性を正面から問うことはしなかった。そこに物足りなさを感じる読者もいることだろうが、生者の領域を踏み越えることなく、ここで筆を置くことにする。

第三章

絆の力

――被災者たちは亡き人との絆にどう支えられているのか――

堀江宗正

本章と次章では、東日本大震災の被災地における死別者と故人との「継続する絆」についての質問紙調査を紹介したい。

被災者のなかには、「故人と会話をする」のが当たり前だという人がいる。また、故人との絆を継続することで気持ちが楽になると語る人がいる。そうした死別者の間では、故人の話を共有する「悲嘆の共同体」が生まれている。この調査のなかで、私は、死者に関する表現や死者との関係には、二種類があることを発見した。それは「身近な霊」と「未知の霊」の二種類である。そして、共同体の関係が緊密であるかどうかで、どのタイプが表に現われるかが決まる。被災者の多くは、死者とのつながりが僧侶とのつながりを凌駕すると考えている。だが、僧侶や寺院の存在は、生者と死者のつながりをうながす重要な働きを担っているということも示したい(次章)。

調査に至った経緯——塞翁さんの話

二〇一一年三月一一日に発生した東日本大震災とそれに伴う津波による死者数は二〇二〇年一二月一〇日現在で一万五八九九人、行方不明者は二五二七人となっている(警察庁 二〇二〇)。この地震は東北地方に深刻な被害とトラウマをもたらした。宗教学の分野では、宗教者による様々な支援活動について報告や検討がなされてきた(宗教者災害支援連絡会 二〇一六)。しかし、これらの研究では、宗教的、霊的、心理的な観点から、被災者がどのように死者を表象し、死者との関係を維持しているかは明らかにされていない。

私は、当初、調査の意図なしにボランティアとして被災地であった岩手県のA市に入り、いわゆる「幽霊」にまつわる怪談のような噂話を聞くようになった。それと同時に、被災者にとって身近な故人に関する直接体験を見聞きし、被災者の間では、最愛の人との霊的な体験についての語りが交わされていることに気づいた。それは、マスメディアはもとよりソーシャル・メディアでもほとんど聞くことがない話だった。そのような話を被災地で聞いたとしても、それを流布するのは不謹慎だという暗黙の合意があったように思われる。ところが、被災者の方は、自分の霊的な体験を自然に、そして熱心に語ってくる。

私にとって、本調査の出発点とも言うべき故人に関する直接体験の聴き取りは次のようなものである。

塞翁《さいおう》さん(ニックネームの仮名)は地区の祭りの山車の飾りを作る重要な担い手で、堀江に手取り足取り、作業の手順を教えてくれた。作業は単純なもので、自然と様々な話を塞翁さんとするようになった。堀江が宗教学者だということを知ると、「霊の話を聞きたいだろう」と、震災にまつわる霊的体験の話をしてくれた。彼は地区の消防団のOBだった。その地区の消防団員は避難を呼びかけるなかで多数が津波の犠牲となった。生き残った消防団員たちで、まだ被災から二週間という時期、夜中に救急車の無線がライブで飛び交い、眠ることができないという極度の疲労状況で、屯所で酒を飲んでいると、そのうちの一人が酔った勢いで「俺は再婚するぞ」と言い始めた。その団員は津波によって妻子をはじめ家族を四~五人ほど失ったばかりである。すると、その場の一角に、暗い場所ではなく明るい場所なのに、亡くなった嫁が恨めしそうな顔で立っている。「そこにいるぞ」と塞翁さんが言うと、他の団員もいると同意した。約九名が皆その姿を見た。「そんなことを言うもんじゃねえぞ」と妻子を失った団員はたしなめられた。団員も深く反省している様子だった。なお、この話をしてくれた塞翁さんは、震災前から霊感があることで有名な人だった

（塞翁さん、五三歳男性、二〇一二年六月一七日）

塞翁さんは「みんなで見た」と強調した。おそらく、被災後の極度の衝撃と悲嘆、震災直後も消防団員として活動したことによる疲労、アルコールもあり（かなりの酒量の人たちである）、極限状況のなかで起きた集合的霊的体験と言えるだろう。塞翁さんは他にも次のようなことがあったと話してくれた。

震災後まもなくは、小学校の体育館に遺体を安置していた。その小学校の別の建物には多くの人が寝泊まりしていた。やがて遺体が火葬され、体育館から遺体がなくなった。その頃から、霊の話が出るようになった。「塞翁さん、見えるんだからこっち来てよ」と言われる。「見えるから行きたくないのに」と思いながらも、怖がる人に呼ばれるので行ってみる。すると、やはり霊が見える。それからしばらくしてから夢を見た。亡くなった人たちが海の方へ歩いて行く夢である。海の方には白い光が見え、そこに吸い込まれてゆく。同じ夢を見たという人が出た。一〇人くらいだと思う。それを境に霊は出なくなった。

（二〇一二年六月一六日）

この話では明確な死後観、他界観が示唆されている。遺体が火葬され、肉体がなくなった後に霊魂

がとり残されている。その霊魂は、どこに行けばよいか分からず、遺体があった場所をさまよう。しかし、海の彼方に白い光が現われ、それに導かれ、光の世界、すなわち死者が安住する他界に行くことができた。その結果、霊はいなくなり、小学校でさまよう姿は目撃されなくなった、というものである。

ここまでの強烈な体験でないとしても、被災地では様々な霊的体験が共有されているのに、被災地外には出てこない。震災後は、宗教者の間に「調査被害」(センシティブな内容の調査をすることで傷ついた被災者をさらに傷つけること)を恐れて、極度の自粛ムードが漂っていた。被災者をネタに調査をしてはいけない、というものである。しかし、こうした話を見聞きするにつれて、宗教学者、宗教心理学者、死生学者として研究をしてきた自分が、このまま何もしなくてよいのかという思いを抱くようになった。

一方、このような比較的親しい人の霊(ここでは「身近な霊」と呼んでいる)を感じる直接的な体験のほかに、もう一つのタイプの体験がある。つまり、未知・無名・疎遠な霊との恐ろしい出会いである。これを私は「未知の霊」と呼ぶことにした。たとえば、私が出会ったあるボランティア経験者は、正体不明の無数の「未知の霊」に憑依されているという悩みを打ち明けてくれた(後述)。

本調査はどちらかと言えば「身近な霊」の物語の方に焦点を当てる。私は共同研究者の高橋原と議論した上で、調査するからには噂話ではなく、直接体験を取り上げるべきだという方針をとった。それは結果として、生前から親しかった「身近な霊」の体験にアプローチすることを意味する。身近な霊の体験は未知の霊の体験と異なり、自宅などの落ち着ける場所でふとしたときに起こることが多い。

体験者にとって、故人の存在は「死者」や「幽霊」であるよりも、第一に大切な人である。幽霊という言葉を使ったときの恐怖感や異物感はない。また体験者にとっては当たり前の真実であるため、真偽を争う姿勢はない。加えて、被災者が快く話してくれるのはこちらの心温まる話の方なので聴取しやすいという面もある(1)。

私は質問紙を配布する前に、被災地で活動していた宗教者、ならびに語り部の活動をしていた被災者に質問紙を見せて、質問内容が気分を害するものでないか、不謹慎と受け取られないかを確かめ、倫理的問題が生じることを避けた。彼らの多くは、大きな問題はないし、むしろこのような調査はどんどん進めてほしいと言ってくれた。被災者を気持ちの面で、また霊的な意味でも支えてくれるものが何なのかを示すことは、彼らの回復にとっても有益な知見となると考えていたようである。

「身近な霊」の物語は研究者にとってアクセスしやすいだけではなく、一般大衆にとって受け入れやすいという利点もある。二〇一三年にNHKは『〝亡き人〟との再会』という名前のドキュメンタリー番組を放映した。それは、大切な人を亡くした被災者が故人の気配を感じる心温まる体験談を取り上げたものである(NHK　二〇一三)。日本ではスピリチュアル番組やオカルト番組は、科学を否定するような内容を取り上げることを禁じた放送基準に抵触するという批判を受けることが多い(堀江二〇一九a:九一)。ところが、『〝亡き人〟との再会』はツイッターなどで数多くの好意的なコメントを集めた。公共放送がこのような番組を放映するべきではないという批判的なコメントもあったが、それをはるかに上回っていた。このように「身近な霊」の物語は広く集めやすく、また受け入れられやすい。それにこうした物語は、都市伝説的な怪談と異なり、画一的ではなく、複雑であるがゆえに、多くのことを学ぶことができる。

継続する絆——調査の目的と鍵となる概念

「身近な霊」に注意することには、研究上の利点もある。悲嘆の心理の研究では「継続する絆」に関する議論が大量にある。「継続する絆」または「絆の継続」(いずれも英語では continuing bonds)とは、死別を経験した人が、心のなかで思い浮かべる故人の表象(イメージ)と気持ちの上で絆を保っている状態、または保つことを指す。「身近な霊」の体験は、この継続する絆の観点から理解することができる。そして、この理論では、体験の共通点や相違点、類型論、精神的健康に果たす役割の判断基準などがすでに提示されている。

これを研究したクラス、シルヴァーマン、ニックマンらによると(Klass, Silverman and Nickman 1996)、死者の内的表象を維持することは必ずしも病的ではなく、長期にわたって死別者の助けになっていることが多いという。従来の悲嘆カウンセリングが故人との絆を断ち切るべきだと考えるのに対して、クラスらは断ち切るべきではないと考える。「継続する絆」論者たちは故人の気配を感じるような体験にも注目しているが、これは霊的体験と見なされてもおかしくないものである。しかし、

(1)　このようなアプローチの先行研究としては、阪神・淡路大震災の死別者のインタビュー調査をおこなった副田(二〇〇七)がある。よく阪神・淡路大震災では「幽霊」話を聞かないと言われるが、身近な霊に関する体験、死者とのコミュニケーションは存在していることが分かる。

フィールド(Field 2008)によると、一般に気配《プレゼンス》体験は死別から間もない時期に観察されるもので、長い時間が経過しているのにしつこく続くのは、不適応の証拠だという。

それに対して、ストローブとシュット(Stroebe and Schut 2005)は継続する絆が適応か不適応かを決めるより、それが病的になる条件を調べるのが研究者の仕事だとする。継続する絆の提唱者の一人であるクラス(Klass 2006)はまた文化や歴史との関係について調べるべきだとする。これは、適応か不適応かという論争が、文化的、歴史的な枠組に無自覚にとらわれた結果、起きているということを示唆している。実は「継続する絆」の重要性に論者たちが気づいたきっかけは日英の戦争未亡人の比較研究にあった。山本ほか(Yamamoto et al. 1969: 1662)によると、日本の未亡人は供物や祈りを捧げることを通して亡き夫との絆を維持していた。そして英国の未亡人よりも精神的に健康だったという。西洋人は絆を断ち切ろうとして、かえって「複雑性悲嘆」で苦しむ。これは、平静な態度によって隠されているが、実は悲嘆が潜伏していて引き延ばされている状態を指す。

ウォルター(Walter 1999)はもっと包括的な議論をおこなっている。悲嘆や継続する絆の表し方は文化や共同体によって異なるだけでなく、時代によっても異なるという。ウォルターはロマン主義、近代主義、ポスト近代主義という歴史的段階を想定した。かつての日本の先祖祭祀は、子孫の記憶の範囲を超えた直系先祖の祭祀を含むものであった。戦後、核家族化が進むと、人々は鮮明に記憶している近親者に重きを置くようになった。スミス(Smith 1974)はこの縮小化した先祖祭祀を「メモリアリズム」と呼んでいる。山本ほか(Yamamoto et al. 1969)が未亡人の比較調査をおこなったのは、メモリアリズムが台頭しつつある時期である。それが継続する絆の論者たちによって後から再発見されたという形である。ただ、家の仏壇に食べ物や水を毎日供えて故人との絆を保つということが、今の日本人にとって普通のことかというと疑問が残る。

もっと最近の調査ではヴァレンタイン(Valentine 2009)の日英比較のインタビュー調査がある。それによると、英国人はこれまで考えられてきたほど個人化していないという。さらに日本人は個人的な物語に重きを置き、共有されている伝統をダイナミックに個人化した形で実践しているという。クラスほか(Klass, Silverman and Nickman 1996)とウォルター(Walter 1999)は死別のとらえ方を次のように分類している。まず一九世紀のロマン主義は故人との感情的な絆を理想化していた。次いで二〇世紀の近代主義は、絆を断ち切ることが正常で健康だと見なした。二〇世紀後半のポスト近代主義は、多文化主義的な状況を背景に悲嘆の多様性を認め、受け入れている(Klass, Silverman and Nickman 1996: 40–41)。前述のヴァレンタインが記録した二一世紀の日本人の死別に対する態度は、ポスト近代的な悲嘆理解の表れだと言えるだろう。

日本人にとっての「継続する絆」

もし日本人がポスト近代の段階にあるとしたら、被災地での悲嘆の経験は一括りに理解するべきではなく、その表現の多様性をとらえるよう注意深く検討しなければならない。後で見てゆくが、実は津波が被災地を襲った時点で、地域ごとの社会的、文化的な状況はすでに複雑な様相を呈していた。戦後最多の死者を出した東日本大震災は、それほどのスケールの災害を経験したことのなかった人々に、集合的悲嘆という状況にどう対処するかという試練を課した。東北地域の宗教信仰率は西日本に比べてそれほど高くはない。一九九〇年代末のＮＨＫ（ＮＨＫ放送文化研究所　一九九七：六八―六九）による都道府県別の調査によれば、何らかの信仰を持っていると回答する人は、浄土系の信仰が盛んな福井県で五八％、阪神・淡路大震災を経験した直後の兵庫県で三六％もいるのに対し、岩手県では二七％、宮城県では二二％しかいない（全国平均は三一％）。この数字だけを見ると世俗化が進んでいるように見えるが、都市住民と異なり、被災地域のほとんどの住民は既成仏教の寺院とその共同体に所属している。もちろん被災地には仙台という人口が百万を超える都市も含まれることを考えると、被災地のすべてが地縁社会だということはできない。沿岸の地縁社会も人口減少に悩まされ、津波によってさらに多くの人々を失った。以上のことから、次のような問いを立てることができるだろう。このように複雑な地理的、社会文化的状況のもとで「継続する絆」はどのような形をとり、どのような役割を果たしているのだろうか。

　質問紙において、私は「継続する絆」という言葉を使うのは避けた。この言葉は回答者が読んですぐに意味が分かる言葉とは言えないからである。調査の意図は、被災者にとっての故人の内的表象の形態を確かめることにある。理解しやすく、かつ故人の内的表象を喚起するような言葉を使わなければならない。そこで私は「こころの絆」という言葉を使って、故人とのつながりを表現することにした。この言葉について、調査協力者には次のように説明した。

　ここでいう〈こころの絆〉とは、「こころのなかで実感される亡くなった人とのつながり」のことです。お墓や位牌や写真や形見など、目に見えるものを通して感じる方もいらっしゃいますし、夢や気配や声として感じる方もいらっしゃいます。それらがどのように感じられ、また日々の生活でどのように助けになっているか、お話をうかがっているところです。

震災後は「絆」という言葉を聞くと、生存者と支援者の間に存在する人道的な絆が容易に思い浮かぶという状況だった。また、「こころの絆」という言葉には、理解しやすいという利点だけではなく、宗教的、霊的あるいはスピリチュアルな観点から見て、特定の立場と結びついておらず、中立的であるという利点もある。

さらに、この言葉には「幽霊」や「先祖」などの言葉を使わずにすむという利点がある。これまで被災地での霊的体験に関する多くの文献で「幽霊」という言葉が使われている。この言葉は単なる「死んだ人の魂」という意味だけでなく、「死者が成仏し得ないで、この世に姿を現したもの」という否定的な意味をも持つ(『広辞苑』第七版)。つまり未浄化で浮かばれない霊として、先祖の霊、祖霊よりも劣位のものと見る印象がつきまとう。そのため、大切な人を亡くした被災者の感情を害する恐れがある。逆に「先祖」には浄化され、子孫を守護・指導する霊という印象がある。これは伝統的な先祖祭祀とのつながりが強すぎるためであり、この言葉を使うと回答者は社会的に許容される範囲の型にはまったことしか言わない恐れがある。さらにこれら特定の宗教的な信念体系を背景とする言葉を使うと、体験が霊魂の存在証明なのか、幻覚や錯覚なのかという論争点に注意が行きがちである。

故人を低く見る、先祖祭祀の枠で型どおりに答える、霊魂の実在をめぐる興味本位の論争、これらいずれとも関わりなく使えるという意味で、「こころの絆」は中立的な概念になりうる。私は何人かの被災者と宗教者に質問紙を前もって見てもらい、「故人とのこころの絆」という表現が、今回の調査の目的にふさわしく、かつ被災者の心情を害さないものであることを確認した。

質問文を作る際には、日本人死別者対象の「継続する絆」に関する既存の調査の質問文を踏まえた（坂口　二〇〇六）。本調査（以下「こころの絆」調査と呼ぶ）は東北地方の日本人死別者において継続する絆がどのように表現されるのかを確かめる研究となるだろう。その知見は、継続する絆の議論に新しい事例を付け加えることになる。それは学問的貢献に留まらず、被災地で暮らす人々にとっても意味あるものとなるだろう。継続する絆に関するこれまでの理論や類型論を参照することで、故人の表象と故人にまつわる実践をよりよく理解することができるし、それを通じて、死別者の心理社会的な状況をよりよく理解し、改善することに資するものとなる。さらに、「こころの絆」調査は被災者の霊的体験に宗教ならびに宗教者がどのように対処できるかを明らかにするだろう。それはスピリチュアルケアがどのように可能であるかを示唆するものとなる。最後に、以上の知見は、世俗化・世俗主義、ポスト世俗の動き、そしてスピリチュアリティ(2)全般の議論にとっても重要な意味を持つことになるだろう。

方法論

私は二〇一四年の七月から九月にかけて質問紙による量的調査をおこなった（巻末「参考資料」3）。対象は大切な人（家族や親密な知人など）を地震、津波、関連死によって亡くした人である。回答者には、「震災・津波で亡くなった方（関連死も含む）、あるいは行方不明の方で、あなたが〈こころの絆〉（こころのつながり）を強く感じている人をどなたか一人」あげるよう依頼した。誰も思い浮かばない人には、回答は不要とした。

回答者の合計は一〇〇人である。そのうち六〇人は岩手県、四〇人は宮城県の住民である。福島県も被災地ではあるが、調査地には含めなかった。福島県の被災者が直面している問題は死別に留まらず、原発事故による健康問題や生活問題を含む。実際問題として、宮城県や岩手県に比べて福島県では地震・津波による死者数が少ない。その上、原発災害によって離散しているため、アクセスすることも難しいと予想された。

調査被害を防ぐために、調査地は私がすでに被災者と個人的なつながりを確立した地域、または調査に協力してくれた宗教者が問題ないと判断した地域に限定した。結果として、回答者の六割は岩手県のA市となったが、残りの四割は宮城県で可能な限り多くの場所で調査をしようと努めた。後述するように、そのうち一六人の回答者がいるB市では、A市と顕著に異なる傾向が見られた。とはいえ、そのような違いを見出すことを事前に目的としていたわけではない。

ほとんどすべての回答は、仮設住宅やその集会場で得られた。回答者の平均年齢は六六歳であった。

(2)　ここでいう「スピリチュアリティ」とは、①通常は知覚しえないが内面的に感じられるものへの信念と、②それを体験して変化をもたらそうとする実践の総体であり、③宗教文化的資源の選択的摂取、④個人主義や反権威主義といった態度が、程度の差はあれ、ともなうものである（堀江　二〇一九a：第一章）。本書の文脈にひきつけて簡潔にまとめると、「組織宗教の外での、死者の霊へのアプローチ（体験、表現、理解、対処）」ということになるだろう。

このような高齢者への偏りは、特に津波被災後に激しさを増した人口減少を反映している。回答者の対象となる若者もいたが、多くの若者は質問に答えることを拒否した。彼らは大切な人を亡くしたショックのさなかにいるように見られた。被災前にすでにいくつかの死別を経験してきた高齢者と比べると、死別について語ることは難しかったと思われる。五九％の回答者は老眼により調査票の文字を読むことが難しかったため、堀江または共同研究者の高橋原が質問を読み上げて、回答を書き込んだ。そのため、回答者は質問に関連して自分自身の物語を語ることが多くなり、調査はおのずから半構造化面接に近くなった。したがって、調査の結果は量的にも質的にも分析することができるようなものになった。

それに加えて、「こころの絆」調査そのものが一種のセラピー的効果を果たしたことも見過ごすことはできない。私は、物語られた答えを質問紙に記載する際に、それを要約し、また反復した。インタビューの最初には悲しみと混乱の感情を表明していた被災者が、物語るなかで、またそれを傾聴されるなかで、次第に明るい表情になり、そして前向きに生きる上で「こころの絆」は大事だと認めるようになることは珍しくなかった。つまり、継続する絆の適応的効果（被災後の生活にうまく馴染む上での効果）を検証するための調査が、絆に対する感情を前向きなものへと修正した可能性もあるということである。回答者に高齢者が多いことは、したがって二種類のバイアスを含むことになる。一つは、先行する死別に関する豊かな経験ゆえに、喪失への対処能力が若者に比べて高いというバイアスである。もう一つは、老眼ゆえに調査者が聴き取り、繰り返すことによるセラピー的効果で前向きな回答が出やすくなるというバイアスである。結果として、インタビューの最初より最後の方で、継続する絆の維持が精神的健康に有益だということが強調される傾向が見られた。こうした高齢者バイアスは、継続する絆の適応的な面を明らかにしようという目的のためには好都合だが、同時に若者たちが悲嘆の感情を処理するのに深刻な困難を抱えていることも見過ごしてはならない。

霊の実在の肯定か否定か――語られた現実への限定

被災地での霊的体験に関するこの種の調査は、霊の実在を断定しようとするものではないかという批判もある。藤山みどり(二〇一四)は、東北大学の宗教学者と臨床宗教師が、あたかも霊が実在するかのようなコメントを新聞紙上でおこなっていると批判している。藤山によると、「『研究者らも(幽霊に)遭遇する』「出るのは当たり前」「幽霊を見た人が多い……読経したら見えなくなった」など肯定的な報道や著者稿もあった」という。この記述の直前に、東北大学の研究者による調査、つまり本書のベースになった調査に言及しているので、あたかも本書の共著者の高橋が述べたことと誤解されかねないが、藤山の引用元を当たると別の研究者や宗教者・仏教者の発言である。藤山は、このような霊の存在は議論の余地があり、仏教の教義でも否定されていると指摘する。堀江(二〇一五a)は現代仏教教団の霊魂観をまとめているが、霊魂を肯定する教団と否定する教団に二分されていた。藤山は否定側の立場に立っているようだが、仏教の教義が霊を否定しているというのは一面的である。また、霊の問題に慎重だったNHKや知識人が霊の証言を受け入れるようになったのは、語り手が「ケア」を必要とする被災者であり、傾聴するべきだと考えたからではないかと藤山は推測する。支援活動をめぐる言説には、「ケア」という言葉や「被災者に寄り添う」という言葉がよく出てくる。これらの表現は、被災者の語りの真偽を判断せずに受容することを意味している。藤山は、こうしてオウム真理教事件以後は慎重な姿勢をとっていた「ＮＨＫと識者」が、二〇一一年以後は「死後生」の「第三次ブーム」を作っていると見る。

一方、米国で論争となるのは、死後生の肯定ではなく、むしろその否定である。ルートとエクスライン(Root and Exline: 2014)によれば、フロイト以来、古典的なグリーフワークの理論家たちは、絆からの離脱を治療終了とみなしてきた。その前提には「死んだらその時点で存在しなくなる」(死んだら終わり)という想定があったとする。それに対して、アメリカ人の大多数(七四%)は死後生を信じていると、彼らは指摘する。アメリカで絆の継続という概念が台頭した背景には、多くの人が死後生を信じていることがあるかもしれない。ところが、現在の文献では、死後生はおろか、死別者それぞれの宗教的・文化的な信念についてもほとんど触れられていないという(Root and Exline 2014: 6)。日本人はアメリカ人よりも微妙な死後生信念を持っている。各種調査では国民の約半数が死後生を信じているという結果だが、回答は質問の言い回しによって異なる。仏教式で葬儀をおこなう一般の信徒は、亡くなった霊が存在するかのように葬儀をおこなっているが、必ずしも強く信じているわけではない。そして、それは仏教の僧侶も同じである。

調査者は霊の「物語的現実」にアプローチすることはできても、「物理的現実」にアプローチすることはできない。霊が存在するかどうかにかかわらず、人々は故人との継続する絆について語る。その時、霊の存在を信じているかもしれないが、単に比喩的に言及しているだけかもしれない。調査者も回答者も、霊の物理的現実を証明することはできない。それでも宗教文化的な資源の助けを借りることで、故人との継続する絆を語ることは可能だし、仮に信じていないとしても、語ることを学ぶと、それを意味あるものとして理解し、表現することが可能になる。本研究では、霊の「物理的現実」を肯定する立場も否定する立場も退けない。被災者の霊的体験の「物語的現実」を記述し、宗教文化的背景から理解しようと試みる。

悲嘆、記憶、前向きさ

調査ではまず、津波で死亡または行方不明になった人のうち、回答者の頭の中に最初に浮かんだ人と、その人との関係について尋ねた。それから、故人に関する夢や霊的体験、宗教的実践について質問した。その後、宗教や死後生に関する自分の信念や、故人に関する話をどのように他人と共有しているかを尋ねた。

回答者の故人との絆は、宗教的というよりも心理的なものだった。故人との絆を感じさせるものとしては、「思い出」(四七%)、「写真」(二七%)という回答が、「お墓」(一三%)、「位牌」(三%)、「仏壇」(二%)よりも圧倒的に多かった(以下パーセンテージは無回答を除いたものから算出)。絆を継続させる媒体として主に機能したのは、遺族が故人を心のなかで思い出すための記憶や写真であった。儀式によって故人とのつながりを確認するための仏具よりも、このような非宗教的な媒体を選んだ人の方が多かった。

それら記憶の媒体に対して、「悲しい」(六〇%)と「懐かしい」(三九%)が入り混じった感情が喚起された。「癒される」という回答は予想よりも少なかった(一〇%)。また、〈こころの絆〉(「継続する絆」に相当)を大切にしていると前向きになれると答えた人が七二%もいたことから、悲しさや懐かしさは必ずしもネガティブに作用するわけではない。以上の回答から、悲嘆そのものは癒しにつながらないが、故人を懐かしみ、その内的表象を強化することで気持ちは前向きになる、と解釈できる。そのことを、ある回答者は次のようにまとめている。

悲しいという気持ちも思い出していることなので供養の一つだと思う。

(六七歳男性、二〇一四年八月二一日)

自然な霊的体験——四分の一が気配を感じ、メッセージを受け取っている

この研究の核となる質問は、継続する絆が実際にどのように経験されているかを探るものである。この質問を日本語で表現するために、私は坂口(二〇〇六)の調査を参考にした。坂口の調査のサンプルは近畿地方の五九〇人の人々である。回答者は、故人が「あなたをやさしく見守り、あなたを助けてくれている」(六三%)、「天国(極楽)で暮らしている」(五八%)、「自分の近くにいる」(三九%)、「考え方や生き方のお手本になっている」(三二%)、「ときどきあなたにメッセージを送ってくる」(二八%)と感じている。[3] これらの結果は、死別を経験した日本人が故人にどのような行動や状態を重ね合わせているかを示す。しかし、「天国」や「極楽」などの特定の宗教用語が適切でないこと、故人が「見守

り」「助けてくれている」など、一つの文の中に二重の質問があること(本来は分けて聞くべきだろう)、逆に故人が「お手本」になる「メッセージ」についての質問など、似たような質問の繰り返しがあることなど、質問文には改善の余地がある。

今回の調査では、異なる要素に文章を分割し、より単純な質問文に変え、被災者がよく口にする言葉で補った。その結果、故人が「自分の心のなかで生きている」(六六%)は七割近くの高い支持を得た。「見守られている」(五六%)なども六割近いので、多くの人が故人の存在を身近に感じていることがわかった。それに対して、少し距離を感じる「天国・極楽・浄土・他界などにいるという感じ」(四六%)、いわゆる「あの世」にいる感じは、やや下がる。

故人との生き生きとした交流を報告する人もいたが、ハードルが上がったのか肯定回答率は過半数に達しない。「語りかけると答えが返ってくるような感じがする」(三七%)は、まだ心のなかの自問自答だという解釈の余地を残す。同時に、実際にメッセージを返してきたのだという解釈の余地もある。つまり、故人が生者の心のなかにいるという「心理的死後観」と、死後も肉体を持たない霊的存在として実在するという「霊的死後観」の境界に位置する。「気配を感じた」(二五%)、故人から「メッセージを受け取った」(二三%)になると、肯定回答率は四分の一程度に落ちる。とはいえ低い割合とは言えない。一般的には立派な霊的体験と見なされうる。それが四分の一の被災者に体験されていると

(3)　これらのパーセンテージは坂口の示しているグラフの配偶者を亡くした中高年者、親を亡くした成人、死別経験のある大学生のパーセンテージから、元の人数を割り出し、それらを合計し、全体の五九〇人で割ったものである。

いう事実は、重要な知見である。だが、生前親しくしていた故人が心のなかにいると感じている人にとって不自然なことではない。彼らは自らの体験を、あえて超自然的なこととして、第三者に信じてもらおうと力説することもないだろう。

六四％が「仏壇や墓の前で会話する」と回答していることと照らし合わせると、超自然的な霊能力で霊と交信しているというより、もっと自然な日常的儀礼のなかでふと感じられるものだと理解できる。とはいえ、六割以上の人が故人と会話しようとして、そのうち半数が返事をもらっているように感じているということは重要な事実である。回答者のうち二五％が故人の「気配」を感じたことがあるというのも、超自然的な体験をしたというより、死別者にとっては、故人の存在を身近に、生き生きと感じていることの延長で起こる自然な体験なのかもしれない。

典型的な怪談には、死者の霊との超自然的な邂逅を物語るものが多い。しかし、回答者は自分たちの体験をそのような物語に仕立てて語ることはなかった。仮に故人の声を心のなかで聞いたり、故人の気配を感じたりしたとしても、それはごく普通の自然な霊的《スピリチュアル》体験として受け入れられるだろう。愛する故人の霊は、死別者にとっては日常的に言葉を交わす相手なのだから、そのサインやメッセージはむしろ歓迎されるのである。

フィールドら(Field et al. 2013)は、故人の姿の幻視や錯視は死別者の悲痛が高まる前兆だが、それに対して故人が死別者を見守っているとか夢を通して意思を伝達してきているなどと信じることはスピリチュアリティが高まる前兆だということを示した。今回の調査での回答者は、これとは少し異なるパターンで、故人に日常的に食べ物や飲み物を供えるという儀礼行動を通じて、実際に故人との交流を深めているという確信を得ている。これは受け入れがたい幻視や錯視を伴いつつ悲痛が高まるという病的な状態とはまったく異なり、むしろ精神的に落ち着いた状態でのスピリチュアリティとの関連性をうかがわせるものと言えるだろう。

悲嘆共同体

「ここでたずねた事柄について、人と話すことはありますか」という質問には七八%があると答えた(「話す」四〇%、「相手や時と場合による」三八%)。また七〇%が「亡き人の気配や声についての体験談を、人から聞いたこと」があると答えた。つまり、彼らにとって故人にまつわる霊的体験は、他者と共有できない私的な話ではない。むしろこの結果から、津波後の喪失という共通体験を核に、悲嘆共同体が出来上がっていることがうかがえる。なかには、こうした事柄について家族とも決して話さない、という人が少数ではあるがいた。「こういうのを話すのは初めて」と私に語る回答者もいた。やっと話せたということである。しかし、全体的傾向としては悲嘆共同体が成立しており、タブーとまでは言えない。

すでに述べたように、七二%の回答者は「亡くなった方との〈こころの絆〉を大切にすることで、気持ちが前向きになる」と答えていた。アンケートで尋ねた事柄(こころの絆)について「人と話す」と答えた人の場合、「心の健康は、総合的に見て良好」と答える人が、「良好ではない」と答えた人の約二倍であった。それに対して、「人と話さない」人の場合、心の健康は「良好」と「良好ではない」

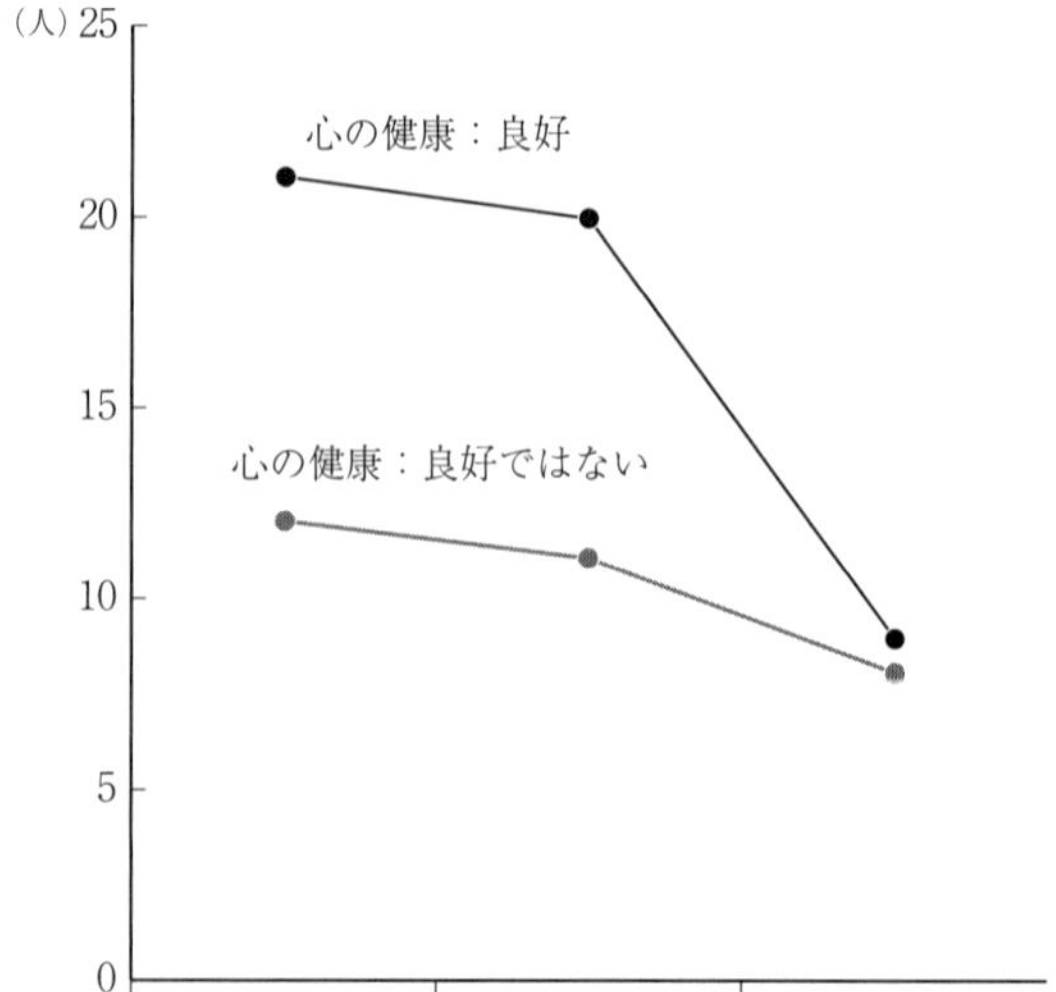

	人と話す	相手や時と場合	人と話さない
心の健康：良好	21	20	9
心の健康：良好ではない	12	11	8

図1　心の健康とコミュニケーション

が半々だった(図1)。

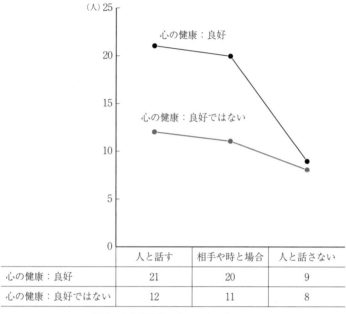

「相手や時と場合」を除いて「人と話す」か「人と話さない」か、これと心の健康が「良好」か「良好ではない」かとで二×二でカイ二乗検定をおこなうと、有意差は認められなかった(p値＝0.4646)。もちろん、継続する絆について語り合う人のなかでは心の健康が良好だと答える人が良好ではないと答える人の二倍もあるので、語り合う人は心の健康が良好だと答える人が多いとは言える。しかし、この種の会話をしない人は心の健康が良いとも悪いとも言えない。また、この表を横に見ると、心の健康が良好であろうが、良好でなかろうが、継続する絆についてのコミュニケーションをする人の方がしない人より多い。つまり、心の健

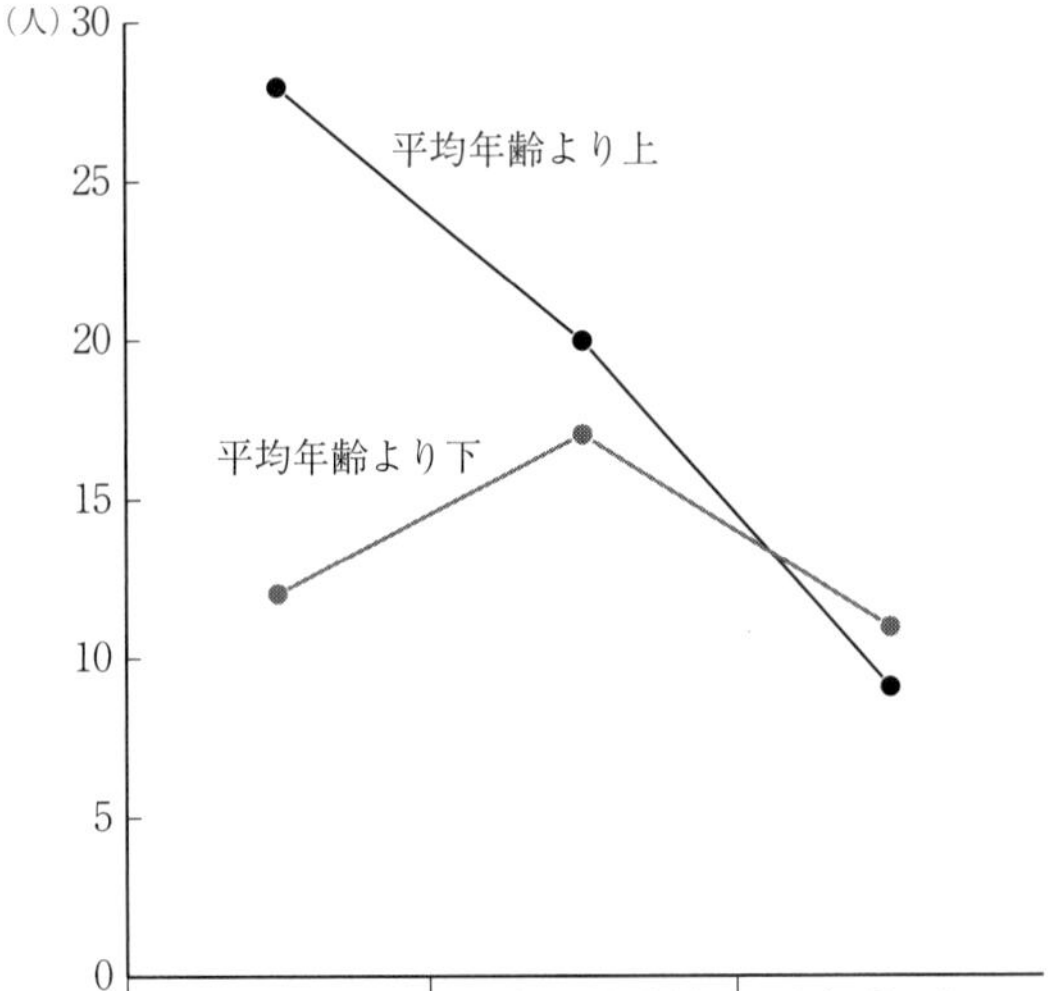

	人と話す	相手や時と場合	人と話さない
平均年齢より上	28	20	9
平均年齢より下	12	17	11

図 2　年齢とコミュニケーション

康の状態が良い被災者だけが、心に余裕があるからコミュニケーションができているという因果関係は成り立たない。したがって、コミュニケーションしていると心の健康が良好になるという因果関係が消去法で残る。とはいえ、コミュニケーションしていないとしても、それで心の健康が悪くなるとは言えない。

　クラスら(Klass, Silverman and Nickman 1996: chap. 2)によると、アメリカ文化では、この種の体験談や死者との絆を日常生活のなかで人に話すことは難しいという。それを補完する形で現われているのが死別者同士のセルフ・ヘルプ・グループやピア・カウンセリングなどである(chap. 12)。日本人の場合、都市化・世俗化の意識が進んだ

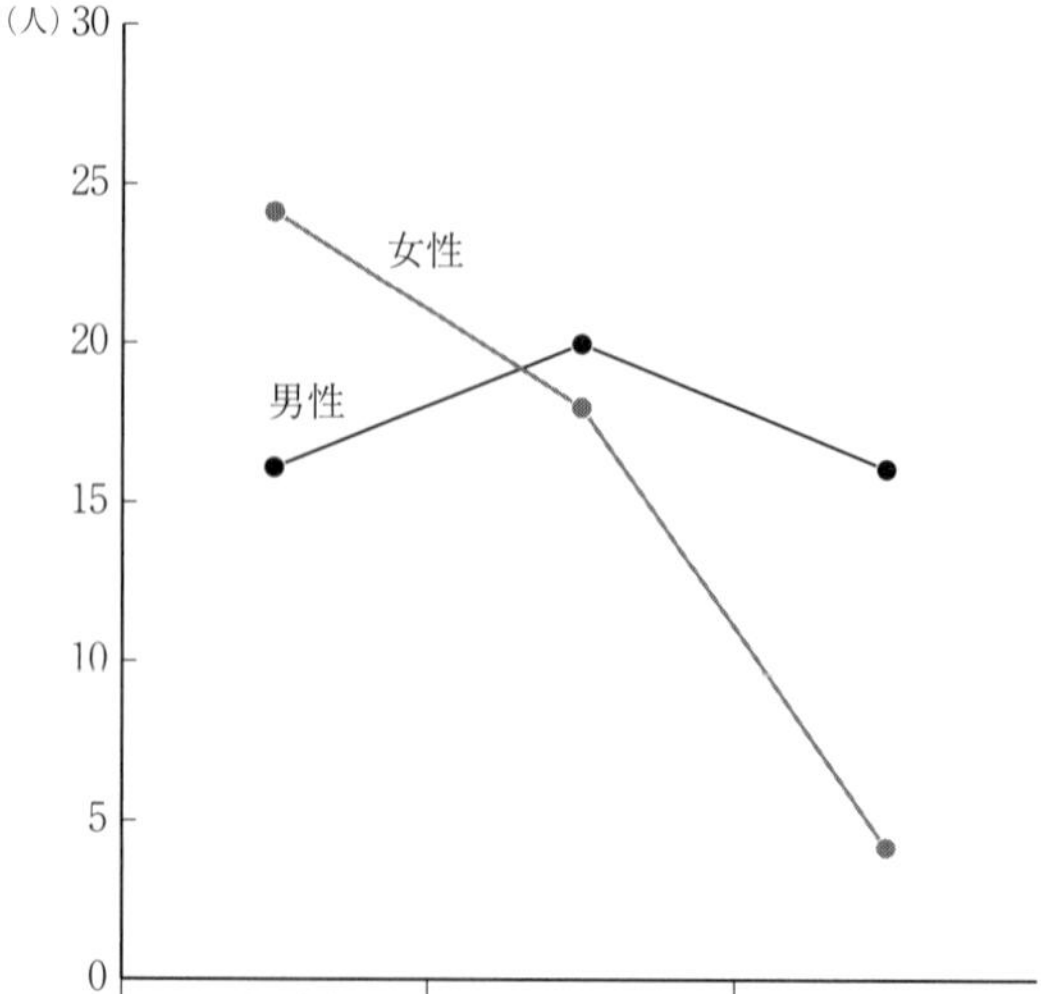

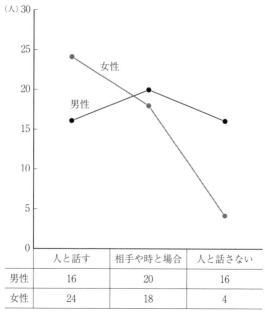

	人と話す	相手や時と場合	人と話さない
男性	16	20	16
女性	24	18	4

図3　性別とコミュニケーション

としても、悲嘆や社会的孤立によって壊れた共同体をセラピー的コミュニケーションによって修復しようとする人が、アメリカ人ほど多く出てくるように思われない。東北地方の被災地の震災から三年半後（調査時）の状況を見る限り、継続する絆をめぐるコミュニケーションは、粗密があるものの、ある種の悲嘆共同体のなかで盛んにおこなわれていた。会話そのものは悲しみの感情を解消しないとしても、故人との継続する絆と悲嘆共同体は被災者を前向きな気持ちにしているように見える。

　もちろん被災直後においては、死別者同志の支え合いよりも癒し手が不在のまま死別者の悲嘆が相乗効果で高まるような状況があっただろう。悲嘆について沈黙を守っている人は、調査のなかではどちらかと言えば男性と中年程度の相対的に若い人が目立った。そこで平均年齢（六六歳）より上か下か、また性別で、継続する絆についてのコミュニケーションがどのように違っているのかを見てみたのが**図2**と**図3**である。年長者の方が、また女性の方が「人と話す」と答える人が多いことが読み取れるだろう。図1のときと同様に、「人と話す」「人と話さない」と年齢別の二×二のクロス集計でカイ二乗検定をおこなうと、図2の年齢別では一〇％水準の有意な傾向が見られ（p値＝0.0604）、図3の性別では一％水準で有意差が見られた（p値＝0.0034）。年少者（といっても多くは中年だが）と男性は、相手や時と場合によっては話すという人が、そうでない人より若干多いという傾向である。

震災後の宗教性の高まり？

今回の調査対象者の七八％は死後生を肯定し、五二％は宗教を「信じている」。この二つの項目は読売新聞の世論調査と同じ質問文を用いている。(4) 読売新聞では、何らかの形で死後も魂が存続すると考えたのは六四％で、何か宗教を「信じている」と答えたのは二六％だった。後者の宗教的信仰に関する数字は注目に値する。というのも、一般的な日本人、震災前の岩手・宮城県民よりも明らかに高いからである。前出のＮＨＫ放送文化研究所（一九九七）の都道府県別調査によると、岩手県民は二七％、宮城県民は二二％が「信仰あり」と答えている。今回の調査の回答者では、岩手県は五三％、

(4)「宗教観　本社連続世論調査」『読売新聞』二〇〇八年五月三〇日、二五面。

宮城県は二八％だった。岩手県の場合、通常の二倍の割合で宗教を信じていると回答したことになる。この数字は、回答する状況によって上下するだろう。本調査の場合、震災後に故人との強いつながりを感じたことが特に死後生を信じる割合の上昇に現われたと見ることができる。「宗教」や「信仰」の肯定回答率はそのときどきの定義によっても数字は上下する。本調査の回答者のなかには、「うちはお寺があるから「信じている」の方かな」などと、特定の寺院を念頭に置いている人もいた。これが通常の世論調査であれば、「宗教」「信仰」という言葉から、宗教団体への所属などを思い浮かべて否定した可能性もある。家が地域の寺院に所属していることを普段なら忘れている人（無宗教と答えるような人）でも、震災が起きたことと、このような調査に答えているという状況のなかで、いつもより強く所属寺院を意識したのではないだろうか。

しかし宗教者に聞いてもらいたいことがあるという人は三二％だけである。つまり、通常の「信仰」率と同程度である。少なくない人が、「相談したいこと？　いや、ない」などと笑ったり、意表を突かれた様子を見せたりした。つまり、宗教的意識が高まったとしても、寺院にいる僧侶に頼りたいと必ずしも思うわけではない。

その理由はいくつか考えられる。まず、宗教を信じているかと問われて、仏教を念頭に置きつつ、日常的な供養を思い浮かべた可能性である。そこから宗教的信仰があるという回答につながったとしても、葬儀や年忌法要などの機会でもないのに僧侶に相談することなどないと考えたのかもしれない。

また、前述の通り、六四％の回答者が故人と会話していると答えている。被災者は宗教者よりも死者と日常的に向きあっており、宗教者にあらたまって相談する必要を感じていないようだ。「宗教を信じる」割合の上昇は、地域の宗教者との絆ではなく、故人との継続する絆によって説明した方が良さそうである。

なお、宗教者に相談事があるという三二％のなかで、相談内容の自由記述をまとめると、霊的なこと三九％、儀礼的なこと二二％、現世的なこと二二％である。だが、被災地域に多い曹洞宗は霊魂に関して否定的（あるいは曖昧）な態度を示してきたこともあり、霊的なことに関する相談に十分に答えられているかどうかは疑わしい。私が話をしたことのある被災地の曹洞宗の僧侶たち複数の態度を合成すると次のようになる。「仏教学の偉い人は何というか分からないが、実際問題として被災地で霊的なものを否定していたらやっていけない。ただ自分には霊感などないので断言するような物言いは慎んでいる」。

また、今回の調査では金田諦應氏の協力を得て、氏が提供している移動傾聴喫茶「カフェデモンク」の来場者にもアンケート調査をおこなった。そこで回答をしてくれた二四人のうち九人が宗教者に相談したいことがあると答えた。カフェデモンクは金田氏に限らず複数の宗教者が傾聴するので、回答者の約四割にそのようなニーズがあるのは驚くことではない。以上をまとめると、大事な人を亡くした被災者の多くは、宗教者に相談したいというニーズを持たず、死者との継続する絆を大切にしている。なかには霊的なこと、また儀礼に関して、宗教者からのアドバイスを得たいと思っている人もいるが、地域の宗教者は十分には答えられず、地域外の宗教者に頼りたいと思う人もいる。

震災後、メディアでは支援活動における「宗教の力」を評価するものが目立った（中外日報　二〇一二）。特に金田氏のような僧侶らの傾聴活動が被災者の心のケアに役立つという論調である。しかし、これまで見てきたように、回答者はむしろ「死者の力」を借りて心の健康を回復しているように見える。ただ、このことは「宗教の力」を低く評価することにつながらない。次章で見るように、「宗教の力」は「死者の力」を構造的に支えている面があるからである。

また、東北大学の実践宗教学寄附講座や臨床宗教師、また多くの宗教者による災害支援で目指されているのは、「宗教」を救済の手段として押しつけることではない。そのようなことは倫理規範によって抑制されている（日本臨床宗教師会 二〇一六）。それより「宗教の力」を過信せず、「死者の力」を認め、その行方を見届けることに、東日本大震災以後の宗教者の実践を位置づけることができるように思われる（本書の第二章「儀礼の力」を参照）。

身近な霊に関する心温まる物語の典型

ここからは、「身近な霊」と「未知の霊」の類型論を例証するために、回答者によって語られた物語をいくつか紹介する。

夫の霊を近くに感じている女性たち

夫を亡くした女性は、五〇年間過ごした思い出がこころの絆に当たるという。娘が金婚式を祝ってくれたとき（このインタビューの少し前）は感動して泣いた。仏壇にお供え物をして供養するが、カラオケで歌うのが好きだった曲のCDをかけてあげる。また、その好きな歌手の新曲が出ると買ってかけてあげている。夫は心のなかにいて、話しかけると答えてくれるような感じがし、メッセージを受けたと感じる。寝るときに話しかけ、夢に出てきてくれと言ったところ、夢に出てきたこともある。たまに気配を感じ、見守られていると思う。ご先祖様をどちらの家系もすべて熱心に拝んでいる。誰も死んでいない、人の魂は死後どこにも行かず、生きている人たちと一緒にここにいる、という。

（七〇歳女性、二〇一四年八月一日、傍点は筆者）

この方は、明るい印象で、故人との継続する絆によって生き生きとしていると感じられた。このような物語は「身近な霊」の典型的な語りとしてカテゴライズできる。彼女の夫のように死後も妻から深く愛されている霊が、夜に浸水域に現われて怪談のなかで一役演じるなどということはまず考えられないだろう。理由は単純で、この夫は彼女のそばにいて、夜は夢で会いに来るからである。

もう一人、夫を亡くした女性で、夫の気配を感じることが多いという事例を取り上げる。これはアンケート調査への回答者ではなく、その後のフォローアップ調査のときに聴き取った話である。

夫は自宅にいて津波に遭い、遺体はその場所から無傷の状態で掘り起こされた。避難所にいたときに、夫がそこにいるような現実感のある夢を見た。向こうから現われたので、「あれ、死んだんじゃなかった？」と声をかける。すると別の方からも出てきて、やはり「死んだとばかり思っていた」と声をかける。この話を周囲にしたところ、「もう少し優しい言葉をかけてあげればよかったのに」と怒られる。「無事でよかったね」などの言葉をかけられればよかった、と受け止めた。

その後、姉夫婦が経営していた民宿を再開する準備をしていたが、義兄が震災の二年後に亡くなり、姉が高齢だったので、自分一人で引き継ぎ、ペンションとして再開した。その受付の横の部屋に寝泊まりしている。そこには仏壇と夫の位牌もある。今でもしょっちゅう、食堂にいると窓の外の駐車場を人が横切る気配がする。そちらを見ると誰もいない。きっと夫が「旅館業をしたことがないのに大丈夫か」と心配しているのだと思い、「大丈夫だよ」と答える。夢もその後、何回か見ているが、最初の夢ほど現実感はなく、よく覚えていない。むしろ、誰かが通るような気配を感じて、見るといない、という出来事が頻繁にある。（七五歳女性、二〇一九年八月九日）

すでに見たように「こころの絆」調査では、四人に一人がこのような気配を感じている。大多数とは言えないのだが、被災地全体で仮にそれくらいの割合の人が故人の気配を感じているとすればかなりの数にのぼり、故人との目に見えないつながりが、空気のように漂っていると言うこともできるのではないか。

なお、身近な霊に関する心温まる霊的体験は、どちらかと言えば岩手県のA市に多く見られた。一方、それは宮城県のB市ではほとんど聴かれることがなかった。これに関しては、次章で詳しく比較する。

次の話は、被災地外から仮設住宅を訪問し、傾聴活動をしていた僧侶の三宮清光さん（仮名、第五章参照）が聴いた話である。

七〇代ぐらいの女性だった。震災後二年ぐらいに仮設住宅を訪問して、見るからに元気が無くて、すごく心配な人だった。家に上げてくれたので話を聴くと、ご主人が流されたという。仏壇には遺影があった。「私は日課として毎朝、主人に向かって謝っている。あの時、一緒に逃げられなくて、ごめん、と。全部主人の言う通りに結婚の人生を歩んできたのに、あの時だけ主人の言う通りじゃなく、裏切っちゃった」という。多分近い距離で流されたのかと思う。「何で私も一緒にその時流されなかったのか」ともいう。仏壇に向かって手を合わせるのは、供養というよりも、懺悔の方が大きかったようだ。深刻だと思ったので、月一ぐらいで訪問していた。ところが半年後ぐらいに突然、元気な顔で出てきた。「調子良さそうですね」と話しかけたら、「上がって上がって」と。話を聴くと、「実は、遺影に怒られた。いつまでクヨクヨしているんだ。いつまでこうやって謝っているんだって、お父さんが言った。それでハッとして。そうしたら、何かすごくうれしくなってきた。もう謝らなくていいと。遺影が自分にそう訴えかけてきた。でもこれは近所の人とかじゃなくて、あなたに最初に聞いてほしかった」とのことだった。おそらく自分が関わる以前からずっと、津波直後から謝り続けてきたのだろう。それ以降は、行く度に「おかげさまで、おかげさまで」と言われた。この人にとって、それが一番の大きな問題だったんだなあ、それを抱えながら生きていくことは、本当にどれだけ苦しかっただろう、と思った。

（二〇一六年九月一一日）

三宮さんはどちらかと言えば、霊魂の実在に否定的な僧侶である。そして、「幽霊」に関する話を集めるような調査が被災者にとって何の役に立つのかと、我々に疑問をぶつけてきた。それは、現地の被災者が「幽霊」という言葉を使っていない、その向こうにある「思い」を受け止めてほしい、霊的体験を吐き出すことでどうなるのかまできちんと調べてほしい、との趣旨だった。三宮さんがそう思うようになった背景には、A市での被災者とのやり取りがあった。

三宮：「A高校どうなっている」って聞かれて。「いやまだ斜めになっちゃって、献花台もたくさんあって、という状態ですよ」っていうふうに言ったら、「ああ、そうか。なかなかあそこに行けない。もちろん自分、A高校出身だけれども」。震災から半年とか一年経っていなかったと思いますけれども、「行けない。やっぱりいろいろ思いがあるから」という言い方をされるんですね。「思いっていうのはどういうことですか」っていうふうに聞いたら、「やっぱりいろんな話があるんだよ」っていうところで。一番印象的だったのは、「幽霊」と言わなかったことです。「思い」って言ってたし。いわゆる幽霊という把握ではなくて、ものすごく距離が近い。近いがゆえに、多分それを見たらしんどくなる、でも見たいという。気になるから僕たちに聞いてくるんです。拒絶するんだったら拒絶しといたらいいんじゃないですか。

堀江：もしかしてお坊さんだから、何か分かるんじゃないかということで。

三宮：それは後からでしたね。僕らがお坊さんでということが分かって話ししたんじゃなくて…

堀江：自然に…

三宮：自然に、「よく来てくれるけれども、町中どうなっている」というところからお話をされました。いや、最後の方で「会社長いこと休んで大丈夫？」みたいなことを言われたので、実はお坊さんで、こういう仕事をしてということで、いろんな事を、と。「お坊さんだから、私、すらすら話しできたのかもしれないね」と言って、ご自身が後から。それは何て言うかな、自分に何かが降りてきてみたいな感覚を、彼女は持ったかもしれないですね。

三宮さんは傾聴活動を続けるなかで、そうした亡くなった人の「思い」についての被災者の「思い」を聴き取ったという。大事なのは、「幽霊」についての話を集めることではなく、亡くなった人の思い、大事な人を亡くした人の思いを受け止めて、それによって何が変化したかである、という。そこには三宮さん自身の思いと、それを受け取ったことによる変化も含まれる。さらに、我々調査者は、それをここに書き留めて読者に届けることで何が変化するのか、ということを問われている。死者の思い、死別者の思いという「もの」を語ること、物語による変化は、この後の本書の鍵となるだろう。

先の事例について言えば、女性の夫に対する思いは一方的な懺悔の気持ちであった。それに対して夫の遺影が怒った。そのことによって、女性は懺悔の日々から解放される。もちろん絆が断たれたわけではない。継続する絆は、むしろ夫からのメッセージによって変容しつつ、強化された。もちろん心理学的解釈も可能である。極限まで罪悪感で押しつぶされそうになっていた女性のなかで、このような状態で良いのかという疑問が潜在的にあり、それが一気に表面化して心のなかで転換が生じたにすぎず、故人からのメッセージだと解釈する必要はないという見方である。しかし、女性にとっては、夫の存在感は紛れもないリアリティをもって自分自身に迫ってきたであろう。

被災地外の人が体験する未知の霊についての怪談

一方、被災地外から来た人々も霊的体験に関する話を流布させている。その多くはいわゆる「怪談」に近いものである。彼らは「幽霊」の正体を知らないので、必然的に「未知の霊」との遭遇について語ることになる。しかし、彼らがネットなどで体験談を拡散している様子は見られなかった。自粛しているという可能性と、一部には彼らの存在自体が噂話のなかで作られたり、合成されたりしたという可能性もあるだろう。未知の霊と遭遇する被災地外の人の典型像は三つある。自動車の運転手、工事関係者、ボランティアである(巻末「参考資料」一一一～一一六頁も参照)。

1　自動車の運転手の話

仕事はバス運転手のほかに、タクシー運転手もしていたが、そのときの仲間が震災後回送中で誰も乗せていないはずなのに、B市浸水域のところで後ろに人が乗っていたことに気づく。怖くなり、すぐにタクシーの運転手をやめてしまった。(B市の六七歳男性、二〇一四年九月二四日)

警備関係の仕事をしているが、同業者が○○を車で巡回していると、夜ぬれた人が歩道沿いを歩いているのを見たという話を聞く。(宮城県C市の年齢不明男性、二〇一四年八月二一日)

同僚の先輩は怪談を書いているが、彼によればCの橋で人をひいたと思い、警察にも連絡して、確かに誰かをひいているはずだと探したが、誰もいなかった。(同前)

この警備員の男性は、震災以前から虫の知らせなどの体験をしたことがあり、霊感もあるようだった。「テーラヴァーダ仏教」を信じており、ミャンマー出身の尼僧の元へ通っていると回答しており、震災後は何回か恐山を訪れているという。また男性は、B市浸水域やC市の○○山には霊がいっぱいいると感じるという。まだ生きているつもりで、亡くなったのが分かっていない霊たちだという。

2　工事関係者の話

C市○○町の大型店ではたくさんの人が亡くなったが、そこに工事に入ったとき、関係者の具合が悪くなった。お祓いをしてもらって、工事を進めたが、今でもその前を通ると夜眠れなくなってしまうという人もいる。（同前）

この大型店の噂については、東京出身の僧侶である北村信法さん(仮名、第五章参照)も聞いたことがあると証言している。C市の子どもたちから聴いたが、その語り口からは単なる恐怖ではなく、死者への敬意が感じられたという。これは地域の外部から来た人が多いと思われる工事関係者の反応と、内部の被災者の反応の違いを示している。このような違いは次の噂からも読み取られる。

市役所を解体するときだが、建物に人が刺さっているように見えると工事関係者が言う。警察は念入りに調べたが、誰もいなかった。（A市の五六歳女性、二〇一四年七月三一日）

ここでは、工事関係者は市役所解体の前に遠くから目視して、人が刺さっているように見えたと報告している。それに対して、危険な状況にある建物の近く、あるいは内部で実際に念入りに調べたのは地元警察である。ここにも、恐怖する地域外の人と、遺体への敬意を感じている地域内の人との視点(遠いか近いか)と視線(恐怖か敬意か)の違いを感じることができる。

次の話は「こころの絆」調査ではなく、高橋原による宮城県宗教者への予備調査のなかで僧侶が語ったものである。

瓦礫処理場ではときおり遺体が発見される。工事関係者はゼネコンだが地元雇用で地域の人も多く働いていた。夜になると人が横切る。タイヤのところで母親と子どもが遊んでいる、という相談を受けた。そこで月に一度は供養に行っていた。最近は、海中瓦礫が処理場に運ばれるようになった。すると、目撃談が激しくなった。今は毎週、供養に出かけている。現場に供養塔を作って、手を合わせるように勧めた。事務所にも特別な位牌を作り、毎日お線香を上げて誰でも手を合わせられるようにした。（僧侶、二〇一三年七月一八日）

ここでの目撃者は地元の人も多いようだが、もちろん身近な霊の範疇ではなく、見知らぬ死者の霊を見たという話である。しかし、それに対して僧侶が供養をするだけでなく、工事関係者が日常的に供養をすることができるようにした。屋外の供養塔のみならず、屋内にも位牌と仏壇を設けるという行為は、「未知の霊」を地域の人が「身近な霊」に準じるものとして大切に扱うことを意味するだろう。次章では、このような動きを「未知の霊」の「身近な霊」への包摂として見てゆく。

3　ボランティアの話

このパターンは、実は私自身もボランティアとして、また調査者として体験したことがある。浸水域では、しつこい頭痛に襲われ、熱中症になりかけていると思ったが、車で浸水域から離れるとピタリと治るというものである。もちろん、気の持ちよう、気が張り詰めていたということもあるだろう。この程度なら良いが、もっと深刻なものもある。

亡くなった人の気が、被災地には満ちている。ボランティアの人が霊を感じるということが多い。C市の○○山でも、知人が通りかかって、体に異変を感じた。そこで浄化、浄霊をした。だが、自分にできるのは、一人二人の霊までである。

（神道系の男性宗教者、甲田篤さん（仮名）、二〇一三年九月一三日）

この事例は、厳密には「こころの絆」調査ではなく、その事前調査で訪れたときのものである。甲田さんは、居住地は被災地ではないが、出身地が被災地であったために、現地で献身的な支援活動をおこなってきた。震災以前から、口コミで、憑依などの霊障を抱える人を癒してきた。被災地ボランティアに起こった憑依の例にも数多く対処している。

次の事例は、被災者であるが、居住地以外の被災地でボランティア活動をしている人の話である。

震災以前から霊感があった。被災し、自分の住居も流された。その後、津波の犠牲者の霊を感じやすくなった。宗教者主催の傾聴活動に参加し、その一貫で様々な被災地で慰霊の祈りを捧げるようになった。その結果ずっと犠牲者の霊からの憑依に悩まされている。

（被災地で傾聴のボランティアをしていた教団職員の女性、二〇一三年九月一四日）

これら二つの事例は、「こころの絆」調査の前に聴き取ったものである。前者は被災地に近いがやや内陸の被災地外の人で、後者は被災地住民ではあるが、独居でかつ被災地のなかでも大都市に当たる地域の居住者なので、津波の犠牲者との直接的な面識がない。ある僧侶は、霊に憑依される人はやさしい人が多いと話していた。確かに、二人とも「未知の霊」への同情があり、さらに生きている被災者のためにも何とかしたいと支援活動をしている人たちである。こうした人たちの体験は、「未知の霊」が、ただ恐れられ、放置されるような存在であるべきではないということを示している。

第四章

共同体の力

——霊的体験の地域差はなぜ生じたのか——

堀江宗正

「未知の霊」の「身近な霊」への包摂

ここまで紹介したのは、「身近な霊」と「未知の霊」に関する典型例である。

未知の霊になくて身近な霊にあるのは生前の懐かしい思い出、記憶である。過去の故人は被災しておらず、愛あふれる存在だった。夢で被災時の状況を推測すると、「苦しかっただろう」「もう見たくない」と落ち込む回答者もいた。だが震災前と変わらぬ故人を想起し、現在も見守っている、生き続けていると思うと、回答者の気持ちは前向きになる(Conant 1996: 191)。このことから〈こころの絆〉は心理的死後観(死者は心のなかにいる)と霊的死後観(死者は霊として実在する)が重なる領域、震災直後をのぞく過去と現在が直結する領域で構築されていると言えるだろう。

身近な霊と未知の霊の違いは、イエの先祖祭祀を基盤とする先祖(祖霊)・幽霊の二分法と対応するように思われるかもしれない。つまり、身近な霊とは先祖のことであり、未知の霊とは幽霊の言い換えではないかと。しかしながら、身近な霊と未知の霊を分けているのは、家の中で正式に祀られているかどうかではなく、親しい間柄ゆえに育まれた個人的記憶である。そのため、これから見るように、別居して長く会っていない兄弟姉妹などの家族よりも、何十年も毎日、顔をつきあわせ、同じ時を過ごした隣人との絆の方が強く感じられ、身近な霊として観念されることもある。実際に、岩手県A市の回答者は、〈こころの絆〉を感じる人として隣人をも挙げていた。先祖と幽霊を分けていたのは、特定のイエの系譜につながっているかどうかである。しかし、一九六〇年代に日本の先祖祭祀はメモリアリズムへ縮小したと言われている(Smith 1974)。これは記憶のある親しかった家族を重点的に祀るものである。

身近な霊と未知の霊は、ジャンケレヴィッチの「二人称の死」(身近な人の死)と「三人称の死」(身近ではない人の死)という用語法と近いかもしれない(Jankélévitch 1977)。したがって、それぞれ「二人称の霊」「三人称の霊」と呼ぶこともできるだろう。

近年、三人称の死のなかでも、例えば都市の独居者の孤独死、行旅死亡人とされるような、血縁や地縁を持たないまま亡くなる人の死を、社会としてどのように受け止めるべきかという問題意識が芽生えている。実は、東日本大震災が起きたのは、そのような状況を「無縁社会」などと呼び、議論が起こっていたときであった(NHK「無縁社会プロジェクト」取材班 二〇一〇)。そこからさらに一〇年が過ぎ、状況はますます深刻となっている。高齢独居者のなかには、好きで周囲との縁を切っているとし、公的支援を拒否する人がいるかもしれない。しかし、彼らは自己責任でそうしているように見えるが、社会構造のなかで見ると、排除されてきたという面もある。都市の労働力として田舎から切り離され、雇用の調整弁として切り捨てられ、ひとたび心身に不調を来しても誰からも助けられない。このような社会的排除に対して、社会的包摂を広げることが福祉の課題となっている。

三人称の死とは、あくまで死者との関係が薄い人の視点から見たものであり、死者と縁のある人にとっては二人称の死であろう、というのがそれまでの社会の常識であった。しかし、誰にとっても「三人称の死」でしかない死が、我々の社会ではジワジワと数量的に増えている。これは、人間の生と死の尊厳に関わる。自分の人生が孤立した、死んでも誰からも顧みられることのない、限りなく無意味なものだと漠然と感じている人が多い社会とは、互いの存在を軽んじる社会である。そこでは、やがてすべての不幸が自己責任として切り捨てられ、不慮の事故や災害の犠牲者ですら切り捨てられる。こうした状況を解決するために、「三人称の死」を「二人称の死」に近づける、「二・五人称の死」という概念を提唱する論者もいる[(1)](柳田 二〇一五)。被災地支援に駆けつけた宗教者には、すでにホームレス支援などを都市でおこなっていた人が多い。そのノウハウを持って、様々な活動に当たったという面がある。こうした福祉的な観点を、「霊」とされる死者についても向けることができないか。

私は、以上のような問題意識を背景として、「身近な霊」と「未知の霊」のギャップに気づいたときから、「未知の霊」の「身近な霊」への包摂がありうるのではないかと漠然と思い始めた。すると、実際に被災地ではそのような現象も見られることに気づいた。そして、日本の宗教史のなかにはそのような無縁仏のための供養の伝統がすでにあることも連想された。三人称の霊を二人称の霊に包摂するという行為は、継続する絆の対象を個人的関係から、共同体的関係へと拡張することである。これは、明治期の民法において家制度とともに確立された伝統的先祖祭祀の枠を越えることを意味する。江戸時代には大災害の後にしばしば大きな施餓鬼会が催された(池上 二〇一四)。未知の霊を身近な霊に包摂しようとする行為は、パターンとしては明治以降の先祖祭祀より前の施餓鬼会に近いと言える。

本章では、まず「身近な霊＝二人称の霊」と「未知の霊＝三人称の霊」との境界領域、グレイゾーンについて様々な考察をおこないたい。実際、被災者から聴き取った話のすべてが、身近な霊と未知の霊に、きれいに二分されるわけではない。むしろ、この間にはグラデーションがある。それも量的なブレンドの違いによるグラデーションではなく、もっと複雑で多様な中間形態がある。この類型の意味は、単に二種類の霊的体験があることを指摘することにあるのではない。そうではなく、この二つは流動的なものであり、それを分けているのは何なのかを明らかにすることに意味がある。

どちらかと言えば、「身近な霊」についての語りが盛んである方が、被災者および共同体の心の健康が示唆される。「未知の霊」は、どうして存在するのか、その正体が何であるかが分かれば、既知の霊となる。さらに進んで、場合によっては、身近な霊のカテゴリーに包摂されることも可能である。すると「未知の霊」の「身近な霊」への包摂が、どのような条件において可能となるのかが気になる。それを明らかにすることによって、被災者のケアのポイントも見えてくるかもしれない。

本章ではさらに「身近な霊」と「未知の霊」の中間形態のあり方が、岩手県のA市と宮城県のB市とで大きく異なることに着目する。それによって、地域のなかの死者を包摂しようとする共同体の力について考察したい。

（１）　なお、鈴木岩弓（二〇一八）は、遠い先祖や戦没した英霊など、公共性を帯びた二人称の死者を「二・五人称の死者」としてとらえようとしている。

身近な霊と未知の霊の間

イエを越えた隣人との絆

「身近な霊」の概念は家族に限定されない。血のつながりはあるが遠くに引っ越してしまった兄弟姉妹より、数十年の付き合いのある友人や隣人との絆の方が強いという声も、A市の調査のなかでは聞いた。もっと強く言えば、そのほとんどはA市で聞いたものである。もちろんそのような絆はどこでも起こりうるので、A市にしかないとまでは言えない。

次に紹介するのは、隣同士で何十年も暮らしていた隣人についての生き生きとした語りである。

駅前に大きな屋敷を構えていたものの、家屋は津波で流され、現在は仮設住宅で暮らしていると嘆く男性。堀江が調査を申し込むと、仮設住宅の裏のベンチをほうきで掃いてそこに座るようにすすめた。話は長く続いた。彼が〈こころの絆〉を感じる故人としてあげたのは五〇年以上付き合いのあった隣の夫妻である。それは兄弟と一緒に暮らしていた時間よりも長いという。「何かをすると、その人と同じことをしたなと思う」「思い出したら涙が出てくるよ」と笑いながら涙を拭き、「こんなことを聞くから」と堀江の膝を叩いて、「ほら、ここにいるよ」と目の前を指した。もちろんこれは文字通り幽霊がそこに現われたと言っているわけではない。笑うことでそれがある種のもののたとえ、メタファーであることを示唆している。つまり、まるでそこにいるように生き生きと思い出したということである。最後の方では「こういう話ができる人が他にいないから」と言われた。

（七九歳男性、二〇一四年八月一一日）

この事例からは、次のことが分かる。まず、家族に限らず隣人も重要な絆の対象になるということである。また、家族以外の故人との絆を語る場が、あまりないということである。それを話せたときの感情の高ぶりが生き生きと示されている。それ以上に、この事例は、文字通りに霊がそこにいるという実在論的態度——霊的死後観——と、心のなかにいる、記憶のなかにいるとする心理主義的態度——心理的死後観——の間を揺れ動くような語りである点で注目に値する。この二つについて、また揺れ動きのなかで立ち現われる「物語的現実」——物理的な実在・非実在とは別に物語を通して実感を伴って受け入れられる現実——については、本書の結論部分で整理する。

地区住民への思い

次の事例は、隣人の範囲を文字通り隣に住んでいた人から、同じ地区に住んでいた人に広げたものである。

浸水域にプレファブで店舗を建てて、外から来る人に語り部として震災の状況を伝えている男性は、アンケート用紙の〈こころの絆〉を感じる人の選択肢に「隣近所の人が入っていない」と首をひねりながら指摘してくれた。「家族は無事だったけど、何十年もずっと顔を合わせてきた人がみんな流されてしまった。それが悲しい」。男性の住んでいた地区はすべての家屋が流され、更地の状態である。男性はアンケートに記入しながら、「霊感も何もないから、気配すら感じない」とつぶやいた。「夜、幽霊が出るっていうから、気配でも感じるかなと思って、家があったところを歩いたけど、何も感じなかったな」。このように言う男性の様子は、幽霊なんて分からないと突き放したような感じであった。だが、何もない真っ暗な浸水域をさまよい歩き、亡き住民の気配を幽霊でもいいから感じようとしている光景を想像すると、亡き隣人たちへの強い想い、切ない想いから出た行動であったことが推測される。（六五歳男性、二〇一四年七月三一日）

なお、この男性にはアンケート調査の質問がおかしくないかを最初にチェックしてもらっている。「隣近所の人」の選択肢の他に、魂の行方に関して「ここにいる」という選択肢がないとも指摘され、その助言を取り入れたという経緯がある。

ドキュメンタリー作家の石井光太は、ある被災地の浸水域の河原（津波の遡上と川の流れがぶつかり、大きな被害が出た）に幽霊が出たという噂を聞いて、人々が亡き人を探しに来る様子を記述している。

「なあ、幽霊が出たのか？　ここに出たのか？」

一人が答えた。

「ああ、そうらしい。けど、見えねえんだよ。どこにいるのかわからねえんだ」

「その幽霊はどういう顔をしていたんだ」

「知らねえよ。見えねえんだから」

集まった人々は真剣な顔をしてライトをあちらこちらに向けた。交差するライトの明かりが彼らのはやる気持ちを表している。そして一人が寂しそうな声でこう言った。

「ああ、いなくなっちまったのかな……津波で死んだ人間の幽霊だったら会いたかったのに」

それを聞いた瞬間、私は事情を飲み込むことができた。なぜ大の大人が幽霊が出たと聞いてここに駆けつけたのか。それは、行方不明の肉親に会いたいという一心だったのだ。
（石井二〇一三：九〇―九一）

この幽霊を探す行動は遺体捜索が続いている状況で観察されたため、「肉親に会いたいという一心だったのだ」と解釈されている。だが、先に見た六五歳男性の事例を考えると、肉親を探していると断定する必要はない。実際、「津波で死んだ人間の幽霊だったら会いたかったのに」という言葉を文字通りに受け取るなら、この地域の霊なら誰でもいいから、まずは会ってみたいという意味だと解釈することもできる。つまり、既知の「身近な霊」に限らず、地域の「未知の霊」をも、身近な霊のカテゴリーに包摂するような探索であると言える。

B市でも夕暮れ時に浸水域で幽霊を探す遺族がいるという話は報告されている（B市の所在が分かってしまうので出典は記さないが、私自身もその遺族に会っている）。しかし、それは明らかに自分自身の家族の霊だけに会いたいということである。そして、探索は個人的にひっそりとおこなわれる。それは未知の霊の共同体への包摂ではなく、身近な霊の個人的な再発見を目指している。

未知ではないが包摂しがたい霊

少しずつ、「未知の霊」の要素が入り込んだタイプの語りに移ろう。これは生前からよく知る死者の霊に憑依され、あたかも「未知の霊」のように体験されるものである。

仮設住宅の玄関先で話を聞いた。最初、男性は言葉がうまく出てこない様子で言語障害を持っているように感じた。しかし、話の内容は明晰だった。仕事はもともと公務員だったとのことで、正確に話を伝えようとする姿勢が次第に伝わってきた。

震災一カ月後に、東京から来た新聞記者に取材を受けたという。すると、亡くなった人の顔がどんどん浮かんできて、その人が自分のなかに入ってくるような感じになった。記者から何を聞かれても分からない状態になってしまった。男性によると、「戦争と同じで、自分が生き残ったことについての罪悪感が大きい。このような災害なら、誰でもそうではないか。「こころの絆」というより、憑依されているような感じだ」という。自分のことを何とかするのに精一杯で、死んだ人のことは考えられないし、考えたくもない。

彼らに対して自分では何もできないので、意識的に「無」になろうとしている。ちょうど少し前に、テレビで般若心経を取り上げていた[NHK「100分de名著　般若心経」を放送していた]。そこで言われていた「無」が、自分の考えている「無」と同じだ、という。

そのように仏教に言及しながらも、男性は、宗教は信じないと回答した。頭を無にするのが一番。宗教は自分を拘束してしまう。心の健康は良好である。なぜなら、無になって自分自身を見つめる目を養っているからである。自分について気がついたことは、メモしてそこら辺に貼っている。この調査で尋ねられたような事柄は人に話さない。人に話すよりも、無になって一歩下がって自分を見る方がいいから。

（B市の七五歳男性、二〇一四年九月二四日）

この方は五人の親族を亡くしたが、いずれも「身近」ではないという（もちろん未知でもない）。一人は別家の息子、四人はおばとその家族で、普段から同居している家族ではなかった。彼らは、自分の精神状態を不安定にし、罪悪感を覚えさせる、考えたくもない存在としてとらえられている。心の健康は良好だとアンケートに答えているが、語りの様子とは矛盾する。また、この状態を救ってくれる仏教の無の教えは「宗教」ではないとし、宗教的信仰はないと回答したが、客観的には、宗教の教えによってかろうじて救われている状態だと見られるだろう。また、最後の「人に話すよりも」という言葉からは、このアンケート調査が「人に話す」ことと「心の健康」との関連を仮定しているのを見抜いていることが分かる。その上で、心の健康のためには、無になって自分を見つめる方がいいと述べている。しかし、男性の語り方からは、このような体験や心情・信条を人に話せるものなら話した方が良いが、話せないので代替手段として無の状態を保っていると解釈することもできる。最初に新聞記者に取材されたときは話すことができなかったが、私の調査が来たために話すことができた、と見ることもできるだろう。

次は、かつての仕事上の客など、知り合いではあるが(つまり未知ではないが)身近とは言えない霊と、同居していると嘆く女性の話である。

震災前は保険外交員をしていた女性は、以前から霊感が強かったという。仕事柄、個人情報に詳しいこともあって、遺体の身元確認に立ち会ったり、亡くなった人の保険金の受取人を探したりした。つまり、かつての顧客をはじめとする様々な人の遺体を毎日のように見て過ごしていた。受取人となる遺族を探す過程で、故人のことを考える時間が長くなっていただろう。また、探し当てたと思ったら、受取人が震災で亡くなっていたということも珍しくなかったと思われる。現在は、亡くなったお客さんの霊が、家に複数出入りしていると感じている。亡くなったお客さんだけでなく、他の霊も一緒にいるように感じる。アンケートの「心の健康」をたずねているところには「[良好であると]思わない！」と声を出して記入しながら、「霊のせいで心の健康を害されているから」と投げやりな感じでぼやいた。しかし、いやいやながらも霊とは共存しており、「みんな自分を頼ってきているから」と言う。その様子からは、「霊」たちに深く同情している印象を感じた。

（宮城県C市の女性、年齢無記入、二〇一四年八月二一日）

先の男性が心の健康は良好だと答えながら、あまりそうは見えなかったのに対し、この女性は、「霊のせいで心の健康を害されている」と言いながら、あっけらかんとしており、あたかも身近な存在として共存しているように見えた。しかし、保険外交員という職業柄とはいえ、親族でもないのにおびただしい数の遺体を確認したこと、また、自らも被災者であるのに、受取人を探す過程で亡くなった客のことを考え続けなければならなかったという状況は、実に気の毒だと言える。

このように未知ではないが身近な霊が複数押し寄せてくる体験というのは、それを受け取る側に放っておけない気持ち、男性の場合は罪悪感、女性の場合は職業的使命感があることと関係があるだろう。未知の霊の典型例で取り上げた、憑依されるボランティアの物語（第三章）と比較すると、「未知の霊」であるという点が違うが、同情や憐憫の情は共通すると言える。

被災地内で語られる「未知の霊」

宮城県B市のコンビニ怪談

すでに「未知の霊」の典型例は被災地外から来た人々（自動車の運転手、工事関係者、ボランティア）によって体験されていると整理した。しかし、当然のことながら被災地内で被災者が未知の霊を体験するということも起こっている。とりわけ、身近な霊について多く話されるA市よりも、未知の霊について多く語られるB市において、そのような類型が顕著である。

B市の回答者の多くは、未浄化の幽霊が浸水域にさまよっていると想像しているようだった。その象徴とも言えるのが、あるコンビニエンス・ストアをめぐる噂である。

B市の浸水域に通じる交差点付近のコンビニは再開したものの従業員がやめてしまい、閉鎖された。というのも、誰もいないのに自動ドアが勝手に開いて、足跡をつけていったからだ。

（六七歳男性、二〇一四年九月二四日）

この話はほとんど定型的な怪談、都市伝説の様相を呈している。直接体験したはずの辞めてしまった店員が誰なのかは特定できない。実際に、人々が噂するような体験をしたのか確かめようがない。次の話は、この出来事を別の角度から語ったものである。

霊感がある女性を知っているのだが、その人によると、B市浸水域では「助けてくれー」と幽霊の声が聞こえるという。入り口のコンビニは店番が働きたがらなくて閉店したのだが、こういうことが重なったのが原因だと聞いている。そこで、自分は〇〇寺さんに「何とかした方がいいんじゃないか」と提言した。すると〇〇寺さんは「浸水域にもうすぐ慰霊碑が出来るし、何とかなるでしょう」という態度で、それ以上は何も言わず、黙っていた。

（六五歳女性、二〇一四年九月二九日）

他の回答者のなかには、この寺の住職が震災後に檀家のケアをしなかったことを批判している人もいる。しかし、先の語り手の女性は、お寺の再建もまだなので理解できるという。この語りには三つの視点が混在している。霊感がある人（以下「霊能者」）、僧侶、そして語り手である。三人とも、死者への供養が、浄化あるいは慰霊のために必要だと考える点で一致している。仏教の用語法では、供養によって得られた功徳を死者に回向することで、死者は成仏に向かうことができる（この語りに出てくる僧侶の所属宗派の場合）。一般信徒である語り手は、さまよえる霊が出すサインを感知できるという霊能者の力を信頼している。そして、僧侶には霊を安らかな状態に導いてほしいと期待している。にもかかわらず、僧侶はこれに後ろ向きであり、そのことに女性は落胆している。

語りは僧侶の沈黙によって締めくくられる。女性は僧侶が黙ってしまったということを最後に付け加えることによって、僧侶が何かを考えていることを示唆している。おそらく、無数のさまよえる霊を平安に導くほどの力が僧侶にないことを僧侶も忸怩たる思いで認めているのだと、女性は解釈しているようだった。

しかし、宗教学の視点から見ると、多くの僧侶は霊や魂の実在について沈黙するという近代仏教の立場を守ろうとするので、この僧侶の沈黙もそのように解釈することは可能である。もちろん、語り手は一般信徒なので、そうした教義の存在を知らないだろう。この物語のメイン・プロットは、僧侶なら諸霊を導いてくれるだろうと期待していたのに、前向きに取り組もうとしないので失望したということである。さらに、この語りに暗に込められているのは、未知の霊の存在感があまりにも圧倒的なので、仏教の僧侶でも扱いかねているということである。

B市の浸水域には他にも寺院があるが、いずれも被災し、墓も流されてしまった。B市外の僧侶だが、このB市の墓地で墓が倒されて骨が地表に露出したことを、「顔が出てしまった」と表現した人もいた。調べたところ方言や慣用表現ではなく、頭骨の露出についての、その場限りの表現のようだが、生々しく、衝撃的なこととして受け止めている様子がうかがえる。それは、遺骨の散灰を望む自然葬の支持者などには計り知れない衝撃であろう。これは死者が曝かれてしまった地域として浸水域をスティグマ化する（マイナスのレッテルを貼る）ことにつながる。それに加えて、住み慣れた浸水域から車で二〇分も離れたところに集団で避難していることが、浸水域に未浄化の霊が漂うというイメージにつながり、「怪談」が語られやすくなったことの一因となったかもしれない。

引用で言及されている公的な慰霊碑は、調べたところ、聴き取りより少し前の二〇一四年八月一一日に建立されていた。僧侶はそれによってさまよっている未知の霊が鎮まると期待していた。だが、これを話してくれた女性は、慰霊碑がすでに建てられていることには言及しなかった。知らないということはないとしても、言及するほどの存在感がなかったということだろう。それは浸水域に建てられたので、当時被災者たちが住んでいた仮設住宅よりもずっと離れたところに存在するからである。つまり、慰霊碑は、浸水域にいる霊たちをその場で慰めるに留まり、生者たちが暮らしている共同体に包摂する役割を果たせなかったのである。

岩手県A市の信号待ち怪談

このコンビニ怪談と比較可能なのがA市の信号待ち怪談である。しかし、いわゆる怪談めいた話であるにもかかわらず、その語り口は共感的な調子である。いくつかの類話を紹介する。

その信号で止まったら、必ず横断歩道を渡る人がいるんだと。横断歩道を渡るんだけれども、渡っているから止まっているんだけれども、後ろからプッと鳴らされて、ハッとわれに気づいたら、そこに人がいなかった。

（前出（第三章）の僧侶の三宮さん、二〇一六年九月一一日）

夕方、黄昏時に、お母さんと子どもたちが手をつないで海の方に行く。車が三台止まっている。先頭車が前に進まないので、うしろの車の運転手がどうして青なのに行かないんだと言うと、親子で横切っているでしょ、だから行けないという話。

（A市の語り部、五六歳女性、二〇一四年七月三一日）

そこの信号ではよく車が渋滞してしまう。どうして前に行かないのかと後ろの車の運転手が文句を言いにいくと、先頭車の運転手は「だってほら、こんなに沢山、人が渡っていたら進めないでしょ」という。その目撃者によると、陸から海へ向かって人が列をなして渡っているのだという。

（堀江が二〇一二年の六月一七日にA市で聞いたもの）

僧侶の三宮さんはA市での滞在が長く、また頻繁に通っていたので、おそらくこの話を複数回聴いており、コアの部分を把握して語ってくれたものと思われる。二番目の類話は、現地在住の語り部のものだが、不自然な部分がある。まず、話の発生源が先頭車に乗っていて目撃した運転手だった場合と、後方から文句を言ってくる運転手だった場合とでニュアンスが変わる。この第二の類話には、両者の視点が混じっている。おそらく発生源は第一の引用のように先頭にいた直接の目撃者で、後方の運転手からクラクションを鳴らされてはっとした、ということなのだろう。しかし、噂話として拡散するうちに、第二の類話のように後方の運転手の視点が混じる。そうすると文句を言いに来るという動作が加わり、不自然な話になる。「お母さんと子どもたち」だけなら横切るのにそれほどの時間はかからない。後ろの車が文句を言いに来たときに「横切っているでしょ」と言うのなら、かなりのスローペースか、人数がもっと多くなければおかしい。そこで第三の類話のように「人が列をなして渡っている」と変容したのかもしれない。

私がこの第三の類話を聴いたときに強調されたのは、「海へ向かって」という部分である。津波の犠牲者なので、反対に海から陸へ向かってなのではないかと疑問に思い、「海に向かってですか」と聞き返すと、「そう、海に向かってだって」と言われた。

この話を私が聴いたのは、「こころの絆」調査の回答者が多く住む地区の祭りの手伝い中である。話をしてくれたのは、地区の女性だったが、その前日には第三章の冒頭で紹介した塞翁さん（仮名）の「海の光」の話を聴き取っている。つまり、遺体が火葬されて行き場を見失っていた霊が、海の光に導かれて海の方に歩いて行ったという夢である。これと同じ夢を避難者一〇名ほどで見てから、霊の目撃談はなくなったという話である。

私が手伝っていた祭りは、Ａ市では有名な七夕祭りである。祭り本番で山車を出すときに、関係者が海に向かって合掌拝礼したので、改めて関係者に確認すると、祭りの目的は海から戻ってくる亡くなった人の魂を迎えることなのだと説明された。つまり海上他界観（海の向こうに死者が安住する世界があるという観念）が前提とされているということである。

そう考えると、この話は単なる怪談とは言えない。この話が流通したのは、伝統的な海上他界観に根ざしたシンボリックな光景だったからだろう。つまり、死者は浄化に向かう途中にあり、生者は死者が他界に行くまで通過するのを見守り、待たなければならない、ということである。実在論的な幽霊に関する物語ではあるが、伝統的な死者と他界に関する観念を無意識的に語り手や聴き手の心のなかに喚起する要素を持っているのである。

これは私の推測になるが、七夕祭りでは夜間に明かりをともして死者の霊を乗せた山車を曳き回すのだが、そうすることで、先祖と言えるような「身近な霊」だけでなく、「未知の霊」も引き寄せられ、諸霊が海へ帰るときには、一緒に帰ることができるという構造になっているのではないだろうか。つまり、「未知の霊」の「身近な霊」への包摂が、祭りの構造のなかに含まれているのである。

いずれにしても、このような海上他界観を、被災者たちが普段からどれくらい意識しているかは分からない。何人かの被災者に海の方に拝礼したことと他界の場所との関連について尋ねているが、「そう言えばそうだった」という感じの人もいたからだ。言うまでもなく、これは、死者は墓にいる、家庭内の位牌に宿っているという死後観と矛盾する。とはいえ、日本人の死者儀礼は、このように異質な観念を曖昧なまま同居させているという特徴をもとから持っている。

その横断歩道から見て高台の方には、津波被災後、多数の遺体が一時的に安置された場所や斎場もある。つまり、物語が海上他界観と合うように変容した可能性に加えて、犠牲者が海へ向かって歩いているというのなら、数人であるはずがないという推論が混ざって、第三の類話のように「列をなして渡っている」という形になったのかもしれない。

あるいは逆の変容の可能性もある。というのも、私が聴き取ったのは震災から比較的早い時期で、現場に近い場所だったからである。第二の類話の語り部はその現場や地区から離れたところに住んでいるし、第一のコアと目されるパターンの語り手の三宮さんは被災地外部の人である。つまり、複数の体験談から最初に出来上がったのが、第三の話で、伝播するうちに、細部がそぎ落とされた。その結果、「死者が海上他界へ行列する」という神話的な光景、複数の目撃者がいることを前提とする物語よりも、現実的で自然な語りに落ち着いた、つまり個人的な幻視で片付けられるような体験談に落とし込まれたという可能性である。とはいえ、そのような個人的な体験談が複数集まってできた話だとすれば、これがコアのパターンだとすることも間違いではないだろう(2)。

コンビニ怪談と信号待ち怪談の比較

B市におけるコンビニ怪談とA市における信号待ち怪談を比較すると（次頁表３参照）、単独行動か複数行動か、陸へ上がってきたか海を目指しているか、救助を求めているか他界を目指しているかという違いが見えてくる。体験者の側に注目すると、恐怖か納得か、その場から遠ざかるか通り過ぎるのを待つか、という違いがある。また、これは聴き取ったときの語り手の雰囲気だが、前者は怪訝そう、後者はしみじみとしているように私には思われた。要するに、霊がさまよって助けを求めてきて

(2)　実は、三宮さんはある書籍で、この話を聴き取りされており、そこでは後続車の運転手が文句を言いに来るという第二の類話と同様の語りになっていた。三宮さんが被災地でそれを最初に聴いたのは、二〇一二年の一月と書かれている。この話はA市では有名なので、その後も同じ話を聴いているだろう。その過程で、先頭の運転手がクラクションではっとするという第一のコアのパターンに変容し、二〇一六年の私からの聴き取りでの語りに至ったということかもしれない。

表3

	A市における信号待ち怪談	B市におけるコンビニ怪談
霊の行動	複数行動	単独行動
	他界を目指している	救助を求めている
体験者,語り手の様子	霊が安住の地へ向かうのを見届ける	その場から逃げる
	納得,しみじみ	恐怖,怪訝そう
死後観の解釈	先祖たちの住む海上他界へ還る途中	浮かばれていないから浸水域をさまよう
	霊は普段は海上他界に安住,生者と交流する時間と場所は決まっている	今なお霊が浸水域をさまよい,その身分や安住先や通信拠点が定まらない
生者の行動	山車とそれを曳き回す生き残った人々自身が先祖霊も含んだ死者たちの依り代	依り代となる寺や墓は流されており,共同の慰霊碑が必要
	ボランティアの力を借りつつも自分たちで祭りを復興し,迎え入れ,送り出す	慰霊碑で解決することを誰もが他人に期待

も体験者は逃げるしかないというのがコンビニ怪談で、慰霊碑などで何とかして慰撫しなければならないという結論に落ち着く。それに対して、霊が安住の地へ向かうのを見届けるのが信号待ち怪談で、家族が住む場所や墓場ではなく海に向かうという点で葬式仏教的な観念との齟齬が気になるものの、生者はそれを受け入れるしかない。前者で浸水域をさまようのは浮かばれていないからだが、後者で海上他界へ向かうのは先祖たちの安住する場所へ往生することを意味する。前者では今なお霊が浸水域をさまようという状態がイメージされるが、後者では霊は普段から海上他界に安住していて、たまに生者の元へ現われるというイメージになる。前者では依り代となる寺や墓は流されており、共同の慰霊碑が必要だと、B市の女性は僧侶に頼り、そして僧侶は行政に頼る。それに対してA市では、山車とそれを曳き回す地区の生き残った

人々自身が、祭りを復興し、先祖霊も含んだ死者たちの依り代となって、迎え入れ、送り出す（ボランティアの力を借りての復興ではあるが）。B市では霊の身分や定住先や通信拠点が不安定だが、A市ではそれらが儀礼に象徴化されている。流通した信号待ち怪談でさえ、海上他界観や七夕祭りと整合するように語られている。霊の身分や定住先や通信拠点が定まらないB市では、コンビニ怪談に限らず、「未知の霊」にまつわる怪談が流布しやすい状況と言えるかもしれない。

岩手県A市の回答者の状況

A市とB市の回答者の違いは何だろうか。まずA市はB市に比べると都市から遠く離れており、津波襲来以前はいわゆる「世俗化」していなかった。調査における回答者の多くは、浸水域から離れていないすぐ高台の仮設住宅に住み、浸水域を見下ろすかたちで生活を送っていた。そのほとんどが、近くの寺院の信徒だった。その寺院は津波に流されずにすんだ。津波常襲地にあって歴史のある建造物を持った寺院であり、安全な場所に立っていたと言える。住職は活発で被災者を支えていた。震災直後は寺院を避難所として開放した。被災者が仮設住宅に移ってからは、被災地支援のボランティア・スタッフを信徒会館に宿泊させた。

私が最初に住職に会ったのは二〇一二年六月頃で、学生と一緒にボランティアとして寺院に宿泊させてもらったのがきっかけである（その後も数回宿泊）。住職は墓地が使用可能になるまで遺骨を保管するだけでなく、身元の分からない遺体の遺骨をも数多く預かり、供養を務めていた。私は調査者として改めて施食会のときに寺院を訪れ、参集した寺院の信徒に質問紙への回答を依頼した（二〇一四年八月一〇日)。信徒は住職を敬い、式の準備の際には住職の指示に粛々と従っていた。

施食会(施餓鬼会)はもちろん各地の寺院で催されているが、今日の日本人の間でそれほど意識されているとは言えない。というのも、大部分の人々は自分自身の家族の供養の機会である「お盆」(盂蘭盆会)に重きを置き、無関係、無縁の死者にはほとんど関心を持たないからだ。ある僧侶によると、東北被災地に多い曹洞宗ではある時期に「うちの先祖は餓鬼ではない」という信徒側の意見により、「施餓鬼会」を「施食会」に改称したのだという。寺院によっては死者に貴賤の別を設けないためだという説明をしているところもある。いずれにせよ、これによって、先祖を対象とする盂蘭盆会と無縁仏などを対象とする施餓鬼会の二重性が曖昧になった。

あるいは「未知の霊」と「身近な霊」を差別しないという態度が、すでに儀礼として表現されていたとも言える。また、前出のある僧侶によると、自動車の普及によって信徒が寺院に集まることが容易になったので、僧侶が棚経として各家庭におもむくのではなく、施食会を営む形となったという。棚経は信徒がキリシタンではないかを僧侶が確かめるためのものだったので、必要なくなったためだともいう。これらの説が本当なら、先祖と無縁仏を区別しない施食会を寺院で営む形式は比較的新しいということになる。

しかしながら、一度に多くの住民が亡くなった大災害の後の施食会は特別な意味を持つかもしれない。多くの人が近親者を亡くしており、たとえ自分の親族ではないとしても、同じ地区で同じ時間を共有してきた仲間やまだ遺体が確認されていない人なども供養の対象として包摂できるからだ。

また、私が関わった七夕祭りは、津波によって家や建物が流された浸水域で執り行なわれた。被災者たちは地区の多くのメンバーや自分の家をなくした悲しみにもかかわらず、祭りを共同体の紐帯のシンボルととらえ、その復活に並々ならぬ努力を傾けた。私が関わった地区は、A市の外からやってきたボランティアの助けを借りながら祭りに参加することができた。リアス式海岸で有名な東北被災地は、地域ごとに極めて異なるメンタリティを持っていると言われ、支援者のなかには「東北の人は内気な人が多いので本音を語らない」と考えている人もいる。しかし、私が最初に抱いた印象は、外部の人間、ボランティアへのオープンさだった。それは支援を受けざるをえないという状況によるのかもしれない。だが、このオープンさがどこか未知の霊に対しても向けられているのではないかと感じた。実際、回答者は調査についても概ね協力的で、ここで「身近な霊」と呼ぶ友人や親族についての心温まる物語だけでなく、未知の死者の霊についての典型的な怪談を語るときでさえ、その口調は共感的であり、興味本位や怖いもの見たさという感じではなかった。この印象は、次章で取り上げるA市に入った支援者や僧侶の多くにも共有されていた。

宮城県B市の回答者の状況

それに対して、B市は様々な点でA市と異なっている。B市は日本でも有数の地方都市である仙台市の近くに位置する通勤・通学圏である。住民の地域との関わりも様々で、A市住民に比べれば薄いと言えるだろう。前述のように、この調査の回答者たちは浸水域から車で二〇分ほど内陸に離れた仮設住宅に住んでいた。その地区の住民は、浸水域をかさ上げして街を再建するか、高台に移転するかで二つに割れていた。地区の寺院と墓地は流され、僧侶の一人は地域の外へ引っ越してしまい、「逃げた」と批判された。仮設住宅は、仙台から来やすい場所、ということは東京からも来やすい場所にあった。そのため、多くのボランティアが訪れた。仮設住宅の集会所の予定表は様々な支援団体から提供されるイベントで埋まっていた。ある住民は、こうしたイベントでは食べ物や物品が配られるため、被災者を甘やかし、依存させることになると批判していた。仮設住宅コミュニティのなかには、社交的な被災者と社交的ではない被災者との間で分断が生まれていた。そして、社交的ではない人は自室に閉じこもって孤立していた。

私はA市住民に比べて、B市住民には心身の健康問題を抱える人が多いことに気づいた。ある男性高齢者は、質問に答えているうちに怒り出し、宗教や死者についての質問に答えて自分に何かいいことがあるのかと問いただした(回答は中止)。他に、調子が悪い、自分のことに精一杯、などの理由で回答を拒否する人も複数いた。ベンチに集まっていた住民の一人は、このような調査は不謹慎ではないかと言ってきた(説明をして対応)。

逆に、調査に応じた人は非常に協力的で、「未知の霊」に関する怪談を嬉々として語ってくれた。だが、それはかえって異様な雰囲気で、精神的な不安定さを感じさせた。A市で見られたような、身近な霊との絆をかみしめるような静かな口調ではなかった。B市住民への調査に際しては、かなり早い時期に語り部に質問紙をチェックしてもらい、「ぜひ調査をおこなってほしい」と言われていた。調査直前には、仮設住宅の自治会長が質問紙を見て、同じく快諾してくれた。そして、熱心な回答者にも数多く恵まれた。そのため、前述のような否定的反応がありつつも、結果として注意をしながら続行することにした。住民間に大きな分断がある共同体では、その主要因とは無関係に思える事柄についても、細かな分断が存在し、それが幾重にも重なっている。それは、言いたいことが言えないという雰囲気を作り出す。支援者や調査者は、その分断を解消することには残念ながら貢献しているとは言いがたい。というのも、彼らを必要とする、また歓迎する一方の側との関わりが深くなり、それがかえってもう一方の側を遠ざけてしまうからだ。

両市の違いを生む三つの要因

Ｂ市の回答者が霊的体験として語ってくれた話のほとんどは「未知の霊」に関する怪談というカテゴリーに収まるものであった。それに対して、Ａ市の回答者は故人を近くにいる存在として体験していた。継続する絆はＡ市においてはより自然で力強いと言えるだろう。このような違いを生む要因は三つ考えられる。

地理的要因

一つ目は地理的要因である。Ａ市の回答者は浸水域と離れていない高台に多く住んでいた。それに対して、Ｂ市の回答者の仮設住宅は、浸水域から遠く離れていた。いずれの浸水域も調査当時、夜間には電灯がなく、瓦礫しかない闇夜のなかへ敢えて足を踏み入れようとする人もいなかった。Ａ市でも特に若い女性は夜間の浸水域を怖がっていた。しかし、それは居住地域と隣接しているがゆえの怖さである。Ｂ市の場合は、日常から浸水域が切り離されていた。表４から分かるように、Ｂ市では亡

表4

質問	Q7 故人について感じたこと	Q7 故人について感じたこと	Q10 魂の行方	Q11 宗教信仰	Q14〈こころの絆〉で前向き	Q18 宗教者に聞いてもらいたいことはあるか
選択肢	a 見守り	f 心のなかにいる	e ここにいる	a 信じている	a 思う	a ある
A 市 60 人	33(55%)	40(67%)	10(17%)	32(53%)	47(78%)	14(23%)
B 市 16 人	4(25%)	7(44%)	0(0%)	3(19%)	8(50%)	7(44%)
χ2 検定 p 値	0.0329＊	0.0936†	0.0797†	0.0137＊	0.0243＊	0.1047

くなった人の魂が「ここにいる」と答えた回答者は一人もいなかった。ということは、犠牲者の霊は、まだ浸水域に漂っていると考えている人もいた可能性がある。その場合、浸水域は、未知の霊が多数滞留する他界としてイメージされていることになる。津波で亡くなったすべての霊が、仮に安定した状態でその家族や親族の近くにいると信じていれば、浸水域に出没する霊についての怪談を語る余地はない。

心理的要因

二つ目は住民の心理的要因である。それは親しい故人のみならず、被災して亡くなった死者全般との心理的距離感である。ここからは質的データだけでなく、回答結果の量的データも参照しながら比較しよう。

今回の回答者一〇〇人のうち六〇人はA市の被災者である。したがって、結果もそのサンプルに大きく影響されている。それと著しく異なる傾向の回答が見られたのがB市の一六人のサンプルである。表4は、集計をするなかで、明らかに数字が大きく異なると思われた項目を抜き出したものである。サンプル数自体が異なるので比較のために統計的検定をおこなった。例えば、「故人について感じたこと」として「見守り」を挙げた人はA市では三三人、B市では四人である。逆に挙げなかった人はそれぞれ二七人、一二人となる。これらの数字で、二×二のクロス表を作り、実測値と期待値の間に差があるかどうかをカイ二乗（χ^2）検定で見てみた。表の下段にはその結果としてp値を記した。五％水準の有意差には＊を付け、一〇％水準だが有意な傾向が見られたものには†を付けた。つまり、＊が付いている項目は統計的に見て偶然とは言えない差があり、†が付いている項目は、そこまでは行かないがそれに近い傾向が見られるということである。

これを見ると、亡き人がA市では身近に感じられ、B市では遠い存在として考えられていることが、量的データで裏づけられる。故人から見守られていると感じている人を見ると、B市はA市の半数以下と大きな違いがある。故人は「心のなか」にいると考える人はA市で七割近いのに対し、B市では半数を割る。A市では故人が身近に感じられ、逆にB市ではより遠い存在として考えられる傾向がある。A市で複数の人から「死んだ人はここにいるんだよ」と言われて選択肢に含めたQ10の選択肢e「ここにいる」を選択した人は、驚くことにB市ではゼロだった。そして、「亡くなった方との〈こころの絆〉を大切にすることで、気持ちが前向きになる」と答えたのはA市では七八％だが、B市では五〇％に留まり、統計的にも有意な差を示した。このように比較すると、まるでB市には〈こころの絆〉によって前向きになる人が少ないように誤解されるかもしれないが、半数もいるので、決して少ないとは言えない。あくまで相対的な差である。とはいえ、大きな差と言ってよいだろう。

B市における未知の霊への反応は、怪談に近いものなので、もちろん前向きになるというものではない。定型化した怪談をワクワクしながら話すような人もいれば、語ることそのものを躊躇し、沈黙し、調査を拒絶する人もいるという両極端なものであった。この反応から未知の霊は、恐怖と魅力の対象であると言える。このようなアンビヴァレンツ(両極端の感情の並列)がB市住民の死霊に対する態度の基本である。その背景には前述の地理的要因があるが、それに加えて心理的要因をさらに分析することもできる。

フロイトや他の精神分析家たちによれば、死者を「恐ろしい幽霊」として表象するのは、未解決の罪悪感に由来するかもしれないという(Freud 1912-3)。B市のケースに当てはめると、般若心経を参照しながら心を無にしようとしていた男性は、親族が多数亡くなったにもかかわらず自分が生き残ったという罪悪感を感じていた。それらの親族が自分の中に入ってくることによる混乱を無になることで鎮めようとしていた。

この「生き残ったという罪悪感」(サバイバーズ・ギルト)は、もちろんB市だけのものではなく、被災者共通のものであろう。B市の場合、人々が自分たちの故郷と共同の宗教的な場所を荒廃したままに放置していたことが、住民の潜在的な罪悪感として共有されていたかもしれない。それを象徴するのが、コンビニ怪談である。そこでは、幽霊は助けを求めている存在として描かれ、生者はそれから逃げる存在として描かれる。

こうした怪談を嬉々として語る人々は、それによって恐怖に慣れる、つまり恐怖を飼い慣らすことができるようになる。さらに、共同の罪悪感の外部に身を置くことになる。共同体の関係者であるにもかかわらず、まるで被災地の外部から来た人たちが語るような怪談を語ることで、局外者として距離を置くことができるのである。

それは逆に、津波の犠牲になった霊を共同体の外に放置されている「未知の霊」のように突き放すという態度にもつながる。つまり、「未知の霊」に関する「怪談」のような「幽霊話」は、生き残ってしまった罪悪感、浸水域から離れて生活している罪悪感からの防衛手段として機能しうる。あたかも語り手を局外者の立場に置き、かつての同胞を無縁の「未知の霊」のように語ることで突き放すからである。

宗教的要因

Ｂ市をＡ市から分けていると思われる三つ目の要因は、地域の僧侶の不在と共同で儀式を執り行なう場所の欠如という宗教的要因である。ここでもまず表４の量的データを参照しよう。

Ａ市とＢ市とで大きく異なるのは、宗教信仰率である。すでに全体の結果分析でも触れたが、震災前の岩手県全体の調査では二七％と全国的に見てもそれほど高くない。しかし、Ａ市回答者は五三％とほぼ倍の高さである。他方、震災前の宮城県全体の宗教信仰率は二二％ともともと低いが、Ｂ市回答者では一九％とさらに下がっている。とはいえ、微減と言えるだろう。つまり、Ｂ市がとくに宗教心を失ったわけではなく、Ａ市での宗教心の高まりが特筆すべきものなのである。

興味深いのは、宗教的信仰と宗教者への相談ニーズとのギャップである。Ｂ市は、Ａ市の三分の一しか宗教的信仰を持つ人の割合がないのに、Ａ市の約二倍も宗教者への相談ニーズが高い。ただしＢ市のサンプル数が低いためか、統計的に有意な差とは言えない。

B市回答者が希望する相談内容を見ると、「死んだ人はどうなるのか、オッサン(和尚さん)に聞いてみたい」「死んだらどうなるか聞いてみたい」「[故人が]ちゃんと成仏したか、苦しい思いをしていないか」などが挙げられている。その他、すでに紹介した、僧侶に浸水域の霊を鎮めるために供養を懇願した女性が、「被災地で語られる幽霊話についての見解を聞きたい」と回答した。これらは、死者の霊が今どうしているのかを具体的に聞きたいというもので、霊能者的役割を期待しているようにも見える。ただし、「霊感がある人の言っていることは本当なのか」「[霊的なものを]見てくれる人はいるけれど、良いことだけ信じて、悪いことは信じない」と言う人もいるので、その人たちは、霊能者より上位の真偽を判定してくれる役割を、宗教者(僧侶)に期待しているようだ。

一方、A市回答者の希望する相談内容は、こうした、僧侶の死後観を問いただしたいというものに加えて、墓や儀礼などについての具体的な相談事、家族のこと、世の中のことについての見解などが入ってくる。これは、寺院とのつながりがある程度安定していて、信仰率も高いことから出てくる質問である。どんな答えが出てくるか試しに聞いてみたいというのではなく、信頼できる話が聞けるだろうという期待が込められている。これに対して、B市回答者は信仰率が低いのにもかかわらず、相談したいという人が多い。それは恒常的な関係での相談事ではなく、死後のことについてずばり見解を問いたいというものである。したがって、話が済めばそれ以上の関わりは持たないことになる。もちろん、それ以後も定期的にカウンセリングしてほしいという希望ではない。

全体の調査結果からも、僧侶は信徒にとって相談相手やセラピストというよりは重要な死者儀礼の執行者としてとらえられていることは分かっている。とはいえ、A市の人々が故人と心温まる交流をすることができたのは、寺と墓と仏壇という媒介があるからだろう。そうした場所を宗教的に意味あるものとして支えているのはやはり僧侶の存在だと思われる。

「死者の力」を支える「宗教の力」

以上、三つの要因をまとめると、津波の犠牲となった死者との地理的・心理的距離感、罪悪感、死者の依り代となる寺院と墓と仏壇が、悲嘆共同体の性質を大きく分けていると言える。Ａ市の回答者は、浸水域と地理的にも心理的にも近い状態で生活していた。離れた仮設住宅に住んでいる地区住民もいるとは聞いていたが、調査は集会所、寺院、仮設住宅でおこなわれたため、結果としてもともと住んでいた浸水域に近い場所に住んでいる人ばかりに回答してもらったことになる。つまり、共同体としてのまとまりをなお感じていた可能性がある。寺院も高台にあったため無事であり、避難所と追悼の場所として十分機能し、住職についての談話もよく聞かれた。死者の遺骨が寺院で丁重に供養されているＡ市の回答者は信仰率が高く、宗教的ニーズが満たされている。浸水域を夜に怖がるのはＢ市回答者と共通だったが、それでも死者は地理的にも心理的にも近く、怪談話についても同情と共感をもって語られる傾向があった。住職に相談したいことはＢ市回答者ほどの率ではなかったものの、内容を見ると信頼関係にもとづく儀礼等についての相談事が多かった。故人を近くに感じ、故人との〈こころの絆〉によって前向きになるという具合に「死者の力」が発揮されるためには、「宗教者の力」も背景になくてはならないということになるだろう。

それに対して、B市では復興方針をめぐって共同体が割れていた。浸水域から離れ、寺院が機能していないB市の回答者は、信仰率が低いのに霊魂のゆくえを知りたいというスピリチュアルなニーズは強かった。

さらに、すでに紹介したA市のような死者を迎える祭りが、インターネットや新聞記事を調べた限りでは、B市には見られなかった。その代わりに、市場や商店を目玉とする復興祭や自治会や行政主体と思われる祭りが多かった。死者のお迎えという伝統的・宗教的な意味を持つ祭礼というより、経済的復興をアピールするための世俗的な「まつり」の方が目立つ印象である。このことを知り、私がA市の祭りを手伝っていたときには、住民たちの祭りへのこだわりを本当の意味で理解していなかったことに気づかされた。あるいは、住民たちもその重大性をどれだけ自覚していたかは分からない。それは死者をも含む共同体の再結合、再確認にある。第三章冒頭で紹介した塞翁さんは、「祭り馬鹿」を自称する伝統継承の担い手だったが、震災前は数人くらいしか祭りの準備に集まらなかったとぼやいていた。その彼を除く数人は彼にとって「弟子」に当たるのだが、皆、津波の犠牲となってしまった。ボランティアの助けを借りて祭りを復興したところで、今後の継承はおぼつかないという意見も聞いた。それでも彼らが祭りの復興にこだわったのは、祭りを通しての死者との合一、絆の確認が、生き残った自分たちを象徴的に支える大きな力となることを無意識的に分かっていたからだろう。

平時の悲嘆と非常時の悲嘆

A市での調査中には、平時に人が亡くなったときと変わらず、〈こころの絆〉を大事にするような反応になるのではないかとよく指摘された。それに対して、B市における調査に事前に賛成してくれた現地の語り部のボランティアは、ぜひこういう調査をしてもらいたい、という反応を示した。亡き人との〈こころの絆〉こそ、被災者にとっては大切なのだという見解であった。結果として、B市では「身近な霊」がそばにいるとリアルに感じ、心温まる気持ちになるという話は、ほとんど聞かれなかった。語り部は、B市住民に故人との継続する絆が不足しているからこそ、調査を通して認識してほしいと願ったのかもしれない。

震災などによる大量死での悲嘆の特異性はどこにあるか。それは悲嘆からの回復を支えるはずの他者もまた悲嘆しているという点にある。これは二つの異なる帰結をもたらす。第一は、被災者間に共感と連帯が育つという帰結である。A市の場合はこれに該当する。それは、生きている被災者同士の悲嘆共同体の枠に留まらない。彼らは、亡くなった人が自分たちのすぐそばにいると思っているので、共同体は故人をも含み、故人との継続する絆、「死者の力」によっても支えられている、ということになる。

だが、この種の死者を含む悲嘆共同体が機能しないほどのストレスを受け続けているB市のような地域社会では、世俗化が進んでも根強いはずの心理的死後観すら動揺し、逆に霊的死後観をベースとした「未知の霊」にまつわる噂話、つまり怪談が、好奇心や恐怖心をもって語られる。死者の霊がどうしているかに答えるのは、東北地方では「拝み屋」「拝み屋サン」「オカミサン」「カミサマ」などと呼ばれる霊能者たちだった。だが、B市は言うまでもなくA市ですら、そのような職能者はすでに消滅し、青森県の恐山にまで行かなければならない状況であった（C市には若干名あり）。

　こうしたところに、外部から支援にくる宗教者やスピリチュアルな実践者が傾聴と受容の役割を果たす余地がある。これについては次章で扱いたい。

第五章

信仰の力…………堀江宗正

――被災地の外から来た信仰者は霊的体験をどのように見たのか――

被災地における「宗教」

第三章ならびに第四章の調査の知見をまとめると、被災地で「継続する絆」の強さを規定しているのは、(一)死者との地理的距離と心理的距離、(二)共同体の統合ということになるだろう。死別者が故人の存在感や気配を感じ、故人についてのコミュニケーションがオープンで豊かであるならば、故人との結びつきは強くなると言える。そのような条件が満たされていないと、身近な霊についての心温まる物語ではなく、未知の霊にまつわる怪談が流布する。逆に、共同体の人々が故人との継続する絆を大切にしていると、未知の霊についても共感的に語り、身近な霊として包摂しようとする。

質問紙調査の結果は、直接的には「死者の力」が「宗教者の力」を凌駕するというものであった。しかしながら、死者が生者を助けるといっても、故人について語り合える共同体がなければ、その力は私秘的なものとなる。大災害の後でも故人についての語りが盛んな岩手県A市の共同体においては、僧侶が活動的で存在感を示しており、供養の場を保証していた。そこでは、宗教の力は死者の力を強化する役割を果たしている。

しかし、ここでの「宗教」という言葉の意味については注釈を要する。東北地方の被災者の多くは何らかの寺院に所属している。質問紙調査に答える際の様子を観察していると、「宗教？　ああウチは○○寺さんの檀家だから」などと寺院との結びつきを思い出した人は、宗教的信仰を持つという回答を選択することが多々あった。逆にそれが思い出せないと、「特定の宗教団体には関係していない」

などと言いながら、宗教は信じないと回答することになる。東北被災地の人々のほとんどが寺院に所属しているはずだと考えると、岩手県のA市と宮城県のB市との間に見られた宗教信仰率の大きな差は、寺院との結びつきを思い出せたかどうかの差だと見られる。つまり、A市回答者のなかでは僧侶の存在感が目立っており、寺も健在だったため、仏教寺院に所属しているという事実を想起しやすかったのである。

しかしながら、震災前の調査と比較してもA市における信仰率が高いからといって、震災を機に宗教復興が起きたと結論づけることはできない。A市の場合、震災による死者が多数出て、死別者は故人との継続する絆を求めたため、それを可能にする儀礼空間を維持する僧侶と寺院が意識されただけだとも言える。対照的にB市では僧侶と寺院と墓地が機能不全に陥った。そのため、多数の死者に対して十分な供養が提供できていない。その結果、多数の未知の霊が浸水域に留まっているとイメージされ、それに対する恐怖が高まった。もちろん、死別者は自身の愛する人のために、それなりの儀礼はおこなっているだろう。だがその行為はプライベートなものに留まる。そのため、浸水域に無数の霊がさまよっている（自分自身の愛する人を除いて）というイメージを抱くようになったと考えられる。

伝統的な宗教観、死者供養観から見ると、このような状況はもちろん好ましくない。「先祖」候補として安らかな状態にある故人との安定したつながりの方が望ましい。亡き人が、浸水域に漂い、さまよっている状態は、生者に害をもたらす恐れがある状態だと考えられるかもしれない。

スピリチュアルケアの可能性

一方、スピリチュアリティの観点から見ると、B市の状況はスピリチュアルな問題への関心の高まりを示すものとして理解することも可能である。ここでは、「スピリチュアリティ」という言葉を前述（七九頁）のように、本書の文脈に合わせて「組織宗教の外での、死者の霊へのアプローチ（体験、表現、理解、対処）」と定義する。本来、この概念は死者の霊だけに関わるものではない。生きる意味、自然・他者・死者・世界・宇宙との見えないつながり、神的（仏的）なものなど、非物質的なもの全般と関わり、それゆえ様々な信念や実践を含むことができる概念である（堀江 二〇一九a：第一章）。しかし、読者にとって分かりにくいことと、本書の趣旨を踏まえて、先のように単純化して使う。

これと関わりのある概念として「スピリチュアルケア」という言葉もある。スピリチュアルケアとは特定の宗教的信念を押しつけることなく、スピリチュアルな要求《ニーズ》や痛み《ペイン》に対して、傾聴しつつ応答し、生きる意味や死後生のイメージの模索を支えることを意味する（窪寺 二〇〇〇）。どちらかと言えば、死を間近に控えている人へのケアを指すことが多いが、震災後の被災者を対象としたスピリチュアルケアの場合は、故人の行方（どんな世界に行ったのか）や状態（どうしているのか）を知りたいという意味でのスピリチュアルな要求、遺された自分がどのように生きればよいのか分からないというスピリチュアルな痛みが問題になるだろう。そこで、本書の枠組に合わせて、「故人との見えないつながりを支え（絆の継続）、故人の死後の行方や状態に関するイメージ、そして遺されたものの生きる意味の構築を支えること」をスピリチュアルケアという言葉で指したい。そこには、故人とのつながりのなかで起こる霊的体験の理解や対処も含まれうる。

Ｂ市の場合、回答者一六人中、死者のゆくえについては「墓にいる」二人、「別の世界に行く」六人、「生まれ変わる」四人と七五％が何らかの形での死後生を肯定し、「消滅する」「魂は存在しない」と答える人は皆無だった。これは震災前の全国調査の六四％を一割以上も上回る（読売新聞　二〇〇八）。もちろん全回答者では七八％が死後生を肯定しているので、ほぼ同じである。だが、宗教信仰率は回答者全体が五二％なのにＢ市回答者では一九％しかいないので、意味合いが異なる。つまり、宗教信仰率は震災前から変わらず、死後生肯定率のみ上昇したという結果である。逆にＢ市以外の地域は、宗教信仰率も死後生肯定率も上昇したということになる。その理由はすでに見たように、Ｂ市における寺院、墓地、宗教者などの「宗教資本」の機能不全ということがある。

Ｂ市のように宗教者の存在感の薄い共同体で悲嘆共同体を確立し、未知の霊を包摂することは困難である。その障害物は宗教資本の機能不全だけでなく、社会関係資本全般の低下である。つまり、もともと仙台市の通勤圏で、土地へのこだわりがない住民もいるなか、市街地の再建プランをめぐって意見が対立し、住民の一部はすでに外へ転出していたということが大きい。この調査をおこなったとき、仮設住宅の住民の何人かは心身ともに弱っているように見えた。彼らは、宗教の力や死者の力よりも、社会的、物質的な福祉の方に関心があった。このような状況で宗教にできる唯一の役割があるとしたら、被災地の外からやってくる宗教者によるスピリチュアルケアということになるだろう。

復興世俗主義のなかでの宗教者の活動

メディアのなかには震災後の宗教者・宗教団体による支援活動を評価する動きが見られた。そこで注目されたのはまず物質的側面であり、たとえば生活必需品などの物資の援助、瓦礫撤去であった。目に見える儀礼的側面としては、読経や地域の祭りの再開への関わりなどが取り上げられやすい。傾聴活動のような心理面の支援も取り上げられた。他方、災害を天罰としてとらえるような宗教的解釈は、被災者を責めることになると批判された。被災地での宗教的教義の布教や信仰治療の実践は、一種の被災者搾取だとして批判された。

私は、こうした傾向を別の出版物で「復興世俗主義」と呼んだ(堀江 二〇一五b)。それは、宗教者による物質的、心理的な支援は復興を助長するものとして奨励するが、宗教的な教えや実践は復興の妨げになるとして警戒するというものである。そして、公的領域においては物質的、心理的な支援のみが許され、宗教色の強い働きかけは、私的領域において被災者側から依頼されたときのみ許される、とする。公的領域と私的領域を分けて、宗教を私的領域に限定しようとする近代的枠組を、宗教学では「世俗主義」と呼ぶが、こうした評価軸はそれに当てはまる。

この言葉は、宗教が公的領域に進出して、再び影響力を持つようになる「宗教復興」と対置させられると同時に、宗教や社会の全般的傾向としての「世俗化」とも区別される。復興世俗主義は、震災前の被災地の状況の「復興」を至上命題とし、被災者に彼らの罪や過ちを反省するよう求めたりしない。まして神的存在が災害によって旧世界を破壊して新秩序を確立するという信念を公的領域で表明することなど許さない。もちろん、憲法上はそうする自由も保障されるだろうが、震災後の日本社会では倫理的に許されない行為と見なされている。

このような復興世俗主義の風潮と調和する形で、宗教者(主に仏教の僧侶)は仮設住宅の集会所での傾聴活動などに取り組んだ。それは震災から長期間が経っても続けられた。彼らの活動の特徴は、(一)宗教的布教の禁止、(二)傾聴とミラーリング(相手が話した内容を要約したり、言い直したりして返すこと)などのセラピー的な方法、(三)被災者から依頼されたときのみ宗教的行為をおこなうという方針の遵守の三つであった。こうした活動であれば、説教や布教を伴わないので宗教的とは見なされず、避難所や集会所などの公共空間においても侵襲的と見なされない。一方、彼らが被災者のニーズに応じて提供する儀礼は、共同体の儀礼空間の穴を埋めるようなものとなるかもしれない。それは、故人との継続する絆を強め、一時的だとしても被災者と僧侶との間に悲嘆共同体を作り上げるであろう。それによって未知の霊への恐怖を和らげることも期待される。

被災地での宗教者による傾聴活動は、今日の公的領域において宗教が果たす役割の一つとして期待されるようになった(島薗　二〇一二)。しかしながら、宗教者は公的な場所で宗教的と見なされることを注意深く避けようとしている(特に宮城県の場合)。彼らの活動は、宗教復興の現われというより、私的領域でなされるスピリチュアルケアの一類型として理解するべきであろう。宗教者による傾聴活動の前提条件にあるのは、公私を分けて「宗教」を私的領域に限定する世俗主義の枠組である。僧侶と他の宗教者は、この枠組に適応する限りにおいて活動が可能となる。興味深いことに、彼らは公的領域においては教義を押し出さずに隠すことで、被災地に受け入れられ、時おり私的領域で儀礼的実践をおこなうことができる。この意味で、被災地において宗教者によって取り組まれているスピリチュアルケアは、ポスト世俗の現象として特徴づけることができる。この場合の「ポスト世俗」とは、世俗主義が確立された上で、公的領域において宗教が台頭する現象として定義できる。

しかしながら、このような行動を宗教集団による組織的活動にもとづいた宗教復興だと誤認してはならない。なぜなら、宗教者の傾聴活動は、宗教者個人の自発的活動として始まったものだからである。震災前の彼らは、ホームレスや終末期患者のための人道的支援と深く関わっていた。したがって、この現象は宗教復興ではなく、宗教者個人によるスピリチュアルケアへの参入、その限りでのスピリチュアリティの摂取ないし、それへの同化と見られる。

阪神・淡路大震災が一九九五年に起きた際には、被災地での宗教者による支援は歓迎されなかった。そのすぐ後に起きたオウム真理教地下鉄サリン事件による宗教不信もあっただろう（堀江　二〇一五b：二二四）。それよりもPTSDなどトラウマに関連する現象が注目され、精神科医や心理療法家による精神医療に期待が集まった（こころのケアセンター　一九九九）。二〇〇〇年代には、特定宗教との関係がないスピリチュアルケアが死にゆく人と死別者にとって必要だと認識されるようになった（堀江　二〇一九a：第二章）。

東日本大震災後は、それまで各地で終末期患者やホームレスを支援していた宗教者個人が被災地に入り、自分たちの経験を共有し、互いから学び始めた。宗教学者たちが、こうした超宗教・超宗派の活動の媒介者として期待された。例えば、宗教者災害支援連絡会は島薗進をはじめとする東京大学出身の宗教学者が関与し、実践宗教学寄附講座と心の相談室は鈴木岩弓など東北大学の宗教学者が関与した（本書の著者である東大の堀江、東北大の高橋は、それぞれと関わりを持ってきた）。特に後者は、宗教者に被災地での経験を共有する機会を提供すると同時に、行動規範についての合意を作り上げてきた。

このようなスピリチュアルケア、また求めに応じて宗教的ケアをおこなう臨床宗教師が注目されるようになった。それはＢ市のように地域の宗教の力が弱っており、宗教よりスピリチュアリティへの希求が見られるような被災地においてこそ求められるものであろう。

調査の枠組――信仰者たちの視点の異質性

本章ではこうした流れを踏まえて、被災地外から支援に訪れた信仰者に関する私（堀江）の調査について紹介し、前章までの調査結果とつなげたい。本調査（以下、「信仰者調査」と呼ぶ）はもちろん、宗教者によるケア、あるいはスピリチュアルケアが被災地で効果的だったかどうかを評価することを目的とするものではない。その焦点は、彼らの霊的体験に関する見解が、いかなる点で被災地内の宗教者や被災者の見解と重なるのか、逆にいかなる点で異なるのかを浮き上がらせることである。それを通して、被災地における霊的体験をより多元的に理解することが目標である。

私が信仰者調査の実行を必要だと感じたのは、Ａ市のある回答者の語りがきっかけであった。

震災後、○○（教団名）に熱心に関わる人が増えた。教団内の「見える人」によるとＯＦ（地名）には地縛霊がいる。津波以前に昔からの戦もあったからだ。そのため、祠で供養をした。また、

○○という経文を唱えたら、行方不明だった先達の遺体が出てきた。TDからTKに向かう信号機のあたりでは、海の方から逃げてきた人の霊が見えるという人もいる。

（七〇歳女性、二〇一四年八月一〇日）

この語りは、他の回答者の語りとまったく異なる。A市回答者の間では前述のように宗教信仰率が上昇していたものの、それは既成仏教との関係での信仰の高まりであった。噂話としての未知の霊についての怪談や、身近な死者についての霊的体験が語られるとしても、そのすべてが、はっきりと霊的存在の実在を前提としたものではない。この女性の目には、同じ被災地が、他の被災者に見えているのとはまったく異なるものとして見えている。ここから先は亡くなった人の霊が多数いるといった話は、他の被災者からは聴いたことがないものだった。

一般的な被災者と異なる明確な霊信仰を持つ人が被災地において感じているリアリティを明らかにしておかなければ、本調査は不十分なままに終わるのではないか。私はこの話を聞いて、そのような思いを抱くようになった。とはいえ、こういう熱心な信仰者を被災地で探すのは難しい。一〇〇人の回答者のなかで既成仏教以外の教団の名前を挙げたのは三名のみである。一方、被災地外から支援に訪れる宗教者、あるいは宗教団体に属していない人もいるので広く「信仰者」と呼ぶと、彼らのなかにも同様に被災地を霊的なまなざしでとらえている人々がいることが分かった。彼らから話を聴けば、宗教的視点、ないし霊的視点から見た被災地のリアリティが浮き彫りになるかもしれない。信仰心の強さは、遠方から被災地支援に通っているという事実によって、ある程度担保される。

以上の理由から、「東京近辺の信仰者（教団に属さない人を含む）の東北被災地における霊的体験に関する見解についての調査」と題して、私は小川有閑と共同でインタビュー調査を実施した。なお、小川は仏教系信仰者（僧侶）を調査対象とし、私はそれ以外の信仰者を対象として、日本宗教学会の学術大会で調査の報告をおこなった（小川　二〇一六、堀江　二〇一六）。できる限り、互いのインタビューの場には同席することとした。結果として、仏教系信仰者でも過半数は私が主なインタビュアーとなった。本章では、学会発表で私が担当した非仏教系の信仰者だけでなく、小川が担当した仏教者のインタビューも、私が同席したものを中心に取り上げる。また高橋原が宮城県の宗教者におこなった聴き取りも、被災地外から来た信仰者との異同に注意しながら参照することにする。

調査対象者の条件・特徴

信仰者調査の対象者の選択基準は次の通りである。（一）被災地での支援活動がある、（二）本人・家族・親族が被災者ではない、（三）被災地での霊的体験について聞いたこと、体験したことがあり、話すことを了解している、（四）組織名、個人名は出さないという条件で比較的自由に個人的見解を話していただける、の四点である。調査期間は二〇一五年五月から九月である（一名を除く）。協力者の募集は私たち調査者の知人・情報網を基盤とする縁故法をとった。結果として私が主に担当する非仏教系は、二名が神道系、三名はスピリチュアリズム系の教団・非宗教組織と関わりを持つ者となった。

前述のように本調査は組織名・個人名を匿名とする。氏名はすべて仮名である。理由は、特定団体の実態解明が目的ではないこと、特定団体の宣伝・非難につながるのを防ぐこと、個人的見解を自由

表5　調査対象者一覧

スピリチュアリズム系(新宗教)	朝比奈守	30歳男性	会社員、教団信者	2015年6月8日
スピリチュアリズム系	深山マリ	52歳女性	ミディアム	2015年7月13日
スピリチュアリズム系	花村香織	48歳女性	ミディアム	2015年7月30日
神道系	水守さなえ	39歳女性	事務職，土日は神職	2015年7月21日
神道系(新宗教)	葉山光雄	41歳男性	教団教師	2015年8月10日
仏教系	北村信法	36歳男性	副住職	2015年5月19日
仏教系	正田玄光	46歳男性	住職	2015年6月15日
仏教系	橋本峰雄＊	43歳男性	住職	2015年8月25日
仏教系	田中賢治＊	43歳男性	会社役員，住職	2015年8月25日
仏教系	横森雅良＊	40歳男性	副住職	2015年8月27日
仏教系(新宗教)	室山健治	52歳男性	教団職員	2015年9月11日
仏教系	三宮清光	35歳男性	僧侶，研究所所員	2016年10月6日

（氏名はすべて仮名．＊小川有閑が主なインタビュアー）

に語れるようにすることである（表5を参照）。

仏教系の信仰者は、教義において死後生や霊魂の存在を必ずしも明確に定めていないところが多く含まれる。室山さんと三宮さんは、仏教はそのようなことにこだわらない、という考えを強く持っていた。しかし、その二人を除けば、他の僧侶は多かれ少なかれ、個人的には死後生や霊魂の存在を認めざるをえないと考えているようだった。それに対して、死後生や霊魂の存在を明確に、あるいは当然の前提として認めているのが、非仏教系の協力者の特徴である。

キリスト教系、仏教系新宗教の信仰者にも広く声をかけたが、「霊的体験」という言葉から特殊な体験を必要とすると誤解され、そのような話ができる該当者が見つからないという回答を得た。組織的支援活動をおこなっていた大教団の場合、活動が組織単位なので被災者と直接交わっておらず、被災者から話を聞く機会がなかったという返事も受け取った。おそらく匿名であっても、教団がコントロールできないところで下手に霊的体験について語られては困るという懸念があったかもしれない。結果として、(五)霊的信念とそれにまつわる実践を有しており(前述の二名を除く)、(六)「霊的体験」という言葉に拒否反応を持たず、(七)被災者と直接の関係を持っている人々が調査に応じたことになる。なお、ツイッターやフェイスブックでの告知も試みたが、それによってインタビュー協力者が集まることはなかった。

質問項目は、以下の通りである。活動内容、活動歴、被災地での霊的体験(伝聞、体験者と面識があるもの、自分自身の実体験)、震災についての宗教的・霊的な意味づけ、被災地の宗教者・信徒についての印象、震災による信仰・信念・死生観の変化、霊・霊魂についての見解、所属する教団・組織での死生観・霊魂観、霊的体験への対応の仕方。以降では、本書の目的からして特に重要な「被災地での霊的体験」「霊・霊魂についての見解」「霊的体験への対応の仕方」を中心に、必要に応じて他の質問項目への回答も参照しながらまとめてゆく。

被災地での霊的体験

伝聞への関心の低さと疑い

霊的体験に関する伝聞を尋ねたところ、いわゆる典型的な怪談・幽霊譚、すなわち本書でいう「未知の霊」に関する体験は、主要な語りとして出てこなかった。伝聞であるにもかかわらず「未知の霊」に関する恐ろしい話よりも、「身近な霊」に属する心温まる話が報告された。

亡くなった人の気配や声を聞くという体験を非常によく聞く。行方不明の家族が夢で遺体のある場所を知らせてきたという話もある。結局まだ見つかっていないが本人はきっとそこに埋まっていると確信している。（花村香織さん）

故人が枕元に立ってうれしかったという話。（葉山光雄さん）

地域の被災者が憑依されたようになったと聞いた。もともと精神的に不安定だったが、震災でショックを受けたようだ。（朝比奈守さん）

典型的幽霊譚は見聞きしているようだが、軽い言及に留まり、関心をひいていない。霊的存在の実在を信じる人々だから、幽霊譚にさぞかし興味があるに違いないと、読者のなかには想像する人がいるかもしれないが、必ずしもそうではない。むしろ、霊信仰を持つ人ほど、「霊的体験」とされるものの真偽に敏感で、伝聞については容易に信じない傾向がある。真偽だけではなく、真正性についても彼らは敏感である。つまり、その体験が高い次元の霊的存在に由来するのか、未浄化な霊に由来するのかである。未浄化な霊に由来する体験談には注意を向けたくないため（その霊と通じてしまう恐れがあるので）、見聞きしても忘れる傾向があるようである。

霊視された被災地——残存思念・実存思念・未浄化霊・祈りの重層性

スピリチュアリズム系のミディアム（霊媒）の場合、他者の体験については「思い込みもある」「（霊ではなく）残存思念の場合もある」という具合に、鵜呑みにせず、距離を取る様子を見せた。この「残存思念」という考えは、彼らの被災地についての霊的な見方を如実に示すものである。

被災地ですからね。「霊」というのは、基本的には亡くなった人という意味合いだと思いますけども、実際には残存思念もあります。被災のときに亡くなった人が感じた恐怖感とか、悲しみなどです。残存思念は当然その土地には入っていますから。例えば沖縄とかの戦場もそうですよね。ああいう残存思念と、実際に亡くなった人が霊界に一部行って、一部残っている霊《スピリット》たちのエネルギーと、現在進行形で今ここに暮らしている人たちの悲しみという実存思念、今もある思念ですよね、そういったものすべてがミックスされているので霊だけではないわけです。［略］

私が行ったときは、被災地は生々しい状態で、まだ新しい残存思念と実存思念がありました。実存思念は今もあるけれども。例えば戦後七〇年というけど、沖縄で七〇年前に起こった実体験の悲しみとか苦しみと、戦国時代の古戦場がある関ヶ原の何百年前の想念とかとは微妙に違いますよね。今の方は生々しい感覚が伝わってきますね。そういうのは地層のように、今お話をしているこの空間にも地層のように漂っているわけなんですよね。

それは私の感覚ですよ、あくまでも。で、例えば沖縄というのは地上戦が唯一ありましたよね。非常にたくさんそこで息絶えていく人が、一般の市民、兵隊さん、みんないますよね。日本人、アメリカ人、いろんな国の人。そういうもののなかに祈りが入ると、祈りの念がそれをまるでこう、汚れた、ペンキがはげちゃった塀に、白いペンキを塗るように重なっていく。祈りの想念、祈りの思念である程度きれいになっていくというのを感じるんですよね。

だけど、まだその状況ではないですね、被災地の場合はね。［略］
よく被災地で聞いたのは、ボランティア活動している人たちが夜に人の泣き声とか、うめき声だとか聞いたという話ですけど、でもそれは霊なのか、さっき言った残存思念なのか、両方ありだと思うんです。それが実際に霊、まだ今も上の世界に行かれない霊なのか、あるいはそのときの残っている思いなのか、となると、ちょっと難しいと思います。
（深山マリさん）

つまり、被災地の場合、津波が襲ったときの犠牲者の実際の霊だけではなく、苦しみや悲しみが「残存思念」として残っている。しかし、その残存思念を発した元の霊そのものは、基本的に霊界に行っていて、一部の人はさまよっている、というのが深山さんと、もう一人のミディアム花村香織さんの見解である。これは、前章までに論じてきた「未知の霊」と「身近な霊」の体験とも対応しているように聞こえる。被災地で語られる幽霊譚とは多くの場合、残存思念によるものなのかと確認すると、実際にまだ霊界に行っていない霊もいるので一概には言えないとのことである。さらに、生きている遺族などの悲痛な「実存思念」が被災地には渦巻いている。花村さんによると、遺族の悲しみが強すぎる場合、霊が遺族を心配して霊界に上がることができず、未浄化のまま遺族のまわりに留まることがあるという。これは震災以外にも自死遺族の相談を受けてきた経験のなかでよく見られるパターンのようである。これらが被災地には積み重なっているが、やがては祈りによって上からコーティングされるようにきれいに塗り固められていく。
なお、この残存思念・実存思念という言葉、祈りによる上塗りという観念は、飯田史彦が用いているようだ。深山さんは、飯田が震災で亡くなった霊との交信を本に書いているので読むように勧めてくれた（飯田　二〇一四）。

祈りのもっとも強力な担い手はやはり遺族などの死別者であるだろう。ということは、彼らの悲嘆が時間の経過とともに祈りに転じていくと、まず実存思念が弱まるはずである。また、時間の経過とともに霊界に上昇する霊も増えるはずである。一部、遺族の強い実存思念によって地上に縛られていた未浄化霊も、やがては霊界へ行くことができるようになる。したがって、文字通り最後に残るのが残存思念で、これは地層のように何十年経っても何百年経っても積み重なることになる。それがある程度鎮まるためには祈りが必要である。以上が、私の推論も含むが、スピリチュアリズム系のミディアムが見た被災地の震災後の霊的状況ということになる。その上で、被災地で報告されるいわゆる幽霊譚のすべてが、亡くなった人の霊によるものではなく、残存思念の可能性もある、という。

なお、そもそもスピリチュアリズムでは、霊を一種の想念ととらえる。それはある種の波長を持っていて、同じような波長を持った人に経験される。深山さんが下敷きにしていると思われる飯田史彦のとらえ方では、未浄化霊が物理的な姿で目撃されるのは、まず霊の側に姿が残っているという錯覚があり、それが生者に伝わっているということであるようだ。様々な思いが折り重なり、幽霊と言われるものも死者と生者双方の思いによって構築された錯覚と真実を両方含むものだという見方である。第三章で紹介した三宮さんは、被災者は霊の気配が充満していることを「思いがある」と表現し、「幽霊」などとは言わなかったと強調していたが、その見方に、ある意味で通じるところがある。

面識がある人の霊的体験

一方、スピリチュアリズム系の信仰者たちは、面識がある者の霊的体験としては仲間の体験をあげ、その内容を疑う様子はない。とくに所属教団が組織化されている場合、仲間の体験が多く語られ、その結論は教義の正当性を示すものとして意味づけられる。たとえば朝比奈守さんの語りがそれに当てはまる。

> やっぱり〔支援者は〕何かしたいとか助けたいという思いで現地に行かれているので、そういう気持ちと、現地で亡くなられた方が助けてほしいであるとか、何とかしてほしいというふうに思ってそこにまだ滞在されているとしたら、そういう方と意識が合って、ついていったら助けてもらえるんじゃないかなと思って憑依という形になったのかもしれないなというのはお聞きしていて感じました。〔略〕
>
> 　会員さんでその日だけいつもと違う道を通って帰ったら、いつもの道が波でやられていたとか、そういう話を聞くとやっぱりそういうのは本当にあるのかなというのは、非常に確信が深まったというのはあります。

つまり、教団ボランティアの愛の念が被災霊の助けを求める念と呼応したという説明になっており、最終的には教団を称える調子に落ち着く。また、いつもと違う道を通ったので助かったというのは、自分の気持ちが研ぎ澄まされていれば天上界からの守りを感知できると説明しており、やはり教団の仲間を賞賛する語りである。

　スピリチュアリストの花村さんは、一般論として、憑依に関しては思い込みもあるという。しかしながら、自身や他のスピリチュアリストが被災地において頭痛などに悩まされたり、涙が出てきたりしたといったことについては、憑依とまでは行かないけれど、何かの影響を受けたのだろうと認める。これも伝聞については懐疑的だが、信仰を共有する仲間の体験については肯定的な態度をとる、とまとめられる。

被災者からの供養の依頼――地域の宗教者には頼めないこと

僧侶たちの場合、面識がある人の霊的体験では、霊感のある仲間の体験というパターンは見られなかった。その代わり、体験をした被災者からの供養の依頼が多い。なかでも印象的な話を紹介しよう。

北村：私がその仮設に通って親しくなった方から供養を頼まれたんです。その方が住んでいる地域の、家が並びのおじさんの体が悪くて、結局逃げ出せなかったと。自分たちも逃げるのに必死だったので、その方のことは助けられなかったんだと。そうした思いはみんなあったけれども、その亡くなった方が同じ地区に住んでいた複数の人たちの夢枕に立つんだという話です。

堀江：それは不思議な話ですね。

北村：ええ、それも、それぞれ皆さんばらばらの仮設に住んでいて、別々に生活をしてるのに、同じ亡くなった方の夢を見たんです。「もちろん我々も後悔はあるんだけれども、それよりも何よりもちゃんとお弔いもあっただろうに、何か伝えたいことがあるのかもしれない。私たち自身もすごく彼のために何かしてあげたかったという思いもあるから、できればお参りをしてほしい」と言われたんです。［略］二〇一二年の六月から八月の間だったと思うんです。暑くなった時期だったと思いました。お盆が近いからとかそういうことだと思うんですけど、お経をあげに行ったんです。行きましたら、地域の方たちが…

堀江：その、お経をあげに行った場所というのはどこですか、その亡くなった方の［お宅］…

北村：その津波があった地区です。何もないところに、何もなくなったところに、皆さんがござを敷いて用意して待っていてくれて。海は結構遠いんですけれど、そこで皆さんも集まってきていて、何もないところです。野原というか、建物があったであろう場所です。そこでござを敷いて座布団敷いてくれたところに、私と仲間のお坊さんとで一緒にお経をあげてお念仏をして、その方のご回向をしたんです。［略］来てたお坊さんの中には、一人だけ別の宗派のお坊さんもついてたんですけど、お念仏は別にいいんじゃないかというので、一緒になってお念仏でご回向をさせてもらった。でも般若心経も。皆さんはその後、一緒に手を合わせられて、お線香も地面に立ててたりして。で、お参りをやったんです。「ありがとうございました」と皆さん喜ばれて、私たちはそのまんま仮設に行って炊き出しだったので、あの後、そんなに詳しく報告聞いてないと思って、先ほど電話で確認したんです。「そういえば夢って、その後どうなったんですか」と聞いたら、「もうその後は誰も見なくなった」と言うんです。

堀江：ほう。

北村：夢枕に立っていたその人は現われなくなった、見なくなったというか、現われなくなったということです。

この引用には、本書が関心を持つ論点が凝縮されている。インタビューではこの後、なぜ地域の人々は地元の寺院の僧侶に供養を依頼しなかったのかという話になる。理由については、こういう変わった依頼をすることはできない、噂になる、そしてお礼をしなければならなくなる、と北村さんは説明した。これは共同体が緊密であるがゆえに、霊的なことに関しては地域の宗教とは別の宗教の力が求められるということである。前章まで取り上げていた宮城県のB市とはまた異なる事情で、スピリチュアルケアが要請されたということになる。信仰者調査の僧侶からはしばしばそのような依頼があったという話を聞くことができた。そして、その依頼先には地元の僧侶ではなく、何度も被災地に足を運んでいる僧侶が選ばれるとのことであった。

これは、被災地の宗教者からは見えにくい事実である。高橋原の予備調査では、地域での活動に熱心で自らも被災している神職が、「被災者に直接調査する場合は、自分が同行した方が積極的に話をするだろう」と述べている。確かに、そのような面もあるだろう。だが先の事例のように、被災者の立場からは逆に地域の宗教者に話しにくい、相談しにくいこともあるようだ。

また、地域住民の宗派と支援者の僧侶の所属宗派のすりあわせは意識されていない。それどころか、僧侶側も宗派混合であることが多い。何らかの宗教的儀礼は必要なのだが、その内容にも形式にもこだわりはない。

正田玄光さんは、「あそこは出る」という相談を受け、僧侶二〇名と地域住民二〇名で施餓鬼供養をおこなった。その後も、毎年、施餓鬼供養を続けている。大事なのは、住民が一緒におこなうことであるという。こうなると、被災地外の僧侶とはいえ、かなり深い関わりを住民と結ぶことになる。

仮に、北村さんの関わった供養に、スピリチュアリストの深山さんの用語法を重ねて説明するとどのようになるだろうか。まず、体が不自由で近隣の仲間から見捨てられたという、亡くなった故人の悲しみや苦しみがある。そのために故人は未浄化な状態で住民の夢に立つ。その思いは地域に残存思念としても残っているだろう。同時に、見捨てた形になってしまった住民の悔しさと悲しみが、実存思念として故人に向けられる。それと呼応する形で、故人は複数の住民の夢に現われたのかもしれない。そこへ住民たちが、被災地外から来た僧侶に供養を依頼し、共同で祈りを重ねる。それによって、供養に参加した住民側の実存思念が緩和されると同時に、亡くなった故人も浄化され、夢には現われなくなる。スピリチュアリズムの語法では、このように説明されるであろう。

一方、僧侶たちの側では、念仏を一緒に唱えることで阿弥陀仏の本願の力によって極楽浄土へ往生したという浄土教系の説明と、仏への供養によって住民たちが得た功徳を故人に回向することによって成仏したという先祖供養系の説明が並び立っているように見受けられた。住民たちの参加を必須とするのは、彼らがまず仏への供養によって功徳を積む必要があるからである。しかし、住民にとっては、何らかの悲痛な思いと訴えを抱えた犠牲者を直接的に供養することで成仏したとシンプルにとらえるであろう。

このような供養の要請とは違って、話さずにはいられないという感じで被災地外の僧侶に話したものの、僧侶の供養を最終的には断ったという事例もある。橋本峰雄さんが被災地で支援活動をしていたときに手伝いをしてくれた女性の話である。

地震が起きた後、二〜三歳の息子がおじいちゃんから「○○ちゃん逃げなよ」と言われる声が聞こえたという。そこで女性は息子と一緒に逃げた。後から、そのおじいちゃんは、息子がいた場所から離れた別の市で津波にのまれていたらしいことが分かった。ところが、息子は逃げる途中で、津波に追いつかれてしまった。するとおじいちゃんがお尻を下から押してくれて、ポンと津波が届かなかった場所に上がった。本当に飛んだという。このことを女性は相談するというより、話さずにはいられないという感じで、橋本さんに話してくれた。その女性から見れば父親に当たるおじいちゃんは、津波の被害に遭ったらしいということは分かるものの、遺体は発見されず、行方不明の状態だった。そのため、息子にも、おじいちゃんが亡くなっていただろうということは話せなかった。橋本さんは「きっと助けてくれたんでしょうね」と肯定するしかなかった。その後、再び被災地を訪れる際、事前に電話で連絡をし、一緒に墓参りに行く約束をした。しかし、前日に突然、「行くことはできない。あの話をしたときの私はどうかしていた。感覚がずれていた」と墓参りへの同行を断られる。その話は、もちろん他の人には話せないことという様子で、おそらく外から来た橋本さんだから話せたということではないかと見ている。橋本さんは一人で墓を訪ねることにした。

この話は「身近な霊」のカテゴリーに該当するが、落ち着いた状態で話ができるものではなかった。女性は行方不明の父親が死んだとは受け止めていなかったが、橋本さんにこの話をすることで「おじいちゃんが助けてくれた」という物語を結ぶことができた。これは被災地の外から来た第三者の僧侶だから話せたという面がある。しかし、後からなぜ外の僧侶にあんな話をしてしまったのかという後悔の念が湧いてきたのだろう。お墓ができたということは、父親の死は菩提寺の僧侶との関わりで親族間でも公のものになったことを意味する。一期一会だからこそなしえたスピリチュアルケアであるが、恒常的な関係を外の僧侶と結ぶことにはためらいがあったと思われる。

被災地での信仰者の実体験——複数の現実への開かれ

仏教者に比べて、非仏教系の信仰者は明確な霊信仰を持っている。それゆえ、霊的感覚に開かれており、程度の差はあれ、被災地で通常と異なる心身の状態に至り、それを霊的なもの、神的なものと結びつけて受け止める。それをもっとも普通のこととして語るのは、やはりスピリチュアリズム系の信仰者である。

花村：〇〇学校へ行ったときは生徒たちがわあっと寄ってきて、これはあっちの生徒さん［亡くなった生徒さん］ですよ、が寄ってきて、それでこうやって手をつないで、みんなウエルカムしてくれたんですよ。これはと思ってお参りして、それで校庭の奥まで少し行けるようになってたんで、行ったら、ちゃんとそういう絵があったんです、こういう手をつないで生徒たちが一列に並んでいる。結構、涙が出ましたね。

堀江：いや、それはすごい体験ですね。

花村：うん。でもみんな、きゃっきゃっして明るいんです。だから結構、胸に来るものがありましたけども。あとはもう一つ、焼けた学校で残っているところは△△学校だったかしら。あそこの前の一帯も結構かなり亡くなってらっしゃるんですけど、たくさん話しかけてきましたよ。おばあちゃんみたいな人とか、おじいちゃんみたいな人とか、いろいろ。そのときはまだ［震災の］翌年、二〇一二年ぐらいだった。まだそんなに浄化がされてなかったかもしれません。だからまだそういった人がいるなあというのが結構分かりました。ここにいる、あそこにいると、たくさんいらっしゃっていました。

最初に言及された学校について、僧侶の北村さんは、まったく異なる様相の体験を報告している。

北村：それから○○学校のところはやっぱりちょっと雰囲気が違います。

堀江：ああ…

北村：行く間《あいだ》からも、ドキドキドキドキして、気持ちが落ち着かなくて、○○学校のところに行ったときには、ものすごい悲しみと、しんどさというのが流れ込んでくるような感じがして、一緒に行ったお坊さんはボロボロ、ボロボロ、もう耐えられないと言って泣きじゃくりました。もうこれは何か分からないけれども、圧倒されるものがあるんだなと思って、これを形として見るとかではないんだけれども、その重さというか、感覚というかは、あるんだなというのが伝わりました。

北村さんの場合は、多くの子どもが亡くなった場所ということで、その場所に到着する前の移動中から「ドキドキドキドキ」している。僧侶仲間も含めて自らの哀悼の念が強く、それと呼応するように現地からも重々しい雰囲気を感じている。それに対して、花村さんは、最終的には北村さんたちと同様に涙を流しつつも、子どもたちの姿を霊視という形で見ているので、「未知」の霊という感じではなく、自分を歓迎してくれる普通の子どもたちとして認識している。

しかし、仏教者でも、不思議な霊的体験を被災地で体験している人はいる。これは高橋原が予備調査の際に宮城県の僧侶Xさんから聴き取ったインフォーマルな話だが、僧侶自身の霊的体験としてきわめて重要なので、録音から個人情報を除いた差し支えのない範囲でまとめる（掲載については本人の了解を得ている）。

自分自身の実体験はあるか。［長い沈黙］話しにくい。証拠として出しにくいので話しにくいが、声が聞こえることはある。それもステレオで。

異なる宗教・宗派の宗教者と合同で宮城県C市を慰霊行脚していたときのことである。自分は最後尾にいて旗を振っていたのだが、○○橋の所に来ると、後ろでぞろぞろ声がする。しくしく泣いている声があちらこちらから聞こえてくる。後ろからついてくる感じである。

方言で「何やってんの？」と声をかけられた。振り返ると誰もいない。まずいなと思った。それ以上やりようがないので。［高橋が津波で亡くなった死者としてとらえているのかと尋ねると］分からない。自分が脳内で作っているものかもしれない。生きている人間がそのような状態でいても、何もしようがないので、何もしない。生きている人とまったく同じだと思う。

願いを説くのでもなく、ただ太鼓を叩いている人もいれば、イスラム教の人もいたりしたので、生きている人がその行列を見たとしても、普通に「何やってんの？」と聞いてくるだろう。クスクス笑う声も聞こえた。ああいう風に歩いていたら後ろからついてくるしかないだろう。怖いというより、誰も信じてくれないことなので、嫌ですね。声は聞こえるけれど、どうにも対処できないので。

このような体験は、以前にもある。本堂で一晩かけて特別な供養をしているときに、上から「何やってんの？」と方言で近所の年寄りのような声で話しかけられた。何をやっているのか聞いてこられることは多い。このような体験はしたくない。何もないところから声が聞こえてくるというのは嫌な体験である。証明できないし、それが宗教活動に役に立っているかというと、役に立っていないので。

（二〇一三年七月一一日）

この多宗教の宗教者による慰霊行脚の写真は、メディア記事等で広く報じられている（Xさんが参加したものかどうかは不明）。あの写真で見た行列の後ろに、目には見えないけれども死者が続いて一緒に行脚していたとしたら、と私は想像した。もし、それが見えていたとしたら壮観であろう。ある意味、その行列自体が「霊を慰める」ものになっていたと言える。

読者のなかには「慰霊」の行脚をしているのに、いざ霊から話しかけられたら慰撫しようともせず、「まずいな」とか「嫌な体験」と思うのはいかがなものか、と感じる人がいるかもしれない。

しかし、そのような単純な話ではない。まず、この僧侶Xさんは、自らの宗派では霊がいるかいないかにはこだわるべきではないと考えられているということを強調していた。科学的に証明ができないということも気にしている。

おそらくXさんの宗派では、修行中にこのような声が聞こえることはあったとしても魔境（心を惑わす場所、境地）なので、気に留めたり、返事をしたりしてはいけないと指導されているだろう。意外に思われるかもしれないが、これはスピリチュアリストの場合も同じである。私は参与観察として、指導者に断りを入れた上で、スピリチュアリストのミディアムの研修に数カ月参加したことがある。その際、瞑想の途中で「ここにいる奴ら、みんなこっちに来ればな」という声が聞こえた。そのことを指導者に話すと、「それは気にしてはいけない、決して返事などしてはいけない」と言われた。つまり、通常の現実とは異なる音声や映像が知覚されたときは、あくまでこちら側に留まった上で、ただそれを流れるがままにして、平静な状態を保つようにする。そのことが、修行者の正常な意識を守ることになる、ということだ。

一方、Xさんは生者と「死者」(と解釈されうる存在)とを区別しないという態度を一貫してとり続ける。「証明できない」「誰も信じてくれない」「脳内で作っているものかもしれない」という言葉とは矛盾しているように思われる。高橋は畳みかけるように、「方言で聞こえたということは、津波で亡くなった死者としてとらえているんですよね」と何度か尋ねているが、そのたびにXさんは「分からない」と応答する。つまり、「仮にその声が津波で亡くなった死者の声だとしたら」とまず仮定する。もしそうなら、それは生きている人と変わらない存在として受容するべきだと考える。だが、そうでないかもしれないという可能性にも開かれる、ということである。しかし、仮に津波の犠牲者だとすれば、少なくとも失礼な態度をとることはできない。

複数の仮想現実を知覚されるままに受容し、そのいずれをも絶対視せず、様々な解釈の可能性に開かれるという態度は、実は宗教学者であれば、容易に理解できるものである。本書のスタンスも基本的にはそのようなものである。

Xさんはこうした経験が「宗教活動」に役に立っていないと断言しているが、これも文字通りに受け取るべきではない。高橋がその養成に関わっている臨床宗教師を念頭に置いてのもので、被災者のケアや傾聴活動に直接的に役立つわけではないという意味であろう。しかし、すべての存在のあるがままの「語り」に、役に立つか役に立たないかの分別を越えて耳を傾けるXさんの姿勢は、仏教者の衆生に対する姿勢として肯定されるものであるだろう。

被災者への傾聴は、すなわち死者への傾聴

生者と死者の区別なく耳を傾けようという態度は、神道系の信仰者にも見られる。水守さなえさんは被災地に通って仮設住宅を訪ねて傾聴活動をおこなううちに、彼女自身もうまく説明できないような霊的感覚が開いていったようである。

堀江：ご自身は霊的なものに対する感覚とかあるんですか？

水守：今まで全くなかったんです。ですけれど、東北に通うようになってから五度目か六度目くらいか、あるとき思ったんです。死者のことをすごく感じよう、感じようと、自分で頭の訓練をしながら入ろう、行こうというふうに。そのときから、何となく海に出てお参りするときは重く感じるときがあったので、そういうことなのかなとか。あと、霊感をすごく感じる方が、そのとき、「そういう現象があったよ」とか教えてくれたりしたので。

堀江：ほかの仲間で霊感がある人？

水守：はい。私が「すごくそんな［重い］感じがしない？」と言ったときに、「すごく見えていた」というので…

堀江：同じような、共通のものを感じ取れたという実感があった…

水守：うん。私は、そんなはっきり見えたりとかはしないんですけれども、そういうのがあるのかなと…

堀江：同行者の方が結構はっきり見えたよ、と。
水守：その方は、ですね。最近は、あまりそういうことを意識せずに行こうかなと思っていますけど。
堀江：それは、傾聴することと、死者を感じようとすることは同じようなベクトルという…
水守：私はあるとき、そうすべきだなというのを…
堀江：べきだという…
水守：［傾聴するなら死者のことを感じようと決めて］「行くんだ」と思ったときは、そうすべきだというふうに自分の中で何となく思ったので。
堀江：それはなぜそう思ったのですか？
水守：ただの世間話をしに行くわけではなく、その人が死者のことを考え、今だけの世界じゃなく、ほかの世界も抱えて生きている、そういう方と接するときに、自分も同じような感覚を少しでも持ちたいというのがあります。それから自分の中にいつも慰霊とか鎮魂とか、そういう課題がものすごく大きくあって、そのためには感じながら行かなきゃいけないし。［略］
堀江：震災前から、いろいろな形で人を亡くす悲嘆みたいなものについて慰霊の思いとかは…
水守：ありました。
堀江：例えばどういうときに…
水守：私の場合は身内を亡くしたという経験はないんです。
堀江：ああ、はい。

水守：特になかったんですけど、戦争の時期、夏になると、原爆とか戦争の記憶とか、そういったものにすごく昔から敏感で、聖職になったきっかけというのもその辺のところと…

堀江：でも霊感みたいなものは持ってないわけですよね。

水守：はい。自分の感性の問題だとは思うんです。ただ、慰霊なんかをするときにはその部分［霊への感性］は外せないじゃないですか、きっと。そのためには宗教者になるしかないと思ったんです。魂とか霊とかに接するというか、正面から向き合える宗教者という…

堀江：そこまで突き動かされるというのは、誰もがそうなるわけじゃないですよね。

水守さんは父親が宮司という家庭に生まれ、大学では社会科学を学び、戦争と慰霊の問題に関心を深めていた。魂や霊に正面から向きあうためには宗教者になるしかないという思いと、家庭環境とが重なり、神職になろうとしていた矢先に、震災が発生する。最初は物質的支援のボランティアをしていたのだが、やがて数人の宗教者とともに仮設住宅に線香などを届けて、声かけをして、先方が話をし始めたら傾聴するという活動をおこなうようになる。その過程で、親しい人を亡くした被災者の話に耳を傾けることは、その向こうにいる死者の声に耳を傾けるということなのだと思うようになる。そして、傾聴活動をするなら、その向こうにいる死者を感じようとしなければダメだと心に決めて被災地に入るようになる。その後、同行者の霊感があるという人と、被災地で感じたことのいわば「答え合わせ」をするうちに、自身にも何らかの霊的な感受性が開いていったという話である。

宗教者の傾聴活動は、生きている被災者への傾聴だけでなく、縁ある死者への傾聴でもあるのだということは、私にとって大きな気づきだった。私自身がこのような調査をおこない、被災者の語りの聴き取りをおこなうことも、被災者から見れば、死者の声を公にすることであり、また公にすることを期待されているのだと気づかされた。彼らは、それゆえに調査を有意義と感じ、ぜひ実行してほしい、協力すると背中を押してくれたのだ。これはもちろん、被災者の霊的体験が、真に死者の霊を感じ取った体験だと科学的証拠もなしに断言しているという話ではない。彼らが主観的に抱いていて、物語ることを通して立ち現われる死者の存在感《プレゼンス》や実在感《リアリティ》を、より多くの人が論じられる、口にすることのできる言葉に変換するという作業である。

震災による信仰の変化の質問項目で、水守さんも次のように話している。

堀江：震災によって自分の信仰、信念あるいは死生観というものが変化したかどうかという質問なんですけど、何か思い当たることはありますか。慰霊というご自身のテーマが強まったそうなんですけど、先ほどの話によると。

水守：生々しくなったんですかね。

堀江：生々しく…

水守：はい。生々しく感じるようには。それは多分、皆さん、同じだと思う。あとすごく心の部分と密になったというか。お話を聴いたりすると、自分でこう感性を開こうと意識すると感じるものなのかなと思います。思いの強さという。あと、そういうことを話す人たちが、ここで話しやすいように、それを否定されないように自然に話せる風潮をもっと作りたいという気持ちが、ものすごく強くなったという。

堀江：それは例えばお祭りとか、そういう場の提供みたいなもので話しやすくなるというのとはちょっと違う？

水守：ちょっと違うんです。イベントとは全く違って、そのような心持ちに人がなるような。今、あまり話しやすくないじゃないですか（笑）。自然に、それが宗教者としての一つの大きな目標になっています。窮屈じゃないですか。［略］「スピリチュアル」とか言うと、拒否感があるような。だけど、もっと違う形で。

霊的なもの、死者の強い思いに心を開くようになってから、それを生々しく感じるようになった。これが「震災による信仰の変化」であるが、こういう話を否定されることなく自然に話せるように、我々の社会が変化することが宗教者としての一つの目標である、とまとめることができるだろう。

高次の霊、仏、神に関わる信念と体験

ここまでの霊的体験は、生きている人間と変わりがない存在としてとらえられた死者の霊と関わるものであった。一方、信仰者は、人間を越えたより高次の霊的存在、死者を救う仏、神への信念を強く持っている。それゆえ、彼らの霊的体験は、そうした信仰を持っていない人の霊的体験とは、おのずから異なってくる面がある。

スピリチュアリズム系の教団に所属する朝比奈さんは次のように語っている。

○○先生（教主）によると、［震災の犠牲者は］魂として亡くなるときは苦しかったけれども、亡くなった後は天上界に帰って行かれているとのことでした。それを聞いて、地上に残って苦しんだりしていないんであれば、それは本当にそうであってほしいなということ、そして天上界から亡

くなられた方を引き上げる魂が、例えば天使といわれるものがいて、見守ってくれているのかなというのをすごく強く感じました。［略］あの世から、天国から見守ってくれている魂はまた別にいて、有事の際というか、大変なときには手を差し伸べてくれるんだなというのを感じました。一方、手を差し伸べてくれても、その手を払いのけるような感じだと、なかなか苦しいのかなという。「天国なんてないんだ」みたいな感じでいると、もしかしたら天国に帰れないのかもしれないな、とか思ったりはしました。（朝比奈守さん）

朝比奈さんは自分自身、生と死の境目で九死に一生を得た経験が二度ほどある。その時以来、天上界の存在が見守ってくれているという感覚を持っていて、それがたとえ死に至ったとしても、守ってくれるに違いないと信じている。

スピリチュアリズム系のミディアムである深山さんは、天使の存在をヴィジョンとして見たという。

深山：震災の前日に私はちょうど仕事をして、仕事のちょうど合間に夕方、治療室を出たんです。出てちょっと近所まで用足しに行ったときに、空がぱあーっと赤かった。夕焼けに、まあ信じる信じないは別なんですけど、空一面に天使がいたんですよ。天使ね。いわゆる天使って、ほんと羽生えたような天使がいっぱいいいて。こんなに空いっぱいの天使を見たというのは、私は生まれて初めてだったんです。どうしたんだろう、こんな。天使ってそんな、私もたくさん見るタイプではないんです。特に天使好きではないので。でも、何でこんなに天使がいっぱいこの空にいるんだろうと思って。で、私はまた、「わー、すごい、世の中って天使でいっぱいなんだ、こんなに！」って、おめでたく思ってその日は終わったわけですね。後で思ったら、翌日震災だったので、そのときにいわゆる天使という霊的な存在が多分もう東北に向かって移動していたんだろうなという、何かが起きていたんだろうなというのは実感としてあります。［略］
堀江：ふーん。それは浄土宗で言えば、お迎えの…［浄土宗の僧侶でもある小川の方を向いて］
深山：浄土宗で言えば、お迎えの？
小川：お迎え…
堀江：来迎というやつですね。
深山：来迎というんですか？
堀江：ええ、「来」るという字に、「迎」える。
深山：迎える。それはやっぱりそういうスピリットが来るという考えなんですか？
小川：阿弥陀如来が来る、迎えに来るという…
深山：じゃあ一体ということ？　複数？
堀江：いや、絵ではたくさん…
深山：たくさんいる…
小川：ええ、観音様とかいろいろ引き連れて…
深山：あ、来るんだ。
小川：はい。
深山：それと同じでしょうね、多分ね。でも私のこの思考というか感覚を通して見えたのが天使であって、小川さんが見たら、「あっ、阿弥陀様！」となったかもしれませんね。

信仰者調査を通じて漠然と感じていたのは、浄土教系の信仰者とスピリチュアリズム系の信仰者との共通点である。いずれも、被災者はすでに高次の存在によって清浄な世界に迎え入れられ、救われているはずだという信念を強く持っている。スピリチュアリストはそのような存在を天使と表現し、浄土教系の信仰者はそれを阿弥陀仏等の諸仏として表現するかもしれない。

北村信法さんは、震災後の被災者とのふれあいを通して、また海辺でござを広げて念仏をする女性たちの念仏講に接触して、自らの浄土信仰を強化するに至ったと説明する。それは海へ行った人が還ってくるようにするのだと説明される。津波の犠牲者だけでなく、古くから船の遭難による死者もいたと思われる。また、震災後は、行方不明の遺体が揚がることへの祈念、あるいは海へ行った死者の心への思いが込められていたと北村さんは見る。同時に、こうした古い宗教的な営みが、自分たち外部の人間が入ることで息を吹き返した面もあるという。講組織や念仏講、巡礼路の再興などである。

私は自分のもともとの信仰がより強くなった気はします。もうこれがなきゃいけないというか、なくちゃ生きていけないぐらいのものだと思いました。それは人[被災者]に説いたことによるものもあります。それによってその人が、ずっと「そこにいるんですね」と繰り返し聞かれるわけです。

自分の大切な人はそうやって[浄土へ]生まれ変わってくれて、[同時に浄土から還って]そばにいてくれる人になるんだということを繰り返し尋ねながら、でも大事に思う人たちを見て、私はそれでよかった、間違いがない、古くからこうして信じられてきたのだと、その意味を改めて感じました。

特に岩手の場合、この○○の念仏が行なわれているのは、ほとんどが禅宗の信徒さんの間なんです。禅宗のお坊さんたちにとってみれば、「そんなことしないでくれ、禅なんだから」と言うんだけれども、もともとあの土地はお念仏をみんなしてきてるんですよ。それは禅宗であろうと、するんですよ。それは大切な人が明確に行くところを、彼ら、彼女らは経験的にそれを確認してきたんだなというのを感じるんです。

だから、それはもう宗派関係なく、そうしていのちというものが形を変えてそばにいてくれるということを感じているんだなというのを確信したというんでしょうか。観音霊場があって、守っているのは曹洞宗の寺院だったり、いろいろです。でもそこに書かれている歌は、極楽浄土へ生まれたいとか、観音様がお迎えに来るとか、いろいろな形で、迎えられて必ず救われていくんだということを祈っていることが分かります。

（北村信法さん）

北村さんは、岩手県の念仏講について、後から歴史的にも調べて、被災地に多い曹洞宗のもとでも民衆教化の手段として重視され、長い伝統があることを突き止めた。海辺での念仏は、七夕祭りなどに見られる海上他界観と関係があるかもしれない。また浄土に即往生するという信念が根づいていれば、死者は「未知の霊」としてさまようことがない。これはA市で見られたような「身近な霊」の体験の強さを説明する。それと同時に、故人が「ここにいる」という信念が被災者に見られたのは他界観と矛盾せず、浄土に先に行った人々が仏としてこの世に還って生きている人を導いているという信念と関係があるのかもしれない。

祈りの体験——震災を起こした神の悲しみと浄化

神道系の葉山光雄さんは、被災地に入ってしばらくして、朝の祈りのときに涙が止めどもなく流れるという体験をするようになる。それとは別に、ボランティアのためのマニュアルのなかに、ボランティアは二次被災者になるという説明があり、自分はそれに当てはまっていたと振り返った後で、次のように自身の体験を話す。

葉山：これは説明するのがすごく難しいんですけど、本当に普通に声を上げていたところから、スーッと通るような、反響するようなきれいな感じで、本当に上に上っていくような感じというのがありました。涙が無性にがーっと出てくる。一体これは何で泣いてるんだろうか。これはうれしいのか、悲しいのか、全く分からなかったです。自分自身で分かっていないのでどうお伝えしていいのか分からないのですが、そういう感覚でした。この話をある人にしたら、教祖が自分で書いたものの中に、「書いていたら突如として涙が流れてきた。悲しくなってきた。それは神様の悲しみがあなたを通して出てきた」というようなところがあると。［略］「ああ、そうだったのかな」と、「自分が泣いているんじゃなくて神様の嘆きがそこに現われた」というような感覚なんでしょうね。

堀江：そうしますと、被災者の悲しみというのと、亡くなった方の悲しみと、神様の悲しみと、あるいは御自分の二次被災者という形で、ある種同化していることによる悲しみというか…

葉山：いろんな要素があったんだと思うんです。これが被災地から帰って来てからもしばらく続いて、特に自分が御霊《みたま》様に向ける拝詞を読んでいるときとか、「復興祈願詞」「御霊追悼の祈り」

を上げているときに無性に出てくるということがしばらく続いて。

ここでは、被災者に感情移入して二次被災者になっているという文脈のなかで涙が流れる体験が語られたので、私はそれとの関連性を探ろうとしている。しかし、葉山さんとしては、それを「神様の悲しみ」としてとらえる。その前に、震災を教団ではどのようにとらえているかという質問について、次のような説明があった。

葉山：神様っていうのは、すでに天地自然の働きそのものであって、地球自身は、天地そのものも生きているわけですね。人間がこの世に存在する前から火山の働きとか、津波であったりとか、いろんなものがあって、人が住んでいないところでそういうものが起きると、それは災害とは言わないわけですね。そのあとから人間が住みだして、［火山や津波を］災害と捉えるんだけれども、何も人間を苦しめようとして、そういった働きがあるんじゃないんですよというところが最初にあって。でも、その中で、やっぱり、苦しんでいる人間がいることを神様は非常に嘆いておられるというようなところがありますね。

したがって、津波によって沢山の人が亡くなった悲しみ、失った悲しみを、神が悲しんでいるのを、葉山さん自身も祈りを通して感じたということである。

しかしながら、この説明だけでは、葉山さんの祈りと涙についての語りを表面的になぞったに過ぎない。「スーッと通るような、反響するようなきれいな感じで、本当に上に上っていくような感じ」という表現には、明らかに浄化のイメージが込められている。「うれしいのか、悲しいのか、全く分からなかった」という語りから、悲しみの契機だけではなく、喜びの契機も、この体験には含まれていることが分かる。
ここから先は、葉山さん自身も説明していないので、他の関連する語りをつなげて推測をするしかない。まず、葉山さんは亡くなった人への祈りについて、次のように説明している。
葉山：亡くなった方とかがおられると、私たちが、しっかりと御霊様に助かってもらえるように祈りをしていく。そうすると、そこで御霊が働くことができる。人間が忘れてしまうと、思いを寄せないと御霊様のお働きというものもちゃんと発揮できないというようなことは言われます。
堀江：そうしますと、「助かる」とはどういうことなのかという…
葉山：確かに、どういうことをもって助かるというのか、というのがありますね。忘れられてしまうというのは、たぶん、とても寂しいことだと思うんです。
この後、葉山さんの説明は、教祖に降りてきた神についての説明に移る。その神は祟り神として恐れられていた神だという。教祖は信心深く、また方角の吉凶に注意深く、その神がいる方角を気にかけていた。にもかかわらず、教祖の家族に不幸が次々と起こる。そこで、その神を祟り神と恐れて方角を避けることが、神への無礼になっているということに教祖は気づく。
葉山：死ぬときに吉とか凶とかあって死ぬのかと。人間が勝手に言っているだけでしょと。もちろん、そこに思いを寄せることは大事なんですが、それがすべてではないですよということなのかなと、私は解釈しているんですが。
堀江：助かるという経験というのは、神と出会うというか…
葉山：出会って、神を神と崇めてくれる。みんな、恐い恐いと、嫌だということから、神様に近しい感じというか、神様に対して、もっとお礼とか、ありがとうとか、もっと親しい感じとして。ただ、今までは恐くて避けてきた存在がそうではないということになるわけです。神はそれがうれしいと。神を神として崇めてくれるというのは、自分に気づいてくれるということでもあるのかなと思うんです。御霊としても、亡くなって自分のことを完全に忘れさられてしまうよりも、次の後々の人たちが、きちんとそこで思いを寄せてくれるというのは、やはりうれしいと思うんです。と私は解釈しておるんですが。

堀江：津波に関して言いますと、被災地で、「海を恨まない」ということをときどき聞きますよね。海と出会うというか、海は恐い海なんだけれども、ちょっと語弊はあるかもしれませんが、親しみまではいかないとしても、やっぱり海に生かされているという思いから、人々が危険な被災地へ帰って来るというのは、よく話で聞きます。

葉山：聞きますね。

堀江：何かちょっと重なるような気が、今しましたね。助かるということは、神との一体感というか、つながってる感覚を人間が回復していくことだという、そんなイメージでよろしいでしょうか？

葉山：そうなんだと思うんですね。本教でよく言われるのは、神あっての人、人があっての神、この関係の中から本当の助かりになっていく、これが切れたらいけないということなんだと思うんです。

ここまでのやり取りを読み直して、改めて思い出すのは「こころの絆」調査での被災者の回答である。「悲しいという気持ちも思い出していることなので供養の一つだと思う」という回答（八四頁）である。これは、悲しいと思うことが故人との絆にもなっているということである。葉山さんの涙には、悲しみが「生者↓死者↓神」と伝わり、逆に喜びが「神↓死者↓生者」へ伝わるという感情の循環が含まれているように思う。つまり、まず生者が死者を思い、悲しむ。死者もまた突然自らの生命を絶たれて悲しんでいる。しかしその背後には、神もまた自らの天地の自然現象によって人間の生命が絶たれ、多くの人がそれを悲しんでいることを悲しんでいる。それと同時に、その神の悲しみを自らの悲しみとして祈る人がいることを神は嬉しく思う。死者も、自らのことを忘れることなく、神と出会えるよう願う人がいることを喜ぶ。そうした思いが届いたと実感し、恐ろしいと思っていた神や自然や死者が、再び親しみ深く感じられることで、祈る生者の側にも喜びの感情が湧いてくる。これが葉山さんの体験した、悲しみと喜びを同時に含む涙の体験ではないだろうか。

スピリチュアリストの深山さんが、被災地に錯綜する残存思念（死者の過去の悲しみ）と実存思念（生者の悲しみ）と未浄化な霊の思い（死者の現在も続く悲しみ）が、祈りによって時間をかけて上からペンキを塗り重ねるようにして、やがて静まっていくと説明したこととも重なる。つまり、この場合の祈りとは、思いを寄せることによって一体感をもたらすもの、断絶（神＝自然と人間との断絶、死者と生者との断絶）による傷を癒してくれるものなのだろう。

霊・霊魂についての見解

慎重な態度をとる信仰者

「霊」あるいは「霊魂」のとらえ方は、日本の仏教教団では大きく二つに分かれる。一つは、肉体とは別のもので、死ぬと肉体から離れて実在する実体としての「霊魂」を否定するというものである。これは、仏教の無我説、つまり固有の本質を持つ自我を否定する教説と関連させられることもある。もう一つは、実体的なものとしてはとらえないが、何らかの「霊」的なものは認めるという立場である。しかし、この二つの立場は、実体としての霊魂は否定するという点で共通する。また、前者は霊魂を認めないものの、死んだらすべてが終わるとは考えず、「いのち」のつながりがあるとし、その観点から葬送儀礼を意味づける。

伝統仏教の僧侶ではないが、仏教系新宗教の教団職員である室山さんは、とくに霊的なものについて慎重な態度をとっていた。

死んだときには、いったんは一つの宇宙的な生命というか、大宇宙の中に解け込んで、そこから新たな生を受けるという捉え方なので、生と生の間で霊魂のような存在になってどこかをさまよったり、地獄や極楽に行ったりという生命観はないわけです。

当会の会員のなかで霊的体験をしたという話は、まず聞かない。もちろん皆無ではないかもしれない。仮に被災地で怪談のようなものが噂としてあったとしても、そういう目に遭った人なら当然の感じ方である。だが、それにとらわれるべきではない。むしろ信仰者として前向きに生きていくことこそ、追善回向になっていく。また追善回向の機会はグリーフケアになっている。亡くなられた方が見守っているという表現も、悲嘆に暮れている人への言葉としてはあり得るかもしれないけれども、基本的な考え方としてはすべてが大生命でつながっているととらえる。
自分の母も、時々父の夢を見たと話してくる。それには「別に出てきてもいいじゃない、何か困ることでもないでしょう」と、答えている。そういうことがあってでも何の不思議もないと。「だけど、亡くなってもう七年もたつんだから、今ごろどこかでね、生まれ変わって元気にどこかの小学生になっているかもしれないよ。だからお母さんも元気出して頑張ろうよ」と言う。これは、別に仏法でどう説いているとかいうことではなくて、子どもとして母親を励ましているという話である。

（室山健治さん）

この教団は、特に霊的なものについて否定的な態度をとるが、生命という概念をキーワードとする。教団発行書籍では、霊的現象のように見えるものは生命としてつながっているから起こると説明している。しかし、室山さんはこうした説明に対しても慎重で、あくまで先のように悲嘆に暮れている人を励ますための「言葉」「方便」としてとらえる。

伝統教団の僧侶の三宮さんも霊的なことにこだわるのはどうかとし、「幽霊」などという言葉は被災者も身内のことを指すのに使ったりはしないと指摘する。「幽霊」話ばかりを集める調査研究そのものに懐疑的である（本調査はそのようなものではないということはご理解いただいていると思っている）。代わりに、亡くなった人の「思い」、生きている人の「思い」として尊重するという態度をとる。

霊を認める仏教者

しかし、この室山さんと三宮さんの二人を除くと、他の五人の仏教系信仰者は多かれ少なかれ、霊を認めているようだ。不可知論的な態度から実在論的な態度へ、次第に移り変わるように並べてみると次のようになる。

自分自身は霊感がないものの、いる、見えると言ってくる人がいるなら否定はしない、霊が成仏しているかどうかと聞かれれば成仏していると信じて念仏をしに行く。（横森雅良さん）

死後の世界や霊魂はあると考えた方が説明はつくものの「幽霊」「地縛霊」といったとらえ方は違うと思う。（橋本峰雄さん）

宗派ではないことになっているが、霊・霊魂を経験している。（田中賢治さん）

日常的にご祈禱をしており、霊的な世界があるということは間違いないと感じている。（正田玄光さん）

浄土の菩薩として来てくれている。（北村信法さん）

東北の被災地でもっとも多い宗派は曹洞宗である。曹洞宗は、心身一如の立場から、身体とは別個の実体としての霊魂は否定するという立場を、とくに近代以後強く説いてきた。しかし、すでに見てきたように、近代以前から、また近代以後も、様々な死者儀礼（念仏講、拝み屋による口寄せ）が並行しておこなわれており、実際の被災者たちは、死後生について肯定的である。また、私が接してきた限りでは、被災地の僧侶たちのなかには、教学と実際の民衆の信仰との乖離を強く意識している人が多い。曹洞宗自体が震災を契機として変化してきており、日本社会全体の高齢化もあり、霊魂に対する態度を問い直す流動的な時期にさしかかっている（堀江　二〇一五ａ）。

すでに高橋原の執筆章でも明らかなように、曹洞宗に限らず多くの仏教者は、霊的体験について相談をしてくる人々の語りをまずは傾聴し、受容する。その上で求めに応じて、何らかの儀礼をおこなう。それは、死者のためというよりも相談を持ちかけてきた生者のためだという説明をする人も多い。

その立場から見ると、被災地外から支援活動におもむいた僧侶たちは、霊的なものに対して肯定的な人が多いと言える。もともとの考え方だと説明する人が多いものの、北村さんのように被災地での活動を通して強化された面はあるだろう。

多宗教の信仰者の共通言語としての「霊」と「魂」

神道系、スピリチュアリズム系は、死後生、霊の存在をごく当然のこととしている。スピリチュアリズム系のミディアムは、どちらもC市の被災者の求めに応じて、亡くなった人の言葉を伝えることを明確に目的として訪れている。朝比奈さんの教団は内紛・分裂を経て、「霊」ではなく「魂」という言葉を使うように切り替え、ことさらに霊的なことは強調しないという雰囲気が強いが、それでも霊信仰は基本である。

水守さんもすでに見たように、慰霊を第一の目標とし、魂や霊に正面から向き合える宗教者になることを目指している。葉山さんは亡くなった人はあの世に行くのではなく、この世に留まると考える神道系の信仰の持ち主で、はからずもA市の住民たちに見られた「ここにいる」という考えに近い。

ただ、神道系なら霊について語りやすいということはないと水守さんは言う。霊を前面に押し出す人もいるが、まったくそうではない人もいる。むしろ、被災地で他宗教(水守さんから見て)出身の人、その多くは仏教者だったが、彼らと多宗教からなる活動をおこなうなかで、震災や被災者や死者に関するコミュニケーションをするようになり、霊や魂のことを話せる人の割合が圧倒的に多いと感じたという。多宗教で話すときは、自らの宗教の専門用語は使えない。おのずと震災に関して自らの考えや主観的に感じたことをベースとして話す。そのなかで、「霊」や「魂」について移動中の車内などで自然に語る機会が得られたという。

それに加えて現地の被災者との相互作用がある。遠方から被災地支援に訪れた信仰者は、すべてではないが、現地の被災者との語り、また周囲の他宗教の信仰者との語りのなかで、霊についての信念を強めた人が少なからずいる可能性がある。

霊的体験への対応の仕方

憑依への対応――あくまで普通の被災者の霊として

一方、霊現象、特に憑依に悩まされる被災者については、もともとの精神的不調がある人、もともと霊感がある人、思い込みでそう感じている人が多いというのが、信仰者たちに共通する見方である。これは前章までの「こころの絆」調査での聴き取り、私自身の観察とも一致する。加えて被災者ならではの苦悩や悲嘆（生活再建の見通しが立たないなども含んだ）が背景にあるという見方もある。それゆえ、まずは時間をかけて傾聴することが大事で、それだけでもかなりすっきりする。その上で、求めに応じて何らかの儀礼をおこなう。

また、それまで被災地外でおこなってきた強制的な浄化儀礼、「お祓い」「祈禱」など呼び方は様々だが、憑依している霊を強制的に取り除いて浄化し、成仏させる儀礼を必要とする事例は、被災地ではなかったという声が多い。震災の死者も普通の被災者なので、特別に強い恨みなどを抱いて取り憑くことはないと正田玄光さんは言う。正田さんはある種の専門的なご祈禱をする方で、霊的なものを感じることもあるが、被災地では予期せぬ出来事で突然亡くなったために状況を理解できない人がいるだけだと感じている。

北村さんは、宗教者のなかにも、祟りなど悪いことを吹き込む人もいるので次のような働きかけをしたという。

堀江：そうすると、より具体的な心霊体験の話になると、自分の親しい人がこんな悪いことをする訳がないというお考えが、北村さんの中では結構強いんですね。

北村：あります。

小川：祟りよりも、お陰というか、ある種の見守りとか、そういったもののほうが強いんじゃないかということですね？

北村：ですね。「祟る人なの？」と聞くと、「いや…」と言うんですよね（笑）

堀江：確かに（笑）

北村：今はギルティな気持ち［罪悪感］とかあるとは思うんですけど、だからといって祟る人になっちゃうのかどうか。思いのかけ方で全然、その大事な人のイメージが変わってくると思うので。悪く考え過ぎる人がいて、周りから話を聞いてやってよと言われて、話を聞いたことがあります。「どう思いますか」と聞かれたので、「そんなに悪い人だったんですか」と問い返してあげるようなことはしました。やっぱり後で聞くと、「悪いことがあるのは、亡くなった誰かがちゃんと供養されてないからだ」とか言われていたということなので、「そういう脅しは聞かなくていいですよ」というふうな対応はしました。

堀江：悪い人じゃなくても、「困っているので頼ってくるんだ」みたいな言い方をする人もいると思うんですけれど、北村さんの場合は、そういう言い方もしないということですよね。やっぱり往生する、極楽に行かれているはずだという信仰のほうが強いということですよね。

北村：はい。むしろまだいるんだったら、いてもらえばいいんじゃないですかという話です。

死んだからといって、人格が豹変するわけではない。生者と死者とで分け隔てることはないという考えは、多くの信仰者に共通する。祟りを強調する霊能系信仰者も、被災地（特にC市）にいるようなのだが、私は今のところ、そういう人には出会っていない。

神道系の信仰者の場合も、高橋原の予備調査に協力してくれたある神職は、そもそも震災前から亡くなった人が災いするという相談事例は少なく、生き霊の方が多いと述べている。葉山さんは神道系ではあるが、「祓い」の概念は教団が国家によって神道として位置づけられたときに取り入れられたものの、本来は教団になくて、御霊に思いを寄せることによって御霊が立ち入ってゆく（御霊としての働きを発揮してゆく）とする。またスピリチュアリストの深山さんは、スピリットが来るときは「自分は元気」ということを伝えるためで、「浮かばれていないからお経を読んでくれ、線香を上げてくれと言ってくることはまずほとんど基本的にない」とのことである。また、憑依についてはいくら祓っても対症療法であり、本人の側にある根本問題が解決されないとまた同じことが起こる、と見る。

例外とも言えるのが、スピリチュアリストの花村さん自身の体験である。

花村：確かそこラップ現象［家屋などから発される物音］がすごくひどかったところだったんです。夜、全然寝られなくて。そのときも変な霊聴があって、いろんなことがずっと聞こえてくるんです。それを話していたら、ヒーラーの方が「どうしました」と、「こうこうしかじかで」と。そしたら第一声が「除霊しましょう」と言われたんです。除霊マントラというのがあるんです、マントラの中にも。それを唱えていただいて。それで何か体がこういう感じだったんです、自分がコントロールできなくて。意識はあるんですけど全然コントロールできない。それがふっとなった［治った］ときに、「ありがとう」と聞こえたんですよ。それで「あ、抜けた」と言われたので、除霊されたんだなと初めて気が付きまして。その後に手がこういうふうにこわくなっちゃったり、がたがたがたって、しばらく三〇分ぐらいそんな状態だったんですけど。後になって聞いたら、ヒーリングで除霊を受けた人にはそういう現象が起こるらしいです。

このケースは花村さんがもともと霊感のある人だったこと、ミディアムの研修中にも三～四回は除霊マントラを受けたことがあると話していることから、他の宗教者が考える強制的な浄化儀礼というよりは、ヒーリング（癒し）の一種としてとらえた方が良いだろう。「除霊」という言葉は使われているものの、被災者が恨みを持っているわけではなく、花村さんを頼り、結果的に「ありがとう」と言い、立ち去る程度のものだったと見られている。

では、花村さんの身に起こったような憑依に近い現象はあくまで例外的なのだろうか。ここで第三章のボランティアへの憑依のところで取り上げた被災地近辺の神道系の宗教者である、甲田篤さんの語りを紹介しよう。それは、被災地外から来た信仰者より生々しい光景を物語る。

憑依は存在を認めてほしいと思っている霊が起こす。憑依されるボランティアの方は優しい性格の人が多い。霊の方は、この人なら分かってくれそうだと思う。霊に憑依されると、まず風邪の引き始めのような冷たい寒気がして、次に頭が痛くなる。吐き気や、咳き込むという症状が出る人もいる。そのようにして一人の霊が憑依すると、他の霊もそれを見て、憑依ができると知り、憑依してくる。そこで、多数から憑依される形になることが多い。

そのような状態になった男子高校生がいた。「どこか行ったか」と聞くと、被災地でボランティアをしたという。憑依していた霊も高校生だった。「僕、まだ生きていたのに」という。建物のなかで動けず、気づいてもらえずに、救助されず、苦しみながら亡くなった。死んだことに納得がいかない様子である。しかし、憑依する霊というのは、薄々、自分が死んでいることに気づき始めている場合が多い。それに納得できず、自分の存在に気づいてもらいたいと思っている。

私自身は、祓うのではなく癒されるようにと祈る。具体的には、憑依されている人の手を握ったり、背中に手を当てたりして、○○経［教団特有の祈りの文句］を唱えながら、その霊の御父母様《おんちちははさま》を祈る。それは、この高校生の霊のように、若くてまだ親が生きているかもしれないとしても、である。その霊の父母、さらには代々の先祖にまでさかのぼって、究極的には親神［人類全体の親と言えるような神］に助力を求める。それが祈りの所作の中では抜かせない。決して自分の力で救おうとはしない。あの世とのつながりの中で、計り知れない大いなるものによって癒されてゆく。自分は取り次ぐというのでもなく、ただ心を無にして「共に祈る」だけである。

甲田さんは、霊的現象の相談に当たっている被災地近辺の宗教者で、私がアクセスすることのできた数少ない方である。しかし、前述のような祈りをする過程で、憑依している霊が結果的に自分自身に乗り移る形になってしまう。つまり、甲田さん自身も、「憑依されるボランティア」になってしまう。この二年後に再び連絡を取ると、自分自身も相当に霊を背負ってしまい、体力が持たないので、もうボランティアには入っていないとのことだった。

甲田さんの話に出てくる憑依する霊は、しかしながら東京で祈禱をしている僧侶の正田さんが言うように、突然亡くなったために状況を理解できない霊であり、特別な恨みを持って祟るような霊ではないようである。

拝み屋による対応

一方、宮城県のC市には「拝み屋」がいるという情報を聞くことができた。「こころの絆」調査の段階では、辿り着けなかったものである。口コミが中心であまり表には出てこないとのことで、ある程度、地域に入り込まないと見えてこないものなのだろう。彼らは自分たちで霊を祓うようなことをせず、寺や神社でお祓い、祈禱などの儀式をおこなってもらうように勧めるという。

花村さんは、C市にも拝み屋はいるが、霊が未浄化だから供養するよう熱心に勧めてくると聞いたという。その拝み屋のもとで「遺体が揚がらないのはあなたの供養が足りないからだ」という趣旨のことを言われて腑に落ちなかった被災者が、スピリチュアリズムのミディアムが来るとのことで花村さんに相談をしたという事例がある。

花村：あと、助けてくれと「言っていると」言われた人もいて、ご遺族の方が。亡くなられた方がそう言っていると。「助けてくれ、助けてくれ」と。それで結構困っちゃった人がいてね。
堀江：でもそれは、花村さんが感じていらっしゃるリアリティとは全く違うわけですね？
花村：真逆ですよね。だからびっくりします。何度も念を押されて、ほんとに大丈夫ですか、ほんとに大丈夫ですかって。
堀江：じゃあその相談者の方は、非常に強い言い方をする拝み屋さんのところに行って、それで不安になって花村さんのところにもいらっしゃって…
花村：そうです。
堀江：結局、亡くなった方は今どうなっているのかということを、本当のこと、真実を知りたいということですね。
花村：そうです。はい。
堀江：それで花村さんのお伝えしたことは、もうすごく元気…
花村：うん、明るいですねと、にこにこしていますよということで、そうしたら、「え？」という感じでね、拍子抜けされたことがありましたけど。
堀江：それでその方は納得されたんですか？
花村：まあ、証明を出してくれるので、亡くなられた方が。やっぱり故人の癖とか、生前こんなことあったよねとか言ってくれるじゃないですか。そこで初めて信じてくださったりとかかね。証明がないと信じてくれないです。あと名前。名前が結構信用してくれるかな。霊聴ですけど。

他方、拝み屋と宗教者で役割分担があり、前者が後者を紹介する流れがあるという話を、主に高橋の調査で何人かの宗教者が証言している。ある僧侶によれば、C市の拝み屋について、だいたい「先祖の祟り」か「未浄化霊の祟り」の二パターンしか言わず、最後は寺で供養してもらえと相談者に言う、とのことである。拝み屋と宗教者の間には接触がなく、つまり業務提携やバックなどがあるわけではない。拝み屋自身は伝えるだけ、祓うのは宗教者という感じである。おそらく過去のクライアントの口コミから、あそこなら大丈夫そうだと思って紹介しているのだろう。そのことから推測すると、本人が稼ぐために供養をすすめたのではないことになる。

この拝み屋と宗教者との分業関係は、前項で紹介した甲田さんのケースを思い出すとうまくできているとも言える。甲田さんは、自分自身で霊を感じ、瞬時にどのように対応したらよいのかが心に浮かび、そして手を当てて癒しの所作を踏んで、相談者と共に祈りを捧げる。いわば、霊能者と宗教者を一人二役でおこなっている形である。その結果、前項でも述べたように自分自身が憑依されることもあり、それを承知の上で宗教的実践をおこなってきた。拝み屋が自分で祈禱やお祓いをせずに、僧侶や神職を紹介するのは、甲田さんのように憑依されることを避けるためかもしれない。逆に、僧侶の多くは霊感がなく、霊にとらわれるべきではないという仏教の教義によって距離を保つことができる。霊にとって何らかの効果があると経験上分かっている儀礼をおこなうだけなので、霊の影響を身に受けるということはない。

いずれにせよ、ミディアム二人は、未浄化な霊の存在を認めつつ、家族のもとに来る被災霊はみな霊界で元気であると伝え、むしろ生きている被災者を心配していると伝える。遺族が心配で未浄化なままで霊界に行けない事例も、実はあるようなのだが、被災者にはそのようにダイレクトには伝えないようだ。もし「あなたの悲しみがあまりにも強すぎて、心配で霊界に行けない」と伝えたとしたら、「あなたのせいで霊界に行けない」と受け取られ、「あなたのせいで浮かばれない」と伝える拝み屋と同じになってしまうだろう。そう考えると、実は拝み屋とミディアムは、同じような事柄をとらえているのだが、伝え方が違うだけという可能性もある。ただ、前者は不安を募らせ、後者は安心させるという違いは、相談者にとって大きい。

行方不明者の遺体への関心

被災者の相談事で、いわゆる霊能力者的な人物に持ち込まれることが多いのが、行方不明のまま遺体が揚がらないという悩みである。ずばりどこにあるのかを教えてほしいという相談もあるようだ。深山さんや花村さんによれば、亡くなった人は自分がどういう風に亡くなったか、遺体がどのようなところにあるかは分かるが、それが地理的にどの場所なのかは伝えてこない。例えば、泥のなかに自分の遺体があることは分かるけれども、それがどこなのかを伝えられないと説明している。そのような相談に応えられるのは、通常のミディアムではなく、犯罪捜査などに協力しているような能力者だという。

遺体が揚がるかどうかは、供養の際の重要な絆とも言える遺骨があるかどうかに関わるので、遺族にとってはかなり気がかりなことである。これも海洋散骨を希望するような都市住民の理解を超えた重要事項である。

二〇一九年に私がフォローアップ調査で訪れたA市の山間の寺院の住職は次のように語っていた。

悲嘆の状況は、今も変わらない。とくに遺体が見つからない人、遺骨がない人はそうである。毎日風呂で兄に「帰って来い」と言っていた男性は、地引き網で遺骨が見つかった後は、そのようなことを言わなくなった。

遺体が見つからないために葬儀ができず、一周忌ギリギリの月まで葬儀ができない状況の遺族がいた。息子を亡くしたお母さんだったが、下手なことを言ったら［もう亡くなったと認めて葬儀をあげましょうなどと言ったら］怒られそうだった。それでも、一周忌になる前にということで葬儀をあげることになった。すると葬儀のあとは優しい顔になった。

寺に、長崎から来た霊感の強い四〇代くらいの女性が一、二年滞在していた。高校の教員をしていた行方不明の娘さんが見えるという相談をしてきた男性に対して、その霊能者は、「娘さんきれいな人だったんだね。お父さん、最近太ったと言っているよ。膝が痛いのを心配している」と伝えた。それらは家族にしか分からないことであった。「帰って来ている、お父さんのそばにいるよ」と霊能者が伝えると安心して帰った。「亡くなった人は苦しんでいるんじゃない、そばにいる」と言ってもらえたら家族は嬉しい。もともと霊はあるとは思っていたが、震災を経て確信した。

寺ではかつて四〇〇人の身元不明の遺骨を預かっていた。その霊感のある女性によると、霊は、昼はこの寺にいるが、夜になると帰ってゆくそうだ。自分は、魂は必ず家族のそばにいると思っている。昼間はここに来ることもあるということだろう。その身元不明の遺骨も、今は一一名のみとなった。他は、家族のもとに帰ったということである。

遺体を捜している人たちは今でもいる。でも、供養や葬儀はもう済んでいる。今はもう海から発見される「遺体」は、「遺骨」の状態になっている。鑑定をして本人と分かる状態である。かつては苦しい海[「苦界」は衆生が苦しむ現世のたとえでもある]だったかもしれないけれど、今は遺骨となって、母なる海に抱かれて、安らかに眠っていると考えられるのではないか。

（二〇一九年八月八日）

この最後に出てきた考え、行方不明のまま遺体が見つからないとしても、すでに遺骨になっており、母なる海に抱かれて、安らかに眠っているという考えは住職独自の考えである。それは、かなり思い切った発想の転換と言えるかもしれない。というのも、遺体が発見されなければ、正式な供養ができず、故人も浮かばれないというのが通常の発想だからである。海上他界観があるのではないかと思い、確認したところ、同じA市ではあるが、七夕祭りがおこなわれる地区よりも、かなりの山間に寺院があるせいか、周辺では霊が海に帰るという発想はない、とのことだった。とはいえ、住職のもとに相談をしに来る被災者は、海に近い場所に住んでいるだろう。住職の説明が彼らに受け入れられているのは、すでに葬儀や法要をおこなっているということに加え、海上他界観を感覚的に持っていることもあるのではないか。

なぜ東日本大震災では「幽霊」が出るのか

この、行方不明で遺体が出てこないということと、きちんと葬儀があげられない、供養の依り代となるものがない、供養が進まないということと、「幽霊が出る」という噂との間には何らかの関係があるかもしれない。実際、そういう観念は、被災地の一部で共有されているようである。しかし、もう一方では、故人の霊は家族とともにあり、幽霊などになっているはずがないという考えもある。

この二つの考えの葛藤を示すのが、やはりフォローアップ調査で訪れたB市で出会った語り部ボランティアを務めている女性、津波で幼い息子を亡くした女性の話である。録音をしていなかったので、女性と別れた後にすぐに取ったメモを再現したものである(この話を掲載してもよいという許可は得ている)。

私が共同研究者の高橋原とともに、霊的な体験についての調査をしていると自己紹介をすると、女性は少し怒ったようにこう言った。

「新聞記事で「幽霊でもいいから会いたい」というのがあったの。Bにはオバケが出るという内容だったんだけど、とんでもない。うちの息子はオバケじゃない。阪神・淡路大震災では幽霊の話なんて出なかった。なのに、なぜ東日本大震災では出るというのか。幽霊が出ると言われるのが悔しくて」

ここで高橋は、火に油を注ぐように「津波だからですよね」と述べた。その意味は、すぐに伝わったようだ。

「なんで遺体が行方不明だと成仏できないって話になるのよ。自分の身内だったら、そんな風に言わないでしょう」

この「身内」という言葉は、我々が考えてきた「身近な霊」に対応する。それを「未知の霊」

のように扱うはずがないだろうという意味である。

「Bから離れて仮設住宅に住んでいる人が、Bがどうなっているか分からないので、そういう話をしているのよ」

この女性の言葉は、まさしく「こころの絆」調査に関する私の考察と一致する。そこで、私が「Bの仮設住宅の状況は確かにそうでした」と伝え、「A市では、幽霊話といっても、身近な霊に関するもっと親しみのこもった話が多く聞かれました」と伝えると、女性は我々の調査研究とまったく同じように地理的要因を分析した。

「Aは、もともと住んでいた場所が仮設住宅から見下ろせるでしょ。その違いが大きいと思うわ」

私は先に取り上げたA市の僧侶の話を女性に紹介した。「行方不明者をどう考えるかなんですけど、Aのあるお坊さんは、行方不明者も海に抱かれて海と一体になった、それで葬儀や供養をしたのと同じだと考えることもできる、だからたとえ遺体が揚がらなかったとしても、それでは成仏できないと考えなくてもいい、と思うようになったそうです」

「Bの場合はね、引き波がなかったので、行方不明者はみんな、瓦礫の下に埋まっていると思っているのよ。私は今××に住んでいるけれど、家族が行方不明の人から、「ようちの家族の上に住んでいられるな」と言われたことがあるわ」

ここにもAとBの違いがあったと思い知らされた。B市でのかさ上げ再建か集団移転かをめぐる住民間の対立は、行方不明者が浸水域に残っているということとも関係していたのである。

女性は、息子の骨をペンダントに入れて首にかけていると説明した。これはきちんと遺骨が手元にあり、行方不明ではなく、供養しているということを我々にアピールしているのだと理解した。したがって、「幽霊」や「オバケ」として他人のところに出るわけがない、と。

「でも、息子は私の夢に出てこないのよ。他の人のところには出てくるのに」

これは私の話した「身近な霊」の体験に当たるものが自分にはないという嘆きと、他人のところに出てくるということをどう理解すればいいのか、という問いかけを暗に含んでいる。

「あるシンガーソングライターがいるんだけど、その人のところに出てきたって連絡があった。人に言っていないような話も出てきた。あと、沖縄のユタの孫だっていう人からは、そこにいるのが見えると言われた。こういう風に、「私は見える」と言ってくる人が色々いるけど、多くは偽物。デタラメを言っているので。でも、たまにこれは本当だなって思う人もいる。それで、死ぬのは怖くなくなった。お父さんが亡くなるときに、「早く〇〇(息子の名前)に会いに行って」と言ったら姉に怒られちゃった」

これは、多数の自称「霊感がある人」から話を聞いて、死後の世界があって、息子はそこにいる、と確信したという話であるように思えた。しかし、揺れ動きが見られた。

「死後の魂については、こればっかりは死んでみないと分からない。死んだら息子は戻ってくる」

私は、危ういものを感じて、こう話した。

「何人かのスピリチュアリストの方から聞いた話なんですけどね、夢に出てきてほしいと強く願っているのに、その人の夢には出てこなくて、他の人の夢には出て何かを伝えてくるということは、よくあるそうなんです。それはどうしてかというと、その人の夢に出たら、後を追いかけて死にたくなってしまうのではないかという心配があるからだそうです」

もしかして女性は早く死んで息子に会いたいと思っているのではないか、というのが私の懸念だった。こう話すと、女性は涙を流してそれを認めた。

「実は私も、何度も死んだ方がいいと思っていた。そう思っているうちは、夢に出てきてくれないのかしら？」

「そうだと聞きました。早く死んで会いたい、と思わなくなったら、もしかして夢に出てきてくれるかもしれませんね」

女性は複雑な表情を浮かべながらも私の言葉を繰り返し、次の仕事に向かわなければとのことだったので、私たちは謝意を伝えて別れた。

実は、このような例は、「こころの絆」調査の過程で聴いていた。それもやはり娘を亡くした母親であった。

僧侶の橋本さんは、震災前から夢に出てこないという相談は多く、たいていは悲しみが強すぎる人だと観察していた。そして、自分にフタをしているのではないかと分析していた。これはミディアムの言う「希死念慮」説より、悲嘆への防衛反応だという心理学的な解釈に近い。

読者は先のやり取りを見て、まるで私自身が宗教者や霊能者のように、「息子さんはお母さんが自殺するのを心配して夢に出てこないのだ」と断じているように思われるかもしれないが、これはあくまで、そう考える人もいるということを伝えたまでである。

ある事柄を、別の角度からも見られるということに気づくと、現実がその都度姿を変えて立ち現われる。この女性は語り部のボランティアをしているため、多数の来訪者とのつながりがあるようである。一方では、その来訪者に自分の体験や思いを伝え、息子の記憶が多くの人に語り継がれることを希望している。のみならず、もう一方では、新聞記事について抱いた憤りや、霊感があるという来訪者の話、その真贋を見極めながら受け入れていることなども私たちに伝えてくれた。語り続けることで死にたいという思いを留めておき、そうして震災後に様々な人と出会い、その場で語られたことを反芻し、またそれを誰かに語ってゆく。このように傷つきながら、その後を生き、息子を亡くした自分がなお母親として生きる意味を探求している。彼女は、アーサー・W・フランクの言う「傷ついた物語の語り手」「探求の語り」の語り手と言える(Frank 1995)。

したがって、やや複雑になるが、私は女性の物語をミディアムの視点を持ちだして一方的に語り直したというより、彼女に探求の素材を提供したと言える。つまり、私の語りも、彼女の語りのなかで吟味され、その真贋を見極められ、受容可能なものだけが、彼女の物語のなかに回収されてゆく。そのように、様々な語りを吸い込んでゆく希有な語り部である彼女に、私もまたすでに知っている物語を伝えたまでである。彼女がどのように語っても、また「霊感のある人々」や「大学の研究者」がどのように語ろうと、息子がどのような思いでいるのかという謎は決して明らかにならない。その謎を探求し続ける間は、彼女は死なずにすむ。つまり、彼女の生の語りは紡がれてゆく。彼女にとって息子の記憶は決して消えず、悲嘆も決して消えない。それを語り部として語るという役割は、彼女が生きている間はなくなることがない。それは震災から何年経っても変わらない。そして彼女の語りを聴いた人、また本書を通じてその語りに触れた人が何かを感じ、また何かを伝えることになるだろう。ここにはある種の「継続する連帯」がある。

死者と生者の「継続する連帯」へ

調査をまとめるなかで、私の頭にぼんやりと浮かんできたのが、この「継続する連帯」である。これはもちろん「継続する絆」にヒントを得ているのだが、それをさらに発展させた概念である。「絆」は東日本大震災以後、確かに強く語られてきた。見ず知らずの支援者が被災者に手を差し伸べるときに語られる「絆」からは、自己責任論を超えた利他愛の新しい形が見えてくる。海外の人々がソーシャル・メディアで日本のために祈り、それに励まされた日本人が、海外で災害が起きたときにいち早く支援を申し出るという絆もある。しかし、これらは絆というより、距離を保ちつつ共感と祈りによってつながる「連帯」と言った方がよいのではないか。

というのも、絆という概念は、しばしば無言の同調圧力として作用することがあるからだ。たとえば震災への対応や震災後の復興に当たって、共同体が「絆」の名の下に、ある一つの方向へ進もうと一致団結しているときに、それに異を唱えることは難しい。絆に当たる英語の「ボンド」という言葉には、「接着剤」という意味もあれば、「かせ」という意味もある。つまり、密着型の同一性と、それから外れることを許さない、外れるなら出て行けと迫るような排他性が含意される。

死者と生者との「継続する絆」にも、そのような要素はある。悲嘆や服喪の文化的パターンへの服従義務を含み、先祖あるいは記憶のある近親者のみを祀る一方で、「未知の霊」は恐れ、遠ざけ、好奇の目を向ける。「未知の霊」の包摂という課題は、「継続する絆」よりも「継続する連帯」という概念となじみやすい。「連帯」という言葉は、上下関係のイメージではなく、個別の人格を持った者同士が、違いを尊重しながら横並びで連なるイメージを持つ。

もちろん死者と生者の間には、肉体を持つか持たないかという違いが厳然としてあり、それに帰因する非対象な関係がある。かつての先祖祭祀、先祖供養には、死者が生者を脅かしかねないという観念が含まれる。そこで、生者は死者を慰める。だが祭祀を続けるかどうかは子孫に委ねられる。生者が祭祀を怠ることは、死者にとっては消滅の危機を意味する。そのような状態が続けば、生者が気にしていなくても、死者は何らかの形で祟る可能性がある。このような、一方的関係、あるいは双方向だとしても暴力的な関係が両者の間にはあった。それは「拝み屋」に顕著な観念である。これに対して、被災地の宗教者も、被災地外からの信仰者も、また被災者自身も、このような暴力性をはらんだ死者・生者の関係とは異なる状態を模索していた。つまり、この世とあの世とで離れていながら、並列的な存在としてつながっているという「連帯」のイメージである。

この死者と生者の連なりは、二者関係で完結せず、更なる連なりに開かれてゆくというイメージを喚起する。それは「身近な霊」との継続する絆を、死者側においては「未知の霊」との連なりに開く。さらには甲田さんの、憑依霊の父母に祈るという実践に見られるように、「未知の霊」にとっての「身近な霊」との連なり、やがては人類全体の親神との連なりにまで開いてゆく。生者側においては被災地外の支援者との連帯に開く。この第五章までで見てきたのは、まさにそのような「継続する連帯」あるいは空間的に言えば「拡散する連帯」であった。

死者と生者の連帯を示す事例は、すでに数多く見てきているが、まだ十分に論じていない。それは死者という存在が持つ三つの特徴によって構成される。第一に死者が肉体を持っておらず、生者から決して手が届かないという、死者の他者性がある。両者の間に絆があるといっても、この壁は乗り越えられない。逆に、乗り越えてしまうと、実は死者を都合のよいように表象しているだけかもしれないという疑いが生者の側にも生じてしまう。第二に生前の個性をそのまま引き継いでいるという死者の人格性がある。これがなければ、例えば雲散霧消しているとか、人間以外の生物や植物に転生しているとか、化け物になったなどと表象するならば、連帯は困難となる。時代や地域によってはこうした死者表象がありえるが、その場合、今回の震災で見られたような死者と生者の連帯はイメージされにくくなる。第三の特徴は、死者と生者の間には決定的な違いはなく、互いに相手を見守り、寄り添い、気づかう（ケアする）関係だという場合の死者の社会性である。これがなければ、死者と生者は互いに没交渉なので、本書で扱っているような霊的体験は話題にすらならない。

これら三つの死者の特徴、他者性、人格性、社会性が、死者と生者の「連帯」を成り立たせる契機となる。ごく簡単に言えば、違うけれど同じところがあり、関係し合っているということである。違う存在様態だが共通した特徴がある、あるいは違う場所にいるが同じような目標を抱いている、そのために関係し合っている、とも言える。完全に癒着しないものの両者がそれぞれの個別性を持ちながら、連動しているイメージである。こうした連帯は、生きているものの間にも普通に見られるし、それならば死者の間にも成り立ちうる、と思い描かれる。以下、死者と生者の連帯について、場合によっては生者の連帯、様々な死者の包摂・連帯について、信仰者がどのように考えているのかを示そう。

苦を通しての連帯——仏教系信仰者の場合

共同調査者の小川によれば、本章の信仰者調査で話を聴いた仏教者は、死者も生者も苦の状態にあるとし、自分たちの支援活動をそれへの対応として教義的に意味づけている、とまとめられる(小川二〇一六)。これは、私の言葉に置き換えると、死者と生者の連帯の縁《よすが》は、どちらも「苦」にあるということになる。ただ、このまとめだけを読むと、津波で亡くなった人と被災者を僧侶が救済するように読めてしまう。しかし、小川が「対応」という言葉で意味しているのは、救済ではない。記録にさかのぼってみよう。

田中：どこに救いがあるのかと思うと、ほんとに理不尽ですよね。［略］みんな、もがき苦しんで亡くなったわけですし、周りの人は今でも苦しんでいるわけですからね。生まれ変わってどうのこうのなんていうことも、私は言えないですし。あれだけの苦しみの後に救いがあるのかと、ご遺族や亡くなった人が「ああそうなんだ」と思うかなと、思っちゃいますよね。

田中さんは「救いがあるのか」と重ねて問うている。仏教の立場としては「救いはある」と答えるべきなのだが、「いや、救いなどない」という反語として問うている。それが被災者の立場である。田中さんは救済を説くことを躊躇し、ともに苦しむ姿勢を見せている。つまり、小川のまとめた「対応」とは、「救い」ではない。一緒に「救いがあるのか」と思い悩むことである。正田さんは、それを宗祖の姿勢と重ね合わせる。

堀江：今回の震災について何か宗教的な意味づけというのはご自身の中でされていますでしょうか。例えばですけれども、○○宗関係ですと、こういう震災とか災害をある種の国難と受け止めて意味づけをする伝統というのも…

正田：あまりそういうのは［自分は］ないんですけれど。ただやっぱり私自身が思っていたのは、うちの宗祖であれば、たぶん被災地へ行ってそこの苦しんでいる人たちの手を握りながら涙を一緒に流していたのじゃないかなと、そう想像しながら。というか、人ひとりができることの範囲がありますから。そういった部分の中で最後は寄り添っていたのじゃないかな。これはどの宗派の宗祖も祖師もそうでしょうけれどね。

堀江：そうですよね。よく天罰論とか話題になりましたが、それはあくまで権力者に対する警告であって、実際に苦しんでいる人に対しては寄り添うであろうと、そういうご理解ですか？

正田：うん。あと、私なんかは○○宗の中でも、ちょっと違う部分もあるので。当時、宗祖の場合は他宗批判をしながら来ましたけど、そこら辺が今の現代社会では違うだろうなという…

堀江：そうですね、背景が…

正田：背景が違うので。どちらかというと、私の中にあるのは人間の安全保障、ヒューマン・セキュリティ、それがやっぱり立正安国じゃないかなと思っているので。人が生きていくために妨げとなる要素を少しでも軽減できればいいのじゃないのかと。立正安国ってそういうことじゃないのかなというのがあって。

このように苦しんでいる人を救うというよりは、一緒に涙を流しともに嘆くというのが、宗祖の姿勢だと正田さんは考え、それを被災地支援の活動におけるロールモデルとする。一般的には、宗祖は災害を他宗派のせいだと為政者に訴えたので、震災後に批判された一部の政治家の天譴論（天罰論）と同じではないかと思われがちである。しかし、正田さんは、そこで宗祖が眼目としたのは、被災者に鞭打つような天罰論ではなく、正しい教えを立てること、「立正」であり、それによって実現される「安国」とは、現在であれば「国家の安全保障」ではなく、「人間の安全保障」になると力説する。

三宮さんは、宗派では幽霊や死後の霊魂については問題にしないという態度をとっていて、それは自分も同じであると断定する。かといって被災者がそれを信じているのを否定するつもりもなく、「その方にとってはあるんでしょう」という言い方をする。一方、死後の問題については被災者からも尋ねられ、またインタビュアーである私からも尋ねられ、次のように語っている。

三宮：当初やっぱりその悩み［霊魂をどうとらえるか］に対して、お釈迦さんがどう考えたかなって、すごく考えました。釈尊の事跡はやっぱりすごく考えましたね。そう言えば、バンバンバンバン答えを与えて歩いていないよなと思って。一緒に悩んでいたよな、みたいな所は、僕の支えになりました。

堀江：同じようにいろいろと。同じようにと言っちゃあれですけれども…

三宮：もちろん真似事ですけれども、やっぱりその在り方、ともに悩むという在り方は仏道から外れてないんだと思いました。皆さんやっぱり答えを求めているからとか、仏教者は、宗教者は、こう宗教的ニーズに対してバチッと答えないといけないみたいなプレッシャーは、当初あったんですけれども。

しかし、一緒に悩みつつも、信仰の立場から「バチッと答えないといけない」というのは、三宮さんのなかに残っており、行きつ戻りつのやり取りになる。

三宮：「死んだらどうなるんだろう」というような質問はたくさんされます。それは、自分が死んだらということもあるし。ここにも書いてありますけど、妹を亡くされた奥さんが、「まだ体が半分しか見つかってない」と。「それはいわゆる成仏できているんですか」というふうに聞かれたことがあります。

堀江：津波で亡くした妹に見られているという方…

三宮：そうですね、それはその方ですね。

堀江：なるほど。見られているという感覚がある。［略］それは何か良い感覚なんですか、それとも…

三宮：いや、それも多分その場で聞いているんですよね。「それはうれしい？　どんな気持ちなんですか？」というふうに聞いたと思いますね。

堀江：どんな気持ち…

三宮：安心しているんだと、見られるということによって。血のつながった肉親は妹一人だけだった。小さいうちに両親亡くされていて、［略］全部問題解決を妹と一緒にやっている。姉妹仲良くやってきたんだけれども、妹を亡くして、しかも体半分しか見つかっていないと。妹の存在を感じることはうれしいんだけれども、それは成仏と言えるのかというふうに。

堀江：そこは気になっているんですね。
三宮：気になっていますね。
堀江：気持ちとしてはうれしいけれども、本当に成仏しているのか分からない。
三宮：見てるっていうことは、それはもう、迷っていると考えるのかということは、問い掛けられました。そこでは、うれしくないのかみたいな話も聞きつつ、もうきちっと自分の信仰に基づいてお話はしました。亡くなるということは、仏になるということだと。
堀江：そうですね。
三宮：それはいわゆる成仏であって、成仏しているか、していないかと迷うのは、こっち側の都合なんだという話を。しかもそれは私が信じている宗派でもそうだし、僕自身ももちろんそう考えているというふうに、はっきりお伝えしました。
堀江：もうすでに浄土に往生しているという…
三宮：ええ、そうですね。
堀江：…ことを説明されたんですね。［略］
三宮：やっぱりこの方は本当に毎回長く話をします。いまだに関係性というか、やっぱり一人だって心配ですし。
堀江：その見られているという感覚はその後も…
三宮：その後はね、おっしゃってないですね。

この語りは、小川の言う「対応」、すなわち死者も生者も苦のなかにあり、僧侶もともに思い悩むという形での対応からは、二つの点でずれている（実は、小川の発表の後に、三宮さんの話を聴いたという経緯がある）。まず、亡くなった妹さんは成仏したと断言していることである。三宮さんは、一緒に思い悩むという原則を離れて、例外的に教義および自身の信仰に基づいて、きっぱりと言い切っている。結果として、女性は故人から見られているという感覚を不安とともに訴えることはなくなった。ということは、見方によっては、三宮さんが成仏していると「バチッと答え」たことで、死者と生者の苦をともに「救った」ことになる。しかし、それは三宮さんにとって受け入れがたい見方であるかもしれない。

三宮さんは、別の箇所で、話しているうちにおのずから問題解決してゆく型と、みずからの思いを吐露しながら逡巡する型とに大きく分け、問題解決型は少ないと分析する。しかし、この二つの型は、時間軸における差異に過ぎず、連続しているものととらえられるだろう。三宮さん自身、「分けちゃいけないんですけど」と言っている。つまり、被災者は確かに苦しみを抱えて、思い悩んでいるのだが、確実に自己治癒という意味での癒しの方向に向かっている。思い悩みを逡巡している時間の方が圧倒的に多いが、数は少ないものの自己解決の場面に立ち会えることもある。これは、僧侶による「救い」ではなく、被災者自身の「癒し」と見るべきである。傷は時間の経過とともに癒され、傷跡が多少残るとしても、塞がってゆく、それは他人が無理矢理塞ぐのではなく、人間自身のなかにある自己治癒の力によって自然に塞がってゆく。そのおのずから癒されてゆく決定的瞬間を、三宮さんは見届けたに過ぎない。つまり、三宮さんの発した信仰の言葉は、ある意味、言わされたような形になっている。

女性は、妹と一心同体で生きてきて、震災によってその妹を失い、それこそ半分になってしまったような気持ちで生きている。にもかかわらず、妹が現われ、自分を見てくれているのがうれしい。そう思うと同時に、これは成仏していないということなのか、妹が浮かばれていないのか、ともすれば自分が引き留めているのではないかと思い悩む。しかし、それは三宮さんの言うように、自分の都合に過ぎなかった。実はもう成仏していて、その上で自分のことを見てくれているのなら、なおうれしい。その場合、妹も半分ではないし、そして自分も半分ではないことになる。どちらも統合性を持った上で、なお互いを気づかっている。それはこの世とあの世とで離れていても連帯しているようなイメージである。

これはあくまでも私の解釈、私の挿入した「物語」でしかない。この通りの心の動きがあったかどうかは定かではない。だが、何らかの形でこれに類した癒しが生起した結果、見られているという感覚を訴えなくなった、あるいはそれを思い悩む必要がなくなったのだろう。三宮さんは長い時間をかけて、その女性の苦に傾聴し続け、ほどよいタイミングで、女性が受け入れられるような信仰の言葉を投げかけた。あるいはおのずから投げかけずにはいられない気持ちに駆り立てられた。それが女性にまったく受け入れられないものであれば、癒しは起こらなかっただろう。

三宮さんの前の事例までは、小川のまとめるように、死者も生者も支援者も苦において連帯しているとまとめることができた。しかし、三宮さんの事例では、視点をもう少し後の局面にずらした方がよい。つまり、ともに悩み苦しむ者同士が出会うことを縁として、ともに仏につながろう／なろうとしていることが確認される、その意味で死者と生者と支援者は連帯の関係にある、と。日本仏教でしばしば強調される「草木国土悉皆成仏」という言葉を想起するならば、仏になろうとしているのは犠牲者や被災者だけではないはずだ。被災地も、もっと言えば津波を起こして、あちこちで砕け散った海も、仏になろうとしているはずである。その意味で、あらゆる存在が仏性を有しているという表現につながるだろう。

霊としての連帯──スピリチュアリズム系信仰者の場合

この観点で比較すると、スピリチュアリズム系信仰者は、死者も生者も霊であること、あるいは本来は霊であることに目覚めようとしている(思い出そうとしている)と言い換えられる。これは、スピリチュアリストの間で「霊性」「スピリチュアリティ」という言葉で端的に表現されることもある(開堂二〇一三)。それは単純明快に、「霊であること」「スピリットであること」という意味である。なお、スピリチュアリストの霊は個性をもつが、仏教では無我を説くので、霊と仏は相容れないと思う読者がいるかもしれない。だが、霊性の自覚のなかで個性や我は少しずつ薄まって最終的には高次元の霊に融合し、やがては生まれ変わらなくなるということが、スピリチュアリズムでは説かれる。これは仏教で言う輪廻からの解脱に近い。それを目標として霊性を高める／霊性に目覚めるべく、誰もが修行しているという考えなので、実は仏教とスピリチュアリズムは、かなり近い。

また、スピリチュアリストは浄土教系の信仰者と同様、死者は上位の霊的存在(神的存在)によって苦から解放されており、生者の心配は不要であり、それに気づき、自己の人生を充実させることこそが死者の喜びになると考える。併せて、深山さんの見た「大量の天使が東北に向かうヴィジョン」と来迎図の重なり、いわば集合的な「お迎え」が被災現場では起きていたという世界観とも関連する。
朝比奈さんの語りでは、生者と死者の境界のなさが強調されている。
朝比奈：お聞きすると、よくここに立っているなと思うぐらいに厳しい状況に置かれている。しかも[震災から]一カ月しか経ってないという方々が、皆ほんと明るく、笑顔で食料をえり分けたりとかされているという姿を見て、ほんとに、何というんでしょう、すごいなという。なぜそう強くいられるんですかとお聞きしたら、やっぱりそれは永遠の生命だというのが分かるから、今世、会えなくなったのは悲しいけれども、また三〇年後、四〇年後に会えるという確信があるとおっしゃっていました。だから寂しいけれども耐えられるということは言ってました。
堀江：そうすると、例えば夜、見られているような感じがすると言っても、何というか、そんなにまがまがしい感じではないと…
朝比奈：ではないです。はい。そういう話もします。
堀江：縁のある方で会員さんとか、あるいは地元の方と縁のある方が、たまたま居心地よく感じて見てるんだなというふうな捉え方ですね。
朝比奈：そうですね、ご縁のある方ですとか、何かこのセンターいいなみたいな、ここにいたら何か落ち着くなとか思っていらっしゃるような魂が来ているのかなという感じがしたし、自分の感覚としても、とげとげしたような感じは特になく、何というんでしょう、ざわざわした感じは特になくて、ただそこにいるという感じ…

堀江：普通の…
朝比奈：…人って感じで、人が無言でずっとそこにたたずんでいるという雰囲気を感じました
堀江：［震災から］一カ月経ったとはいえ、でもやっぱり少しは霊としても混乱しているわけですよね、霊も被災者というか…
朝比奈：そうですね。ほんとに被災者だと思います。自分の肉の身が突然奪い去られて何が起きたか分からないという感じなのかなと思うんです。
朝比奈さんの教団は、スピリチュアリズム系でありながら、霊について気にしたり、ことさらに論じたりするべきではないという空気が強く、代わりに「魂」という言葉を使い、心理学的な説明を多用する。しかし、それは霊的なものを否定するためではなく、生者も死者も変わりがないという意味を含ませるために、どちらをも「魂」と呼ぶ。
深山さんによれば、もっと明確に霊は「死んでいない、生きている」というメッセージを伝えてくるという。いわば「死者は死んでいない、生きている」「死者などいない」ということになる。
深山：まずは「自分は元気である」ということを伝えていきたいということなんですよね、遺族には。［略］自分が浮かばれてないからお経を読んでくれ、線香を上げてくれと［霊が］言ってくることは、基本的にないですよ。「自分たちはまだあの世で生きている、自分たちは生きてるよ、魂は終わってないよ、死んでない、肉体の死はあるけども、それが終わりじゃないんだよ、だからあなたも生き抜いてね」と言いたくて来ることが多いわけなんですね。［略］
堀江：その「生き抜いてほしい」という言葉は、ぴんときたんですけれども、［霊は生きている人

が」かなり弱っているというのを心配してるという…

深山：そうですね、「自分たちは死んでいない」と。子どもさんなり、家族、身近な家族を亡くした遺族がまず思うことといったら、「向こうで元気にしてるのかな」「どうしてるんだろう」ですね。「無事向こうに着いて、向こうでも先にあの世に行ってる、おじいちゃん、おばあちゃんとか、死んだペットに会ってるよ」とか、「向こうでこんなことをやってるよ」と言って、とりあえず、［ご遺族は］「ああよかった」と思うわけなんですよね。［略］そこで具体的な状況を伝えることは、生きる人にとって「じゃあ頑張ろう」「少しでも頑張ろう、自分たちも一生懸命やるね」という確認になるんですよね。

堀江：なるほど。［略］身内を亡くされて沈んでいる方の中には、「自分も死んでしまいたい」と思う人もいるかもしれませんね。

深山：うん、そうですね。

堀江：先ほどの「生き抜いてほしい」という言葉には、もしかしてそういう意味があるのかなと思ったんですけども。

深山：それはもちろんありますね。ただね、被災地、私の少ない経験ですけど、被災地に関しては、まあ東北の人も我慢強いというのもあるかも分かりませんけど、自分だけの悲しみじゃないじゃないですか。子どもさんを亡くした親御さんで、別に東京でも、ほかのところでも、お会いするときというのは、私も後を追いたいという人が多いけど、でも被災地の場合、自分だけじゃないから、周りみんなそうなので、自分だけやっぱり抜けられないという日本人的な考え方があるわけなんですよ。自分だけあの世に行くわけにいかないという、そういう連帯意識というんですか。あと子どもさんとかでも、交通事故とか、あるいは自分で自ら死んでしまったというのと違って、今回の場合、完全な天災じゃないですか。誰も悪くないんでね。あのとき迎えに行っていればとか、そういうのはありますけど。そうすると、やっぱり自分を、遺族の方が自分を責めるという割合が減るわけなんですよね。

スピリチュアリズムを批判する俗説のなかに、霊界や死後生という観念は、人々を自殺に誘《いざな》うのではないか、というものがある。しかし、深山さんの語りから見えてくるのは、霊界にもある種の社会（すでに亡くなっている人や天使的な存在などとの）があり、この世にはもちろん肉体を持った生者の社会があり、それぞれの場所で、霊として生き抜くことが重要であるという一種の倫理意識である。特に先に逝った人は、まだ肉体を持っている人に、その場所で生き抜いてほしいと願う。そして、同じ悲しみを抱えている人たちで支え合っているという連帯意識から、東北の人たちは、東京で見てきた遺族に比べると、自分だけ死にたいというのはあまりないとのことである。その背景には、天災なので罪悪感が交通事故や自死の遺族よりも少ないからではないかと深山さんは分析する。

確かに、比較すればそうは言えるのかもしれないが、これまでの被災地での調査から、生き残ったことによる罪悪感は、被災地の通奏低音のようにあちこちで顔を出しているように、私には思われる。その罪悪感が、未知の霊のみならず身近な霊への心配の背後にある。そのように、故人のあの世での状態を案じる裏側には、自分の罪悪感を少しでも軽減したいという思いがどこかにあるのではないだろうか。そこへ、故人から「生き抜いてほしい」と言われることは、それによって安心させられるだけではなく、考え方を変えさせられるような出来事であろう。死者を可哀想な存在だと思い、浮かばれないのなら特別な能力を持った人々に頼って浄化させようと思っていたのが、むしろ死者の側から心配されていた、という気づきである。それは、「生き残ってしまった」罪悪感を抱える人にとって、認識の枠組を一変する言葉になりうる。

もう一つ、被災地の特にA市などで特徴的だった「死んだ人はどこにも行っていない、ここにいる」という感覚も、死者と生者の違いを過大視せず、死者と生者の連帯を意識させるものであるだろう。それは、深山さんが参照している飯田史彦(二〇一四)による次のような主張と通じる。すなわち、生者も死者も霊であり、魂であるとなると、生者と死者の境界はなくなり、体を持って生きていたときよりも愛している人と近くなる、ということである。これは、「こころの絆」調査で見た「身近な霊」と生き生きとした交流をしている被災者の様子に当てはまる。ただし、それは「連帯」というより、もっと密着した「絆」に近いかもしれない。

悲嘆における連帯──神道系信仰者の場合

神道系信仰者においては、慰霊を重視する水守さん、祈りを通して神の嘆きを涙とともに体験した葉山さんのように、死の苦しみ自体は仕方のないものであり、その悲しみをともに悲しむことで、死者を慰め、神と一つになろうとする態度が顕著である。これは、もちろん仏教系、スピリチュアリズム系と矛盾するものではなく、それらの根底にある、支援者に共通する心の動きであるように思われる。つまり、自らの信仰する宗教によって解決してやろうというのではなく、被災者およびその向こうにいる死者とともに悲嘆し、寄り添い、定期的に通って、いわば死者とともに被災者の伴走型支援をおこなうという態度である。これは悲嘆における連帯と特徴づけることができるだろう。

再び塞翁さんの話

最後に、厳密には信仰者というわけではないのだが、第三章冒頭で紹介した塞翁さんの語りを紹介したい。それは死に別れた仲間との連帯、および震災によって結ばれた支援者との連帯の両方を示す重要な例だと思われるからだ。

塞翁：津波の前の日に、俺の同級生の消防団にいた本部長が、夢に出てきた。「おめえ今日、散歩に行くのか」と聞かれ、夢のなかでは「今日は行かねえ」と返事した。「おめえは分団長を頼むぞ」と言われた。それで目が覚めた。本当は◯◯〔海岸沿い〕の方に毎日散歩に出かけていたので行くところだった。その日も散歩に行こうとしたが、夢も見たし、胸騒ぎがしたので、やめることにした。そこで、消防の寄り合いで、宴会の料理を作っていた。そしたら、地震が来たんだよ。助けられたなって思った。本当は死んでんだから、◯◯に行ってたら。夢に出てきた本部長は亡くなった。そして本部長から「分団長を頼む」と言われたその分団長は、人を助けに行って、危機一髪で助かった。助かって消防署に来た人間は、みんな俺と関係のあるやつだった。やっぱり面倒を見なきゃいけない。助けられた意味があるんだよ。

横にいた女性：お父さんにすべてを託して…

〔しばし女性と話したのち（録音不鮮明）、堀江の方に向き直って話を続ける〕

塞翁：俺は、何かあるなと思った。
堀江：役割とか？
塞翁：うん…［長い沈黙、そして慨嘆するように］、神よ…、俺を選んだんだな！　つらいもんよ。仲間を亡くすのは。でも、こういう風につながっていくのかな。そういうことでもなけりゃ会わないんだから。こうして一緒に七夕つくりすることもなかったもんな。
女性：本当、そうよ！
（二〇一二年六月一七日）

このような「身近な人」（まだ亡くなっていない）による虫の知らせの話は、被災地ではよく耳にする。その場合、亡くなる人の霊的意識の一部が、自分が死ぬことを伝えに来たと解釈される。このような体験は、三人称の死者の場合、そういう不思議な話もあるのだな、で済まされる。読者の多くも、よくある典型的な話だと思うだろう。しかし、二人称の死者の場合、ただ事では済まされない。「後を託された」という使命感を生存者に持たせる。それが生きる力になる。それが死者の力である。

塞翁さんは、震災前に胃がんを患ってから体力がなくなり、消防団を引退して、OBとして関わっていた。しかし、そのような自分が生き残り、また自分と関係のある仲間がやはりこの世に生き残ったために、自分が面倒を見なければならないという責任を感じている。この語りには、あの世に行った仲間とこの世に残った仲間との間の、離れてはいるけれど目に見えない連帯が示されている。

そして、その連帯は、支援者として祭りの手伝いに関わった私にもつながる。震災によって仲間を亡くしたことはつらい。しかし、それを通して、死者と生者のつながりだけでなく、被災者と支援者との新しいつながりが生まれた。第三章の冒頭でも述べた通り、塞翁さんからこうした話を聴いたことが、被災者の霊的体験に関するきちんとした調査研究をしなければならないという気持ちに私を駆り立てたのである。

ポスト近代の悲嘆文化

すでにウォルター（Walter 1999）やヴァレンタイン（Valentine 2009）を引いて、日本がポスト近代の悲嘆文化の局面にさしかかっているという認識を示した。その仮説を踏まえて、死者と生者の「継続する絆」の諸相を記述しようというのが、「こころの絆」調査と信仰者調査の出発点にある。「こころの絆」調査では、しかしながら悲嘆共同体の存在、共同体の力が強調された感がある。それは、ポスト近代の悲嘆文化ではなく前近代の悲嘆文化の名残ではないかと思われるかもしれない。

だが、Ｂ市に比べればある程度の悲嘆共同体が成立していると思われるＡ市においても、私とベンチで話した七九歳男性（第四章）は、故人について語ることがタブーになっていると感じていた。その上で、彼は、隣人がいまだに彼のそばにいる、「ここにいる」と話してくれた。これもＡ市においては決して珍しくないのだが、通常の先祖祭祀の枠には収まらない。死者が生まれた土地に留まるという観念は産土神信仰にもつながるものだが、現代日本人のなかでは定型的な語りとは言えない。したがって、悲嘆共同体から外れた私事化した死者表象の事例としてとらえられる。とはいえ、被災地での主流宗教と見なされる仏教も、信徒家庭での供養の仕方をコントロールしようとはしておらず、自由裁量にまかせている。したがって、継続する絆のあり方は多様化する余地がある。回答者たちは宗教者を単なる儀式執行者と見なしており、他界での救済の代理人、あるいは自分たちの人生相談のコンサルタントなどとは見なしていない。

実際、信仰者調査で見えたのは、「身近な霊」の不安定さへの不安や霊的体験などは、近所の目があるので、菩提寺の僧侶にも隣人にも決して話せず、第三者である支援者なら話せるということである。花村香織さんは、被災霊の声を伝える霊媒への要請が被災地で高まっていると述べていた。水守さなえさんは「こういう話」(霊的な話)がしにくい風潮を変えられないかと述べていた。このような霊的なものへのタブー視は、「こころの絆」調査では見えなかった。調査者である堀江だから初めて話したというのが先の男性の事例だが、私はこの段階では少数事例だと思っていた。

被災者が支援者(また私のような調査者)に霊的体験について打ち明けたり、未浄化霊についての不安を相談したりすると、両者の間には、共同体の絆とは異なる連帯関係が生まれる。そして、それはあたかも死者との連帯の延長のようなものとなる。つまり、苦と悲嘆における連帯であり、仏性と霊性における連帯である。「こころの絆」調査と信仰者調査の二つから見えてきたのは、「継続する絆」の多様性だけでなく、死者と生者の「継続する連帯」である。そして、それは死者の側でも生者の側でも更なる連なりを生む「拡散する連帯」でもあった。これもまたポスト近代の悲嘆文化の一つの様相と言えるだろう。

改めて、ポスト近代の悲嘆文化という概念がどのようなものだったかを振り返っておく。この言葉は、ストローブ他(Stroebe et al. 1996)やウォルター(Walter 1999)によって次のように同定された。近代以後の悲嘆文化には三つの段階がある。(一)一九世紀ロマン主義の段階では、近代家族の誕生とともに故人への愛着が理想化される。(二)二〇世紀近代主義の段階では、戦争による大量死を経て、絆の切断を正常な悲嘆のゴールと設定するようになる。(三)二〇世紀後半からのポスト近代主義の段階では、悲嘆の複数性を社会状況としても価値観としても承認する。つまり、心理学の専門家と死別者の両方が、継続する絆にも様々な形があり、それぞれに価値があることを承認している。とりわけ多文化主義の状況においては一つの社会のなかにも多様な悲嘆文化があることを認めなければならないと考える。また、彼らは主流文化が死者についての物語を抑圧するような状況では、ピア・サポート・グループなど同じような問題を抱える人々同士が話し合い、支え合うような機会が必要になることを認めてきた。ヴァレンタイン(Valentine 2009)は東京でインタビュー調査をしたときに、被調査者が伝統的な日本の先祖祭祀を個人化し、修正したものを採用していることを発見した。悲嘆の私事化と多様化とそれに対する寛容さは、日本社会が悲嘆のポスト近代的段階に入ったことを示すサインだ。

この理論を、日本の状況、特に東日本大震災を対象とする本調査に当てはめると、どのようになるだろうか。まず、(一)の段階は、明治民法によって確立された家制度、先祖祭祀、家墓への愛着などに当たるかもしれない。また、(二)の戦争を経た悲嘆の抑圧は、日英の戦争未亡人の比較研究で、日本には家庭での日常的な先祖祭祀があるために、当てはまらないことが分かっている。それでも、東日本大震災のような大量死の現場では、一時的に悲嘆の抑圧のような状況、「復興」のために無理をしてでも立ち直ったように気丈に振る舞うことが要求されるような状況、さらには死者の霊について語ることなど不謹慎だという雰囲気があったかもしれない。私が復興世俗主義と呼んだものは、この(二)の段階と響き合うように思う。すると、(三)の段階は、心理学的なケアに関する理論と実践が被災地に持ち込まれ、支援者が被災者の話に耳を傾け、その悲嘆を受容しようとした状況に対応すると思われる。悲嘆の複数性は、しかしながら欧米のような多文化主義との関係で認識されるようなものではない。むしろ、被災地の宗教的状況の多層性、支援者の多信仰性との関係で認識される。

これまで見てきたように、被災地には様々なアクターがいて、複数のレイヤーが存在する。すなわち、何よりも死者というアクター、そして生者というアクター、そのなかには被災者、支援者がいて、さらに支援者には被災地内と被災地外の支援者がいて、それぞれに様々な信仰、あるいは世俗的価値観が根づいている。もっと細かく見ると、各人のなかでも、死生観、死後観をめぐって、複数の視点が錯綜し、葛藤している。レイヤーとしては、表面的な復興世俗主義、伝統的な仏教、シャーマニズム的な民間信仰、そして本章で見た支援者たちの場合は内面において秘めている信仰がある。

高橋担当章で見たように、地域の宗教者のなかには、霊魂に対して懐疑的、ないし不可知論的な(いるかいないかは知り得ないという)態度をとるものが少なからず存在する。高橋の宮城県のある僧侶へのインタビューの録音を聴くと、霊魂に対して懐疑的、不可知論的な態度をとっていた僧侶が、「色々な話を聴くと、いるとしか考えられない」と態度を豹変させたり、信徒と恐山に団体参拝したりしているケースもあることが分かった。高橋が、まさか僧侶の側から誘ったんじゃないですよねと確認すると、僧侶の側は「いや、私の方から誘ったんですよ」と、あたかも「なぜそんなことを聞くのか」という感じで答えている。私は、それを聞いていて、そう言えば恐山は曹洞宗の霊山だったという当たり前の事実に気づいた。第三章で取り上げたC市の回答者のなかにも、たびたび恐山を訪問している人がいた。私も高橋も、わざわざ青森県まで行くのは、地域の拝み屋が衰退したからではないかと当初は見ていた。だが、次第にC市には複数の拝み屋がいるということも分かってくる。加えて、本章で北村信法さんの事例で見てきたように、曹洞宗と念仏講の間には歴史的な並列関係がある（巖谷　一九九七）。また、A市回答者のように、七夕祭りが、死者の迎え入れと送り出しにおいて重要な行事とされていたことも想起される。

このように、東北被災地は極めて複雑な宗教状況を呈しているのだが、それでいて、支援の現場では、苦しみや悲嘆における連帯が、死者、生者、支援者の間で育まれている。また、これら三つのアクターとも同じ霊であるとか、同じ仏になろうとしている存在であるなどという認識を基礎とした連帯も育まれていた。

死者と生者の相互作用も多層的である。生き残った罪悪感と思いを残す未浄化霊の相互作用、実存思念と残存思念の相互作用で、被災の現場は様々な思いが密集している場所としてとらえられていた。また、生者から死者への「浄化／成仏してほしい」という祈りと、死者から生者への「生き抜いてほしい」という願いは、最初はすれ違っているが、支援者という媒介によって、肉体の有無という絶対的な距離を伴いながらも、それぞれの場所で、ともに生きてゆくという確信に変わってゆく。

こうして見てくると、被災地外から入ってきた人々の体験する「未知の霊」の物語、いわゆる「幽霊譚」や「怪談」は、被災地を包摂する霊的世界にとって「氷山の一角」にすぎないことが分かる。表からは見えない部分の方が圧倒的に大きい。

しかしながら、こうした豊かな相互作用を、まるで宗教復興が起きているかのようにとらえることもできない。それがもっともうまく働くのは、ごく一部の関係性においてである。つまり、社会生態学上のニッチ（ある社会的相互作用がよく機能する特定の場所）で起きる現象にすぎない。「組織宗教の外での、死者の霊へのアプローチ（体験、表現、理解、対処）」という意味でのスピリチュアリティ現象だと理解できる。

おそらく、復興世俗主義とも言える潮流によって、霊的な語りが抑圧されたことで、かえって私秘的な場面で霊的安心を求める傾向が高まったのではないか。つまり、表面に見えるのは復興世俗主義という大きな潮流なのだが、その底流において、それに逆らうような複雑な相互作用が起きている。もちろん、「世俗主義」の定義は宗教を私的領域に限定することを含むので、こうしたニッチの形成もまた復興世俗主義の一部である。しかし、宗教者による被災地支援活動は全体として、このような私秘的とも言えるスピリチュアルケアをあくまでニッチに留め、布教の手段などとして用いなかった（一部にはあったかもしれないが）。表向きは物的支援や心のケアに徹したため公的領域における宗教の台頭（島薗 二〇一二）、すなわちポスト世俗の動きだけが見えた形である。

被災地で起きた霊的体験をめぐる様々な相互作用を、日本社会のなかでどうとらえるか。これに、宗教社会学の立場から一義的な答えを出すことはできないし、今日の精緻化した学問の水準から見て、意味のあることとは思えない。本章で試みてきたように、ポスト近代の悲嘆文化の特異なケースとして記述し、記録に残すことの方が重要である。

「結論」では、これまでの章を通じて見えてきた「死者の力」「霊」という主題を、宗教心理学、死生学の立場から理論化する。そして、それを日本人の死生観、死後観のなかに位置づけ、そのゆくえを展望する。

結　論

堀江宗正

　ここでは、高橋担当の章と堀江担当の章の知見を整理してまとめるようなことはしない。むしろ、それを参照しつつも、すでに登場してきた重要概念を理論的に精緻化し、既存の学問的研究とつなげる。それは、本書を単なるデータの寄せ集めにしないためである。学者の解釈などに価値はないと思う人は、ここで本を閉じて、読後感に浸っていただいてもかまわない。これまでの章の記述によって、被災地で起きた霊的体験をめぐる重要な事実を記録するという仕事は、十分に果たしえたと思う。

　これまで東日本大震災にまつわる霊的体験を扱った類書が、ドキュメンタリー、記録に踏みとどまろうとし、理論的考察をそれほど深めてこなかったことにはそれなりの意図があると思われる。一つは、霊的体験の真偽、あるいは「霊」の実在・非実在といった、決着が容易につかない問題に踏み込みたくないためだろう。加えて、事例に余計な解釈・分析を加えることによって、体験をした被災者の気分を害したくない、また共感している読者の気分を害したくない、ということもあるだろう。

　私たち筆者も基本的には、真偽問題に踏み込むつもりはない。しかしながら、霊的体験をしている人は、非科学的な無知蒙昧の人々ではないということも——あまりに当たり前のことだが——強調しておきたい。彼らは、学校を通して近代科学の思考にもある程度慣れ親しんでいる現代人である。彼らが「霊」に関係しているものとして自己の体験をとらえる際には、それなりの理屈や論理があるはずである。それは必ずしも言語化された形で意識されているとは限らない。無意識的な推論とでも言うべきものであるだろう。それを解く鍵は、これまでの宗教学、宗教心理学、死生学のなかにすでにある。それらを召喚し、本書で記述してきた霊的体験と重ね合わせることで、逆に死後観、死生観、霊概念、死者をめぐる議論にどのような貢献を果たすことができるのかを考えてゆきたい。

それが被災地の「復興」、被災者の「心の復興」にとって何の役に立つのかと問われれば、即席に役立つことはないと答えざるをえない。しかし、東日本大震災から一〇年、そして高齢化とコロナ禍で多くの死者が出ているこの時代に、死と生をどうとらえ、人としてどう生きるかを考える上で、大きな意味のある議論となるはずである。

1　物語的現実としての死者・霊

現代日本人の一般的な死後観

ここでは、被災地から離れて、私が二〇一九年におこなった死生観調査(堀江　二〇二〇)から、現代日本人の一般的な死後観がどのようになっているのかを確認する。[1]日本人が考える「死者のゆくえ」は決して一括りにできるものではない。表6に示したのは、死後観に関する質問群とそれへの回答、および分析の結果である。結果は因子分析によって三つに類型化することができた。因子分析とは、簡単に言えば、ある質問に肯定的あるいは否定的な回答をする人は、別の質問にも肯定的あるいは否定的な回答をする、それをグループに分け、因子として同定したものである。各因子には、それを構成する質問の内容から、「霊的(スピリチュアリズム的)死後観」「民俗的死後観」「心理的死後観」という名前をつけた。表6には、質問項目と、その肯定回答率(ややそう思う+とてもそう思う)、そして因子との関係の深さを示す値(因子負荷量)を記した。

肯定回答率が最も高いのは「心理的死後観」と名づけた類型で、死者は「記憶のなか」や「心のなか」で生きていると観念される。この死後観はいわゆる「霊魂」を想定する必要がない。

その次に支持されているのは「死者の魂」、つまり霊魂を想定する「霊的(スピリチュアリズム的)死後観」という類型である。私が「霊魂」という言葉で指しているのは、肉体と別の実体で、生前は肉体に宿っているが、死後は肉体から遊離すると観念されるものである。これを核とするのが地獄・極楽・天国などの他界、輪廻、タタリ、オカゲの観念である。それらに当たる質問項目が、表6のようにひとまとまりになったため、この類型を「霊的死後観」と名づけた。

三つ目の類型は「民俗的死後観」で、死後、一定期間までは個性ある霊魂だが、やがて個性を失い、先祖やより大きな存在と一体になるというものである。民俗学者の柳田國男が『先祖の話』(柳田　一九四六)などで定式化した観念なので、「民俗的」という言葉を使っている。

これに対して、霊的死後観では霊魂は個性を持ったまま他界に安住し、生まれかわるとされる。心

(1)　堀江宗正・白岩祐子「一般的日本人の死生観の基礎的調査」二〇一九年二月一九〜二一日実施。マクロミル社の登録モニター一二七九人が対象。

理的死後観は、この二つの死後観とは矛盾しないので、霊的死後観や民俗的死後観に肯定的な人は、心理的死後観にも肯定的であるかもしれない。肯定回答率で見ても、心理的死後観は八割の人が肯定し、意識の死後存続は五割の人が肯定しているのだから、全体の三割以上の人が両方を肯定していることになる。霊魂観念を否定する人も約半数なので、同様のことが言える。つまり、霊的死後観や民俗的死後観に同意できないが、記憶や心のなかで生きているという言い方には同意できるという人がやはり三割以上五割以下はいるということである。

ここで気づくのは、霊的死後観における質問内容と肯定回答率の論理的矛盾である。設問は、ミニマムな死後観から、より具体的で形而上学的な死後観へと信念のハードルが高まるように構成した。「S1 死んだ人の意識は何らかの形で残る」がもっともミニマムで過半数が肯定的だった。次

と因子分析(4件法, 最尤法, プロマックス回転)

因子				
1	2	3		
0.915	−0.054	0.026		
0.826	−0.008	0.065		
0.783	0.063	−0.022		
0.777	−0.017	0.018		
0.745	0.106	−0.013	霊的(スピリチュアリズム的)死後観	
0.730	0.044	0.034		
0.690	0.113	−0.048		
0.684	0.111	0.094		
0.584	0.196	−0.005		
−0.532	0.196	0.198		α =.93
−0.239	0.158	−0.130	因子負荷量が低いため除外	
−0.085	0.939	−0.022	民俗的死後観	r=.74***
−0.030	0.863	−0.011		
−0.093	−0.048	1.030	心理的死後観	r=.77***
0.051	0.051	0.755		

表6　死後観に関する質問の肯定回答率(ややそう思う＋とてもそう思う，N=1279)

質問項目	肯定回答率(%)
Q14S4_死者の魂が住む世界(あの世・霊界)がある．	43.2
Q14S5_死者の魂が幸せに暮らす天国・極楽浄土などがある．	44.6
Q14S3_死者の魂は，人々が生活する様子を見たり，それについて何らかの感情を持ったりすることができる．	30.2
Q14S6_死者の魂が生きている間に悪いことをしたために罰や浄化などで苦しんでいる地獄や煉獄はある．	31.7
Q14S2_人が死んだあとの意識は魂や霊として存在し，生きている人はその気配を感じたり，メッセージを受け取ることができる．	36.8
Q14S7_死者の魂が別の肉体を持って生まれ変わることはある．	40.9
Q14S9_死者の魂が生きている人に祟ったり，罰を与えることはある．	27.6
Q14S8_死者の魂が生きている人に恩恵を与えることはある．	39.9
Q14S1_死んだ人の意識は何らかの形で残る．	51.6
Q14S14_魂は生きている人にはあるが，死ぬと消えてしまう．	43.9
Q14S15_魂は生きている人にも存在しない．	21.1
Q14S13_死者の魂は一定期間は個人としての意識を保つが，やがてより大きな存在(大地・自然・宇宙・神など)と一体になる．	38.1
Q14S12_死者の魂は一定期間は個人としての意識を保つが，やがて先祖の霊と一体になる．	37.5
Q14S11_死んだ人は遺された人の記憶のなかで生きている．	82.0
Q14S10_死んだ人は遺された人の心のなかで生きている．	76.3

に「S2_人が死んだあとの意識は魂や霊として存在し、生きている人はその気配を感じたり、メッセージを受け取ることができる」が三分の一程度と肯定回答率は下がる。死後意識の残存だけでなく、その存在や内容が生者に感じ取られるという信念が加わったため、抵抗を感じる人が増えたのだろう。さらに「S3_死者の魂は、人々が生活する様子を見たり、それについて何らかの感情を持ったりすることができる」は死者の知覚能力への信念を加えたためか、肯定回答率は三割に

下がった。

ところが、「S4_死者の魂が住む世界（あの世・霊界）がある」になると、どこかに居住しているという形而上学的な信念が加わるのに、肯定回答率は下がるどころか、四割を超えるのである。さらに「S5_死者の魂が幸せに暮らす天国・極楽浄土などがある」では、宗教的背景を持った他界観念が加わったのに、肯定回答率は下がるどころか四四・六％とさらに高まる。他界に暮らす魂は、知覚能力や感情を持つはずである。それなら、S３と肯定回答率は同程度か、他界観念がハードルを上げるとすれば低くならなければならない。回答者が論理的に整合的な考えをもって回答していると仮定するなら、一部の人は他界に暮らす死者が生者のことを知覚できないと考えているとしなければならない。

この矛盾のもう一つの解決は、人々が死後生を物理的、実体的にとらえていないと見ることである。あの世、霊界、天国、極楽浄土などの言葉は死後世界を指すものとして流通している。生者と死者の間の知覚や交信を信じない人も、なじみのある宗教の言葉が登場すると同意しやすくなるのだろう。

物語的現実という概念

このことから、私は、霊魂や他界を信じていると回答している人のなかには、それらを固定的な物理的現実として信じていない人もいるのではないか、と考えた。つまり、すでに慣れ親しんだ語りを通してなら、霊魂や他界をリアリティあるもの、実感をもたらすものとしてイメージできるが、死後も意識があって、知覚能力がある存在とはどのようなものか、どうしてそれが可能になるのかなどと考え出すと、確信が持てなくなるということである。このように物理的にとらえることは難しいが、物語を通してなら実感できるものを、私は「物語的現実」と呼んできた(堀江 二〇一九b)。それは、物語られ、聴き手によって支持的に受容されることで、話し手によっても確信されるものである。

本書で取り上げてきた死者の霊についても、物「理」的現実としては受け入れられないが、物「語」的現実としてなら受け入れられるという人は多いだろう。もちろん物語的現実という概念は、文字通りに、死後も肉体から離れて存続する霊魂を信じるという霊的死後観を退けるものではない。「物語にすぎない」という意味ではないことを断っておかなければならない。

一方、「死んだ人は遺された人の記憶／心のなかで生きている」と考える心理的死後観を支持する人のなかには、「霊」「霊魂」という言葉自体になお抵抗があり、「物語的現実としての死者」なら受け入れられるという人もいるだろう。その意味では、被災地の霊的体験を「死者」についての語りとしてのみとらえ、「霊」の問題にはタッチしないという立場もありうる。しかし、本書でこれまで見てきた通り、霊という観念は多くの人々に共有されており、霊という概念を避けて死者の存在感や死者とのコミュニケーションという内容を持つ体験を論じることは難しい。

本書は、被災者の霊的体験が、真に死者の霊を感じ取った体験だと科学的証拠もなしに断言するわけでもないし、物理的に説明できる偶然の出来事だとか、心理学的に説明できる錯覚だと決めつけるものでもない。いや、それらすべての説明を物語、あるいはモデル、メタファーとして並列させ、それぞれに声を与えるという方法をとる。これは、宗教心理学の古典とされるウィリアム・ジェイムズ『宗教的経験の諸相』(James 1901–2)で採用されている態度である。筆者たち――高橋と堀江――は宗教学、宗教心理学に関心を持ってきたこともあり、それらの諸理論に依拠するウェイトは大きい。チャレット『ユングとスピリチュアリズム』(Charet 1993)を共訳して紹介したということもあり、霊概念とユング心理学の関係についても話し合ってきた。しかし、ジェイムズやユングの後に宗教学や宗教哲学で起きた体験主義や心理主義の相対化、言語論的転回をも通過してきた世代である。そこで、物語理論をも参照しながら、被災者の霊的体験を理解するというスタンスをおのずからとるようになった。彼らが主観的に抱いていて、物語ることを通して立ち現われる死者の存在感《プレゼンス》や実在感《リアリティ》を、より多くの人が論じられる、口にすることのできる言葉に変換することが本書の目標の一つである。

もう一つの目標は言うまでもなく、すでに述べたように東北地方で起きた東日本大震災をめぐる霊的体験の記録、記述にある。それは、本論ですでに果たせたと思う。そこでこの結論では、物語的現実としての霊、霊概念の変遷、本書の主題である「死者の力」、死者との連帯が共同体や社会にとって持つ意味について論じてゆきたい。

死者が「ここにいる」という語り

岩手県A市における隣人との絆を示す事例を想起してほしい。故人について物語るうちに涙を流しながら、そして堀江の膝をたたきながら、「ほら、ここにいるよ」と言った男性のことである(一一〇頁)。その口ぶりや振る舞いは、一通りにとらえられる。まず、笑いながら、また私の膝をたたきながら話す様子から、表面的には冗談のようにもとらえられる。しかし、誰にも話したことのなかった隣人との絆を、調査者としてやってきた私に初めて話すことができたという発言から、また実際に時間をかけて熱く語って涙を流す様子から、明らかに男性の真剣さが看取される。

おそらく話をするうちに、隣人夫妻の存在感を強く感じたのであろう。それは、先ほど見た死者が記憶／心のなかにいるという心理的死後観に近い。しかしその時、男性はある空間を指さして「ここにいる」という実在論的な表現を使わざるをえない気持ちになったと考えられる。その言葉は機転を利かせた冗談のように発されると、故人が記憶／心のなかにいるという心理的死後観の範囲を超えて、目の前に霊として現われているという霊的死後観の範囲に入ってくる。

その場合、「ここにいる」という実在論的な死者表現の方が、心理的な死者表象を暗示していることになる。これは通常の比喩とは逆である。つまり、通常の比喩は、心のなかで言いたいことを何か別のことに喩えて表現するための単なる道具としてとらえられる。看護師を「白衣の天使」と呼ぶときは、多くの場合、本当に天使だと思っているわけではない。それに対して、カリスマ的な教組を「生き神」と呼ぶときは、救済の体験から「神のようだ」という評判が生まれ、信者が集まり、やがて「生きている神」としてとらえられるようになる。そして、「生き神」という実在論的表現が、更なる救済体験を信者の側に喚起するようになる。キリスト教でイエスを救世主《キリスト》だと言ったり、仏教で釈迦を仏陀だと言ったりするときに、それを単なる比喩だと考える信仰者はいないだろう。

とはいえ、先の男性があくまで自らの胸の内を表すための比喩として「ここにいる」と言っていたのか、それとも実際に霊魂の実在と現前を信じて「ここにいる」と語ったのかは、決定することができない。それは男性の側でもあえてぼかしているのではないか。どちらに拠って立つかは語り手と聴き手の間の「あうんの呼吸」で決まる。仮に私が、一緒に笑い、「まさか、そんな怖いこと言わないでくださいよ」と返せば、隣人への思いを語ることを元々タブー視していた男性は、あくまで冗談であるかのように流したかもしれない。ここで心理的死後観をベースとする一つのドラマが成立する。だが、私はそれを否定せず、ただ聴き入る姿勢をとり続けたので、男性は「ここにいる」という断言を冗談として撤回することなく、そのまま涙を流して話し続け、「こういう話ができる人が他にいないから」と訴えたのである。ここに、より霊的死後観に近いもう一つのドラマが成立した。

我々はコミュニケーションにおいて、即興でシナリオを作り、互いにそれをすりあわせて即興でそのシナリオを演じている。そして、その時の思いに呼応するような言葉を当てはめてみたときに、その言葉がさらに別の意味を喚起し、イメージを増幅する。その結果、当初は思ってもいなかった語りが展開する。現在の日本において、そして東北の被災地において、死者が肉体を離れた霊のようなものとして生前の個性を維持したまま存在するというイメージは、受け入れられやすいものであり、それを持ち出すと、相手が理解してくれる可能性がある。しかし、中にはそのような霊魂観を受け付けない人もいるかもしれない。それでも、心や記憶のなかにいるというイメージは先の調査で見たように八割の人が同意する。多くの人は、死者の存在感を強く持ったときに、この心理的死後観から霊的死後観の間に当てはまるような表現を緩く投げ込み、それで相手の反応を見る。その反応次第で、霊的死後観の路線で話を進めるか、心理的死後観の路線で話を進めるか、あたかもロールプレイングゲームを展開させるかのように、言葉を紡いでゆく。

学校教育でそれなりの科学教育を受けている現代日本人は、霊の実在が科学的に証明されていないことくらいは承知している。それでも、霊について物語ることは可能である。つまり、物理的現実と区別される「物語的現実」として相互に了解しながら、話を進めることは可能である。

以上のことから分かるように、物語的現実の強度は、聴き手の受容的態度に依存する。さらに、それは遡及的に、過去へと物語を拡張して行く。この事例の場合、津波がすべてを奪い去ってから、故人について語ることがタブーであるかのような状態を、回答者はずっと感じていた。その状態では、仮に隣人がそばにいると感じていたとしても、その感情を表現することはできない。そこに、まさにそのタブーとしていたことを私が聴き取りにやって来た。私は、彼が隣人夫妻について大切に温めていた記憶をやっと話すことのできた最初の人物になった。その時にこみ上げてきた感情ゆえに、彼は隣人たちがそばにいるということを確信的に語ることができた。すると、その語りを通して、それ以前に隣人について黙っていたときも、隣人は片時も離れずに彼のそばにいたという確信が、事後的に、遡及的に堅固なものとなった。このように推測することができるだろう。

物語的現実の理論的背景

物語的現実という概念に辿り着いた背景には、私が長年にわたって関心を持ってきたジグムント・フロイトの心的現実、カール・G・ユングの心理的真実といった概念、ポール・リクールの物語理論がある。フロイトは、トラウマの記憶に関する神経症者の幻想は、他者にとっては物的現実でないとしても、心的現実として影響力を持つことを認めようと提案した(Freud 1915–1917)。ユングは聖母マリアの処女懐胎を例としてあげ、物理的真実としては認めがたいとしても、信奉者にとっては心理的真実であると論じた(Jung 1938)。私の言う「物語的現実」はこれら心的現実や心理的真実の類似概念である。しかし神経症者や宗教の信奉者でなくても、多くの人が物理的基盤がない物語的現実を、日常会話のなかで口にしている。たとえば「思いが通じた」「縁に導かれた」などといった表現がそれに当たる。また、フィクションをリアルに感じるということもあるだろう。

物語的現実の概念は、リクールの物語理論をも下敷きにしている(Ricœur 1983-1985)。一般的には、何らかの経験があって、それが物語られると考えられやすい。しかし、リクールによれば、我々の経験は語られる前にすでに既存の物語によって筋立てられている。「幽霊を見た」という経験は、「幽霊」という概念と、それが登場する数々の物語によってすでに影響を受けている。そのような言葉や物語がない文化に育った人なら、「誰かに呪術をかけられた」「マナに出会った」などと表現するかもしれない。あるいは科学的立場から幽霊を否定する思いが強い人は、「ストレスから幻覚を見た」と考えるだろう。「ストレス」概念は外部刺激に由来する生理的反応によって仮定される精神的な緊張状態だが、生理的反応を計測する機器なしに、その場で「ストレスのせいだ」と説明するのも、決して科学的とは言えず、この場合の「ストレス」も、やはり物語的現実の一種なのである。リクールによれば、一つ一つの経験はさらに筋立てられて複雑な物語が構築される。そして、その物語は他者に語り、他者から受容される段階で、その都度、物語として構築される。同じ小説であっても読者によって意味が変わる。それはその読者が受容する際に読者ごとに異なる物語が立ち上がっているからである。

私はこのようなリクールの物語理論を、あたかも物語が人に乗り移って、いわば憑依して、物語を語らしめるようなイメージでとらえている。実体験であるはずの霊的体験が、既存の怪談と似たようなパターンをなぞるのは、体験する時点で、既存のパターンに引き寄せられている可能性がある。あるいは、語り手から聴き手へと伝えられる過程で既存の物語のパターンに近いものが生き残る、ということも考えられる。故人への強い思いと、その存在感を感じさせるような意味ある偶然の出来事が重なったとき、既存の霊的体験に関する物語が言葉を与えて、霊的体験として筋立てられるのである。

物語によって生きる人間

フロイトやユングは個人の心と集合的な心を対置させつつ、両者がつながっているとし、宗教や文化に共通の型があると指摘する。それをフロイトなら超自我、ユングなら元型と呼ぶ。とはいえ、このような仮説性の高い概念を採用しなくても、人々が語るに値すると直感的に判断するような物語が、感情・思考・制度を構造化しているという説明のほうが、物語が生成する現場の理解に適している。先ほどの死生観調査で言うと、「死者の魂は、人々が生活する様子を見たり、それについて何らかの感情を持ったりすることができる」という文章を三割しか肯定しないのに、「死者の魂が幸せに暮らす天国・極楽浄土などがある」という文章だと、肯定回答率が四五％に跳ね上がった。これも「天国」「極楽」というすでによく語られている言葉が入っていたからであろう。このように宗教の言葉は、死者のゆくえをめぐる漠然とした思いを筋立てる言葉として支持されやすい。

リクールは、また自己そのものが物語のように筋立てられているとし、物語的自己同一性という概念を提唱している。この自己という物語も先行する物語に媒介されているとすると、我々が自己だと思っているのは、先人たちのなかにも息づいていた無数の異質な物語の総合だということになる。同じような考え方をしているのがユング派の心理学者のジェイムズ・ヒルマンである(Hillman 1975)。

彼は、我々が生きているのではなく、我々のなかに複数の神々が生きている、あるいは人類の精神的構造のパターンである元型が生きていると考える。ラフカディオ・ハーンによれば、明治期の日本人は、自分のなかで無数の先祖が生きている、あるいは自我とは複数の前世から構成されていると考えていたという(Hearn 1896)。言い方を変えると、複数の前世ないし祖霊の集合体から生まれ変わってきているのが自分だという死生観である。そこからハーンは、西洋人のような個性ある霊魂を日本人は持っていないと主張するのだが、仏教や神道の教義や思想を実際の日本人に投影したエキゾチシズムの感がなくもない。しかし、柳田國男が終戦前後にとらえていた日本人の死生観も、個性をある程度なくした祖霊集団からの生まれ変わりなので(柳田　一九四六)、ハーンの記述からそうかけ離れてはいない。

変容する物語、変容する自己

一方、物語られる現実は、伝統的な主流文化のパターンの影響を受けつつも、変容に開かれている。セラピーやカウンセリングの場面などでは、中立的で注意深い聴き手の存在によって、物語を語ること自体が、物語そのものの変容に至ることがある。普段まわりの人に話さないような事柄を話してみたら、自分でも思っていなかったような意味づけをすることができた、などといったものである。先述の、隣人夫妻が「ここにいる」と語った男性も、最初からその言葉を言おうと念入りに計画していたわけではないだろう。私という聴き手が現われ、隣人について話しているうちに、つい出てしまった言葉だと思われる。つまり、意図的なものというより偶発的なものが語りの場面においては飛び出してくることが多い。それは日常的な会話の場面だと、主流文化の語り（ドミナント・ストーリー）から逸脱した別様の語り（オルタナティブ・ストーリー）であるために、見過ごされやすい。しかし、どんな語りであっても聞き漏らすまい、そこに何か重要な意味があるに違いないと注意を集中させている聴き手の前だと、そうした意図せざる語りにも注意の焦点が当たりやすい。

別様の語りの可能性に開かれることで物語が変容すると、自己の経験の理解も変容し、ひいては死と生の意味づけそのものが変容してゆく。物語療法をはじめ、様々な臨床場面で病や苦しみの物語が注目されている背景には、物語が持つ変容させる力の発見がある（浅野　二〇〇一）。物語が変わると自己そのものも変わる。僧侶の三宮さんによれば、苦悩を語る時間の大部分は、語り手の逡巡で占められている。だが、ときに自分で語っているうちに自己解決するという場面に立ち会うこともある。

死者の変容

たとえば、三宮さんが仮設住宅を訪ねて傾聴していた女性は、亡き夫に対して、ずっと謝っていた（九六―九七頁）。三宮さんは訪問するたびに、その話を聞き、女性の精神状態が悪いことを案じていた。ところが、「いつまでこうやって謝っているんだ」と夫に怒られることで、心境が改善する。そして、女性は三宮さんが訪問するときにそれを報告するのを楽しみにしていた。これは語りの場での変容ではないが、自分の身に起こるそうした体験はきっと三宮さんに聴いてもらえるという期待があったのだろう。定期的にカウンセリングに通う場合にも、その間に何らかの変容体験が起こることはありうる。つまり、自分の身に起こる変容はきっと聴いてもらえるという期待があるので、たとえ常に傾聴されている、あるいはカウンセリングを受けているというわけではなくても、自分が思い悩んでいることについての些細な気づきや、とらえ返しも重大なこととして注意を向けることが可能になるのである。

対象関係論的な宗教心理学を提唱したジェイムズ・W・ジョーンズ（Jones 1993）は、神イメージの変容と対象関係の変容が同時に起こることを、事例にもとづいて論じている。幼児期における親との関係において、常に監視されているという感覚を持っていたクライエントは、やはり常に監視する神というイメージを持っていた。しかし、自分自身の現在の対象関係において改善が起こったあとでジョーンズが確認すると、神のイメージも監視するようなものではなくなっていたという。神イメージの変容が先なのか、対象関係全般の変容が先なのかは不明であるが、両者は連動している。

三宮さんが訪問傾聴していた女性の場合、常に人生の大半を夫の指示に従って生きてきた。彼女はその夫を見捨てたという罪悪感を抱えている。ところが夫からはもう自分のことは気にかけず、前向きに歩み出すように指示された。その時、「怒る夫」は罪悪感を感じさせるような怒り方をする夫ではなく、女性の身を毎日案じており、愛情ゆえに「叱る夫」に変容したと言えるだろう。

重要な他者となる死者——阪神・淡路大震災の先行研究から

阪神・淡路大震災の生存者のライフストーリーを調査した副田義也は、社会学における「重要な他者」「一般的他者」という概念を用いながら、被災者たちが死者とどのようなコミュニケーションをしているかを論じている。重要な他者とは、通常は子どもが社会化する過程において、身近に接する他者(親、教師、仲間など)で、一般的他者とは、共同体の規範を代表する抽象的な存在としての他者である。副田は、インタビューした人のほとんどが死者の「霊魂」の実在を確信し、身近なところにいて見守っていると考え、その人格的美質を引き継ごうとしていたと指摘する。副田は本調査と違って震災遺児をもインタビュー調査しているため、長所の継承をも発見しているのが重要なところである。よく、東日本大震災では「幽霊」が出たのに、阪神・淡路大震災で出なかったのはなぜかという問いがなされるが、副田のケースには、〝建物倒壊の突然死で亡くなった犠牲者は自分が死んだと思っておらず、成仏できていない〟と考えている被災者も登場する。ただし、それは生前から亡き夫よりDVを受けていた女性で、霊となった夫を恐怖し続けているという事例である。

いずれにせよ、副田の研究からは、阪神・淡路大震災においても身近な死者との豊かなコミュニケーションが存在していたことが分かる。副田は死者が生者の重要な他者となる条件は、死者の実在の確信、コミュニケーションの実感、人格的美質の認識、死者への仕打ちの反省だとする(副田 二〇〇七)。先ほど言及した三宮さんの報告してくれたケースは、このすべてに当てはまる。東日本大震災の場合も、本調査がアクセスできなかった若い世代のなかには、故人の霊の見守りを意識しながらその長所を継承しようとする遺児たちがいるかもしれない。

一方、副田は一般的他者の例として、教団や教会、そして副田の調査フィールドであった震災遺児施設をあげている。どちらかと言えば、支援者たちである。副田の言う一般的他者は、本書で問題としてきた「見知らぬ死者」「未知の霊」と違うことに留意しなければならない。一般的他者とは、複数の重要な他者と相互行為を重ねながら、次第に自己の内部に構築される規範としての他者である。

先ほど参照したジョーンズの対象関係一般に相当する。したがって、死者を重要な他者として、ともに生き、その特質を継承しつつも、それだけではなく、支援者的な立場の人々との関わりのなかで、最終的には社会規範を代表する共同体と同一化するという垂直方向の社会化を副田は念頭に置いている。

副田は、「自己→重要な他者(死者)→一般他者(生者の共同体)」への同一化、社会化という垂直的な成長――いわばトラウマ後成長――を取り上げたと言える。死者はあくまでも生者の自己成長のための参照点である。それに対して、私は、死者と生者を含めた共同体に「未知の霊」を包摂することが、生者の共同体の修復や、一般社会における人間尊重と連動していることを本論で示唆してきた。いわば、水平方向の拡充である。つまり、未知の霊の物語を身近な霊の物語へ包摂することは、我々の社会が死者に対して持っているパースペクティブを変え、願わくば我々の社会そのものの包容力の増進につながるのではないかと期待している。

日本語の「ものがたり」の含意――「かたり」と「はなし」

以上、物語的現実という概念の理論的背景として、心的現実、心理的真実、物語理論、物語療法、対象関係論的な宗教心理学を参照してきたが、これらは西洋の学問に由来するものである。「ものがたり」という言葉は日本語であり、実はこの「もの」という言葉自体が、死者の霊魂を指す言葉であるということも気に留めておかなければならない。『日本国語大辞典』(第二版)によれば「ものがたり」の「「もの」」は「鬼」「霊」など霊力をもったものをいい、もとは超現実の世界を語るという意であった」。また『広辞苑』の「もの」の項目によれば、「それとあからさまに言わず、対象を漠然と表す。特に、仏・神・鬼・魂などを忌んで、避けていう語」とある。(2) つまり、今日で「霊」と呼ばれるものは言葉に出してしまうと実体化する恐れがあるため、直接的に言わずに、「もの」とぼかして語った、それが物語である。

また、坂部恵（一九九〇：三八）は〈はなし〉よりも〈かたり〉の方が、筋を持っており、規模と統合度が高い言語行為だとする。野家啓一（一九九六：九二―九三）も、「語り」と「話し」を区別し、前者は「象る」に由来し、始まりと終わりがあり、形式の整ったもので、一方向的だが、後者は「放つ」に由来し、自由で双方向的だとする。佐藤健二（一九九五：一五二―一六二）は柳田國男に依拠して、ハナシは新しい言葉を生産する様式であり、それが話される場のなかで変化し続けるようなもので、ごく普通の人々によって自由になされるものだとする。

西洋の物語理論に依拠する際には、ひとまず筋を持っており、始まりと終わりがあるようなテクストを「物語」と呼び、その生成や変容についても同じ用語で済ませる。だが、日本語では、語りと話し（話し）を区別することが可能である。もの＝霊をかたどり、つまり一定の型、パターンに押し込め、テクストに書き留めようとする方向性を持つのが「語り」である。それを放す、解放する、自由に放つのが「話」であり、その場で中身が変わってしまうかもしれないという可能性にあらかじめ開かれ

（2）　第四版による。第五版以降では、「仏・神・鬼・魂など、霊妙な作用をもたらす存在」とあり、既知の言葉で直言するのを避けるという面より、未知の力を指すという意味内容に重きを置く。

ているのが特徴である。

加えて、私は本書の素材から、「はなし」にも「放し」と「離し」という二つの側面があるのではないかと考えている。前者は文字通り、「もの」を解放する、あるいは思いを思い切って伝える打ち明け話である。後者は自分とは無縁のものとして切り離す噂話が典型で、ここには再びある種のパターンへの押し込みが伴う。つまり「はなし」には、話すことで「もの＝霊」を承認する側面と同時に、危険な「もの＝霊」を外部に追いやり、自分の身を守る側面があるということである。それは、本書で言う「身近な霊」の物語と「未知の霊」の物語に対応するであろう。つまり、身近な死者への漠たる思い、またその死者自身の思いを解き放つ物語と、未知の霊の侵襲から身を守るために、固定的パターンをまとわせて流通させる物語という区別である。

生々しい死者の物語、生き生きとした死者の物語

まとめると、死者の霊の物語的現実とは、心理的な現実としての死者表象、死者イメージが、すでに物語として流通している実在論的な死者表現に託して語られ、それを話すことを通して立ち現われる死者の存在感 presence や実在感 reality（生々しさ）である。そうして、記憶し、語らないと、故人は雲散霧消しかねない。死者を物語ることでその都度立ち現われる死者の実在感が物語的現実の特徴である。同時にそれは死者のイメージを固定化し、陳腐化する面もある。とはいえ、物語という形式は、それが真実なのか虚構なのかを宙づりにする。このようでもあり、あのようでもある、という形で、ぼかし、イメージを増幅させ、豊かにする。伝えることを通して、新たな要素が追加されること

もある。それは、「霊が実際にある出来事を引き起こしたのか」が気になる人にとっては、信頼に値しない噂話ということにもなる。そのようなものとして散漫に聞かれるならば、フィクションと同等になり、実在感も薄まるであろう。

物語的現実は、したがって聴き手の受容に依存する。聴き手の受容度が高ければ、死者のイメージはより豊かに増幅される。第五章でも見たように、第三者である支援者が被災者の悲嘆を傾聴することは、その向こうにいる故人の声なき声を傾聴することを含んでいる。その時、支援者にとっての三人称の死者が二人称の死者になる。それを通して、今度は被災者側で、距離を感じていた故人との絆が回復される。「未知の霊」の物語も、聴き手の共感や受容によっては「身近な霊」の物語のように聞かれる。その時、語るのもはばかられる怪談ではなく、かつて生きて誰かに愛された人の物語として自然に話されるようになる。それは、死者の霊を公的なものに開くことを意味する。霊の物語は、単に生々しさを喚起するだけでなく、生き生きとした交流を示唆するものに転換しうる。本書も、霊についての語りを、より多くの人が論じられる、口にすることのできる言葉に変換するという作業の一環である。

2　霊概念の三モデル

本節では、本書で頻出してきた「霊」という概念について、あらためて理論的な考察を加えたい。

辞書に見る「霊」

まず『日本国語大辞典』(第二版)で「霊魂」「霊」「魂」を参照すると、次のようにある。

れいこん(霊魂)。肉体と区別され、肉体に宿りながら心の働きをつかさどり、生命を与えていると考えられている非物質的実体。肉体を離れても存在し、肉体の死後も存在すると考えられることも多い。人間以外の動植物、また物にも存在するとする考え方もある。たましい。霊。

れい(霊)。(1)肉体に宿って肉体を支配し、また、肉体を離れても存在すると考えられる精神的本体。霊魂。たましい。たま。(2)人知ではかり知ることのできない力のあるもの。目に見えない不思議な働きのあるもの。

たましい(魂・魄)。(1)人間、さらにはひろく動物・植物などに宿り、心のはたらきをつかさどり、生命を与えている原理そのものと考えられているもの。身体を離れて存在し、また、身体が滅びた後も存在すると考えられることも多い。霊魂。(2)人だま。死者の霊魂が、夜など、光りながら飛ぶといわれるもの。[以下略]

参考までに、『大漢和辞典』でも「霊」「魂」を参照する。

靈・霊(レイ・リヤウ)。(1)かみ。八方の神。天神。雲の神。(2)くしび。すぐれて神妙なこと。(3)たま。たましひ。亡き人のみたま。万有の精気。人身の精気。死者に冠する尊称。[以下略]

魂(コン・ゴン)。(1)たましひ。人の生成長育をたすける陽気。精神を主るを魂、肉体をつかさどるを魄といふ。[以下略]

このように、肉体とは異なるもので肉体を司るというのが定義の重要な部分をなしている。そして、生命を動かす原理のようなものとしてとらえられる。だが、日本語の「れいこん」の説明には「実体」という言葉があり、「たましい」には夜に光りながら飛ぶ「人だま」の意味が加わる。どこか物質的な基盤があるかのようにとらえられている。いつでも「もの」に化けそうな雰囲気である。それに対して、漢字の「霊」「魂」には「精気」「陽気」という言葉が使われている。

やまだようこ他による、各国大学生の死者と他界のイメージ画の分析によると、都市化が進んだ日本とヨーロッパの大学生は、死者を姿形のあるものから、姿形のないものへと希薄化して行くイメージでとらえている。これをやまだ他は「気体化」ととらえ、化け物などへの「異形化」の傾向は弱いとする（やまだ他　二〇一〇）。

また近代のスピリチュアリズムでは「霊魂」より「霊」という言葉の方がよく使われるようになっている。「霊」という言葉の方が、実体として観念される「霊魂」よりも流動的なものとしてとらえられるため、物質とは異なるが物質に影響しうる何かを指すのに、適しているからだろう。とはいえ、霊は直接的にはとらえられないので、その時代に即した物理的メタファーでとらえられる。これには英語の「スピリット」「スピリチュアル」「スピリチュアリズム」という言葉の含意の影響も大きいだろう。特に日本では二〇〇〇年代以降、漢字の「霊的」の代わりにカタカナの「スピリチュアル」が使われる一方、名詞ではカタカナの「スピリット」はそれほど使われず、漢字の「霊」が使われるというねじれ現象が起きている。

ちなみに、英語の「spirit」は、『オックスフォード英語辞典』には次のように書かれている。

Ｉ　1a　人間（および動物）に活力を与える、または生命を吹き込む原理。身体器官に生命を与えるもので、純粋に物質的な要素とは対比されるもの。生命の息吹。［略］２ａ　人の魂で、死の瞬間に神に委ねられたり、身体から抜け出したりしたもの。［略］３ａ　超自然的、非身体的、理性的な存在または人格で、平時は知覚されないものと見なされることが多いが、望めば姿を現わすことができ、しばしば人間にとって厄介で、恐怖を感じさせ、敵対的だととらえられるもの。［略］

Ⅱ　６ａ　神（または主）の〈霊〉Spirit、すなわち神的なもの Deity の活動的本質または本質的力で、創造的、活力、あるいは霊感を与えるような影響力としてとらえられるもの。ｂ　聖霊 the Holy Spirit

つまり、漢字の「霊」「魂」にはもともと「精気」「陽気」などと関連づけられるような非実体的なとらえ方が基本的にあったが、日本に入ると実体化される傾向が強くなった。近代に入るとスピリチュアリズムの影響で、生命原理としての「spirit」の含意が強まり、先ほどのやまだ他の調査にあるように、普通の大学生においても、死者の魂が気体化するという方向でイメージされるようになっていると見ることができる。

変容する霊——霊の疫病モデル

『創世記』では、神が土の塵で人を形作り、いのちの息を吹き込むと、人は生命をもって動くようになる（二：七）。それが抜けると人は死に至り、塵に帰り、息＝霊は神のもとに帰る。個性をもった霊魂は本来的な状態ではなく、死後も地上に留まっている死霊は悪霊とされる。しかし、スピリチュアリズムでは、個性をもった死者の霊魂との交信が可能とされる。この点では、キリスト教と大きく異なるように見える。だが、死者の霊もやがては生前の姿形にとらわれなくなり、上位の霊に吸収され、最終的には物的宇宙を離脱し、永遠の大霊に吸収される(Cummins 1932)。日本でも、死者がしばらくは個性を持っているが、やがて個性をなくし、祖霊に吸収されたり、産土神となったりするという観念があるだろう。そこから外れ、いつまでも地上に留まっていると「幽霊」と呼ばれる。つまり、「霊」という言葉には、「悪霊〜聖霊〜神」「幽霊〜祖霊〜神霊」などのヒエラルヒーがあり、前に付く修飾語によって、その性質が細かく言い表される。死霊は下位に置かれるが、幽霊や悪霊になる危険をはらみつつも、時間をかけて上位の霊へと変容してゆく。

これは死体の解体、変容と関連している可能性がある。人口がある程度まで増えた社会では疫病の危険が増す。特に遺体が腐乱しやすい気候では、遺体からの異臭を防ぎ、また疫病の拡散を防ぐために、適切な処理が必要になる。土葬は一定の期間をかけて遺体を鳥獣から守りつつ、無害な骨に変容させる処理法である。火葬、とりわけ近代の燃焼温度の高い火葬は、遺体を極めて短い時間で無害化することができる。東日本大震災の場合、遺体の数が多すぎて、火葬の処理を待っている間に腐敗が進むため、一部、土葬を進めたが、遺族は故人が浮かばれないとし、火葬場に空きができると、掘り起こして火葬を施したという。鈴木岩弓(二〇一二)によると、宮城県の土葬から火葬への転換はそれほど昔のことではないのに、人々の間には、火葬を経て初めて浄化されるという観念が見られた。このことは、津波による行方不明者が発見されないことによって十分な供養ができないという懸念とも関連するだろう。

津波による大量の遺体の発生、未発見の行方不明者の存在は、火葬に至らない未浄化な霊が大量発生しうるという懸念につながる。それは、前近代において遺体から何か目に見えない危険なものが発生し、人魂として浮遊したり、疫病の原因になったりするという、いわば「霊の疫病モデル」の一時的な復活と言える。

霊の電磁波モデル、霊の情報モデル

一方、霊は、スピリチュアリストによっては、エネルギー、波動などととらえられる。西洋でスピリチュアリズムより前に流行したメスメリズムでは、動物磁気という概念が唱えられたが、これは人体のみならず宇宙を磁気流体が流れているという考えにもとづく。磁気に限らず、物理的に離れているものが作用し合う原理として、その時代に発見された様々な物理的概念は、人体と宇宙をつなぐ生命原理と関連づけられやすい。

トニー・ウォルター(Walter 2020: ch. 4)は、コミュニケーション技術の進展と霊概念の関連を指摘した。彼によると、モールス信号が開発されてすぐに、ラップ音による霊との交信という現象が発生し、近代スピリチュアリズムが始まった。磁気、電気信号、波動など、「離れているものが相互作用する」物理原理にヒントを得て、霊をそれらと親和的なものとしてとらえることを、「霊の電磁波モデル」と呼ぶことができるだろう。

ウォルターはさらに蓄音機や写真が、死者の声や姿を残したいという需要に応えることを期待されていたのに、音声メディアや映像メディアの発達につながり、我々の社会は死亡した有名人の写真や音声であふれているという状況になったと指摘する。また、ソーシャル・メディアの普及とともに、人々の写真、動画、記録がネット上にあふれているが、その中から死亡する人が出てきている。西洋ではオンラインでの故人への呼びかけを含む追悼行為が盛んになっているようだ。これは、死者と生者の境界線がネット上では曖昧になることを意味する。また、西洋では、故人を天使として表象し、天地を自由に往来するものとしてとらえる傾向が見られ、従来のキリスト教、特に神の超越性を強調し、死者との交流を禁じるプロテスタントからの逸脱が著しくなっている。故人のデジタル記録を活用した追悼行為、故人の映像や発話のＡＩ技術による再現が普及するかどうかは未知数だが、仮に進めば、死者と生者の距離はかなり縮まる（Walter 2017: ch. 8）。そのような状況のなかでは、霊は故人の記憶・記録によって喚起されるイメージとしてとらえられるだろう。これを「霊の情報モデル」と呼ぶことができる。

まとめると、近代以後、霊は互いに接触し合わない、距離のあるものを結びつける原理、とりわけその時代において新たに発見された物理概念や、発展してきたコミュニケーション技術との関連でとらえられるようになった。霊は、疫病モデルでは気息として、電磁波モデルでは媒質として、情報モデルでは記憶や思念としてとらえられる。

霊は非物質的なものというのが定義の出発点だが、それをとらえるために離れたものをつなぐ目に見えない媒体が参照される。科学技術の進歩とともに、そのような媒体は増えて行くので、霊のとらえ方もどんどん変わってゆく。しかし、それは置き換わるというよりは、上から重なるような形になっているようである。

東日本大震災のような大災害における大量死と大量の遺体の発生、火葬が間に合わない状況では、疫病モデルが一時的に復活し、未浄化霊への恐怖が増す。本書で取り上げた「未知の霊」にまつわる怪談はそのような状況のなかで流布した。しかし、第五章で見たような、被災地外から訪れた信仰者には、そうした未浄化霊を否定する傾向があった。宗教者もスピリチュアリストも実体的なものとしてはとらえず、「思い」「想念」としてとらえる。その用語法から、彼らは電磁波モデルと情報モデルの中間くらいを採用していると見られる。

ここには地域差があるかもしれない。前述のように、宮城県では火葬普及が遅かったのに、土葬では浄化が不十分という観念に急速に転換していた。そのことと、津波ゆえに行方不明者の遺体が土中にあるという想像とが合わさって、未浄化霊の恐怖が局所的に高まったのかもしれない。副田の挙げた事例のように阪神・淡路大震災でも建物倒壊で自分の死を自覚していない霊がいるという観念は被災者のなかにある。とはいえ、「身近な霊」とのコミュニケーションの方が優勢であった。また、岩手県のA市も宮城県のB市に比べると、「身近な霊」の物語の方が多く語られていた。

霊の情報モデルの理論的基礎

東日本大震災は、ちょうど日本でSNSが普及し始めた時期に発生した。そのため、霊の情報モデルが十分に浸透していない。むしろ、その後の様々な死者表象や死者論のなかで、情報モデルに近い議論が展開されてゆく。物語的現実としての霊という議論も、この情報モデルと近い面がある。

外的情報の集合体として死者をとらえるのは、内的記憶として死者をとらえるのと、対応している。

むしろ、内的記憶などというものはなく、外的な想起の手がかりに触発されて、その都度構成されるのだという議論が、哲学においては有力である(Ricœur 2000)。命日が来るたびに死者の記憶が強く蘇るという人が、墓前の蝶を見て故人がサインを送ってきていると思う、というケースを考えてみよう。ここでは、命日、墓、蝶という外的な手がかりが、故人の記憶や、偶然にも蝶が飛んできたのを故人の霊として認識するという体験の引き金となっている。とはいえ、その前提としては故人にまつわる記憶や性格的特徴がなければならない。物語的現実という概念は、「啐啄《そったく》同時」とでも言うべきもので、故人への感情や、生前の記憶から構成された人格的イメージにフィットする既存の宗教的観念や霊的な信念が召喚され、その都度、再構成されるという形をとる。

このような霊の情報モデルは、ソーシャル・メディアによってより顕著になったとはいえ、その起源は古い。そもそも、人類が象徴を操作する能力を身につけ、死者を特別な仕方で葬り、何らかの象徴を用いて追悼するようになった頃にまでさかのぼると見るべきかもしれない。理論的には、先ほどの物語的現実の議論と通じる面がある。したがって、物語的現実論と同様に、霊の情報モデルの先駆形態は、心理学者や宗教学者、哲学者らの議論に、見出すことができる。

ユダヤ人精神科医のヴィクトール・フランクルは、ナチスの強制収容所に幽閉されていたとき、強制労働の場所まで早朝の薄くらい道を歩きながら、ふと妻の幻影と対話をするという体験をする。彼自身は、霊を物質的なものとしてとらえて科学的に探求しようとする当時のスピリチュアリズムに反対だった。霊はあくまで物質的なものではないからである。後から、その時点で彼の妻は亡くなっていることが判明するのだが、フランクルは妻の霊と邂逅し、対話したとは考えず、その幻影を「精神的人格（精神的存在）」という概念でとらえる。それは、生きている間にも構成されている人格的イメージで、死後も残るものである。この「精神的人格」は「霊的人格」とも訳せる。ヘーゲル流の言葉を用いて、彼はこの精神的人格を、絶対的精神に由来し、客観的精神によって決定される主観的精神だとする。つまり、妻の「精神的人格＝霊的人格」は、その源泉としては物質的ではない何か、感覚的に把握できないが、生命の原理であり、世界の歴史を動かす何か（無限定の霊）に由来するが、人々の間で文化的に共有されている意味世界（霊にまつわる様々な象徴・記号）に影響を受けつつ、彼自身の持っている妻へのイメージから構成されたもの（主観的にとらえられ、関係性に左右される霊）ということになる。このような概念によって、フランクルは当時のスピリチュアリズムが考えていた電磁波モデル、つまりなお物質的な基盤を持つものとして霊をとらえる見方を脱し、霊の非物質性を徹底させ、歴史的世界のなかで共有されている意味と、故人にまつわる記憶やイメージから構成されたものとして霊的存在をとらえることを提唱したと言える（堀江　二〇〇九：一八二―一八五）。

ユングもまた霊とは何かを突き詰め、心理学によってスピリチュアリズムを相対化しながら、人間に共有されているイメージ世界と関連づけてとらえようとした。彼は、いとこの女性霊媒を題材として博士論文を書く。その過程で、フロイトの精神分析と出会い、女性が通信した諸霊は、女性の願望（自分が将来そうなりたいと期待する人格的イメージ）によって作り出されたものととらえるに至る。やがて、ユングは言語連想実験から、ある人物に向けられた感情の複合体をコンプレックスと呼ぶようになる。それはフロイトの枠組では、個人的無意識の領域に抑圧された感情や願望から構成される。しかし、ユングは、患者のコンプレックスが、異なる文化の宗教や神話のイメージと類似した内容を持つことから、個人的無意識の基礎として集合的無意識を仮定するようになる(Charet 1993)。

他方、フロイトはユングと一時期交流を深めたものの、訣別した後に「超自我」という概念を提唱した。それは、規範を体現した無意識的な人格的イメージで、先祖から子孫へと伝えられているとする。子どもにとって親の影響は大きいが、親の人格がそのまま内面化されるというよりは、親のなかにある超自我という無意識的規範が子どものなかにも内面化されると考えたのである。さらにフロイトは、先祖のみならず神の表象をも超自我で説明する。ただ、フロイトの場合、「父」のイメージに強くこだわっている(堀江　一九九四：第五章)。すでに紹介したように、フロイトは恐ろしい死者の霊の体験の背後には死者への罪悪感があると考えるが、その罰を与える死者というイメージは、後期フロイトであれば神表象と同様に超自我概念で説明したであろう。

「父親～先祖の霊～父なる神」が超自我で一直線につながっていると見る家父長制的、一神教的なフロイト理論に対して、ユングは神話に登場する様々なイメージに目を向ける。個人心理的なものに現われつつも、それを超えて宗教や神話のなかで繰り返されてきた象徴的パターンを「元型」と呼び、老賢者、アニマ、キリストなどに連なるイメージをその具体例として取り上げた。人々の無意識にはそうした元型的イメージが詰まっている。

この元型理論を発展させ、我々の自己がそうした複数の人格的イメージ、いわば「神々」によって構成されているとしたのが、ヒルマンである。私は、リクールの物語的自己同一性をヒントとしつつ、それを突き詰め、我々が様々な物語的イメージによって構成されていると考える。それはハーンや柳田國男などの取り上げた無数の死者・先祖・前世によって構成される生者という日本人の民俗的死者観念、霊観念につながってゆく。さらにその生者が構成しているのが共同体・社会である。ということは、我々の共同体・社会は死者によって構成されているとも言える。今日のスピリチュアリストも、かつてのように霊を疑似物理的な概念でとらえるより、いわばクラウド型の類魂から生まれ、経験を積んで、その経験をもとのクラウドに同期させ、ときに必要な前世の情報を類魂の記憶から下ろすという情報モデルにシフトしつつあるように思われる(堀江　二〇一九a：第六章)。

集合的無意識の噴出とは

宗教学においては、ユング心理学は、エリアーデなどと同様、宗教や神話をその歴史的・地域的な個別性を捨象したうえで、研究者の側で抽出した共通の構造に還元するもので、時代遅れの理論と見なされがちである。しかし、今日様々なメディアで流布しているファンタジーやサブカルチャー作品の物語は、世界中のあらゆる時代の物語のパターン化された要素を再構成して作られている。もともと、神話学者、言語学者、宗教学者、民俗学者がおこなってきた物語の収集と類型化が、新たな物語の創出につながっている。現代人は、日々メディアを通して、大量の物語に影響を受けながら生活をしている。そうであるならば、すでにユングの言う元型のデータベースを学習し、内面化していると言える(堀江　二〇一九a：第九章)。

つまり、霊についての様々な宗教的、神話的な物語、また民間伝承や噂話、怪談の類いから、なじみ深いパターンが共有されており、体験に応じてそれが召喚され、体験そのものを筋立ててゆく。「身近な霊」とは、「生前の人格的イメージ＋体験者の心理状態＋既存の集合的象徴」で構成される。

それは、「誰にも言わない」私的なものとして秘されることもある。他方、「未知の霊」には生前の人格的イメージがなく、遭遇のインパクトゆえに共有され、さらに拡散に値すると思われるパターンがふるいにかけられ、「怪談」として繰り返されるようになる。両者の間には様々なグレイゾーンや複合形態がある。

本書の冒頭で高橋も言及したように、故・岡部健医師は被災地での怪談の流布を耳にして、「集合的無意識が噴出している」と述べたと伝えられている。それは、これまでに述べたようなユング理論の枠組を念頭に置いての発言だろう。岡部医師は「お迎え」の傾聴と受容が、死にゆく人にとって死の受容に役立つことを生前に主張していた。東日本大震災のような災害によって多数の死者が局所的に集中して発生すると、いわば集合的「お迎え」が必要な状況であるにもかかわらず、突然死なので成り立たないという状況が生まれる。そのことは、生きている人にも死者が無事にあの世へ行ったのかという疑念と混乱を生じさせる。そのような体験をした被災者が多いために共鳴し合い、その時代、その地域に特有の仕方で、霊にまつわる集合的無意識が一気に特定のイメージを伴って現われることがあるかもしれない。

本論では、地域的な特徴があることを指摘した。岩手県のA市は「身近な霊」の体験が多く、仙台市に近い宮城県のB市は「未知の霊」に関する噂が広まっており、A市とB市の中間に位置する宮城県のC市では、少数ながら拝み屋がいて未浄化霊の祟りを示唆するが、被災者間では「身近な霊」と「未知の霊」双方についての語りが見られるなど、地域的な特色が見られる。

いわゆる「心霊スポット」の類型論（東日本大震災前の研究）として、金子毅は、時代との関係で「改変された場所」、逆に「手付かずの場所」をあげている。いずれもトポス、すなわち「意味ある場所、ないしは場所の意味が時代に即応して生成される場所」であるという(金子　二〇〇七：九八)。それは霊の情報モデルと重ねることもできる。多数の人が亡くなった場所が、霊を想起させる情報の集積所《アーカイヴ》となり、多数の人に霊が体験されることで、さらに体験談の情報が集積され、多くの人に霊を想起させる集合的記憶の場所となる。それが手付かずのままなら、被災状況を想起させるトリガーがそのまま残る。逆に徹底的に改変されてしまえば、忘却に抗うように霊が現われる場所として観念される。

震災とソーシャル・メディアの普及はほぼ同時で、霊の情報モデルが本格的に発展する過渡期に、霊に関する語りが噴出した。不安や恐怖が強いと疫病モデルが召喚される。怨念を持ち、災いをもたらす「幽霊」である。「心霊スポット」などは、霊の情報モデルと疫病モデルが合成されてできたものだと言える。しかし、親しみ深い故人を「幽霊」としてはとらえたくない。記憶や「こころの絆」を大切に温めるのは内的記憶の情報モデルに近い。しかし、それは地域の寺院や墓地や位牌という、既存の外的想起のトリガーに支えられている。霊の情報モデルはメディアの発達によって顕著になったとは言え、近代以前にも宗教施設や宗教的象徴は霊に関する情報の集積所であったと言える。宗教そのものが霊のメディアだととらえ返すことも可能だろう。

3　死者の力をめぐって

第五章で、死者の三つの特徴、他者性、人格性、社会性が、死者と生者の「連帯」を成り立たせる契機となっていることを示した。震災後には、震災を念頭に置きながら様々な形で「死者」に関する議論がなされてきたが、それらはこの三つの死者性の契機に整理することができる。

もっとも多く議論されているのは、死者の社会性である。それは、死者が生者と同様に、生者の社会生活に影響しているととらえるもので、本書の問題意識とも通じる。若松英輔の『魂にふれる――大震災と、生きている死者』(二〇一二)は、悲しむ生者に寄り添う死者を思い描き、「死者と生きる」ことを説くものであった。歴博フォーラム「死者と生者の共同性」(国立歴史民俗博物館　二〇一八)は「無縁社会」と言われる現代社会のなかでの葬送のあり方を通じて、死者と生者の共同性を再発見しようとするものであった。畑中章宏『死者の民主主義』(二〇一九)は、チェスタトンと柳田國男を参照しつつ、伝統や社会を構成するものとして死者を認める「死者の民主主義」を説く。

死者の他者性としては、末木文美士が、レヴィナスに影響を受けつつ、生者の幻想や願望に還元できない理解不可能性をはらんだ他者としての死者について論じている(末木　二〇一八)。口に出してしまえば実体化してしまう「もの」としての霊についての語りは、どこまでも謎を残す「探求の語り」となることを、本書でも指摘してきた。生者は、死者のゆくえが気になってしまう。どこにいるのか、どうしているのかと尋ね、それについての語りを吟味する。しかしながら、どこまでも謎が残る。

死者の人格性、つまり死後も生前の個性を保っているという考えは、スピリチュアリズムでは当然の信念であり、先ほど私も死者の人格的イメージについて論じてきた。これについては著作の形では出ていないが、森岡正博が講義や講演でフランクルの精神的存在(精神的人格)の議論を参照しながら、死者論を展開している(いずれ刊行予定と聞いている)。また、諸外国に比べてジャンケレヴィッチの死の人称性についての理論が頻繁に参照されるのは、日本の死生学の特徴と言える。これによって、二人称の死と三人称の死の境界とは何か、逆に人格性が顧慮されない死者にどのように光を当てるかについて、本書は繰り返し言及してきた。

このように死者の死者性とは、他者性、人格性、社会性に分節化されるが、これだけでは、要するに生者と同等の存在感を死者にも認めるということにすぎない。厳密には死者の生者性と呼ぶべきだろう。生者にない死者の死者性としては、他者性を突き詰めた超越性がある。それは人格性からの脱却、社会を取り囲む自然や超越的領域との合一を伴う。時間が経つと、死者は浄化され、人格性を脱し、先祖・祖霊や仏・産土神、あるいは近年の西洋なら天使などに昇進する。この時間性は、生者の悲嘆が癒される時間でもある。また生者が年老いて死者に近づく時間でもある。

死を経てなお生きる力

本書の標題でもある「死者の力」とは多義的である。いわゆる「オカゲとタタリ」(金児　一九九七)などと呼ばれるように、死者は生者にとって利益と不利益の両極端をもたらすものと観念されやすい。しかし、近年の日本では、亡くなって間もない死者に物質的なご利益を期待するという事例は一般的ではない。また、被災地においても祟りを強調するのは一部の拝み屋で、被災者も宗教者も懐疑的である。本書で取り上げた例に則して言えば、死者の力とは、生者に存在を認めてほしいと訴える力と、生者を見守って支える力であった。特に後者については、カウンセラーや宗教者以上に生者を癒す力を持つと受け止められる傾向がある（第三章）。

ただし、死者が生者を癒すと言っても、劇的な働きをする例はそれほど多くない。宗教者が霊的な問題を訴える人を儀礼の力で解決する場合でも、相談者本人の自己治癒が鍵になる（第二章）。霊的相談を持ちかけられた宗教者は、劇的な問題解決を期待されるのだが、実際には相談者本人の抱える背景的問題（心身の不健康、経済的問題、生活状況など）が根本的に解消されないと、似たような問題が起こると見ている。それは死者による癒しについても言える。

ここには、治療モデルと治癒モデルの葛藤がある。そもそも「治癒・癒し」とは、万人に等しく効果的とされる「治療」と異なり、個別の当事者の自己治癒力を活性化するような働きかけと定義されている（Weil 1995）。この視点に立つと、癒しの核には内的な自己治癒力があり、外的力による治療とは区別され、死者の力も宗教者の力も、二次的なものでしかない。したがって、「死者の力」を取り上げた本書の隠れたテーマとは、実は「生者の生きる力」であったと言える。

死別者の悲嘆や苦悩の癒しをうながす「力」とは、起こった出来事に意味を与えることで故人との関わりを再構築し、そのなかで本来の自己のあり方を回復するよう働きかける力であり、無理矢理ものごとを動かす力ではない。故人が死後も霊として生きているということが、生者にとって存在感を伴って体験され、一定の意味を帯びることで、生者を方向づける。その時、霊は生者にも死者にも共通するいのちの原理であると自覚され、両者の間に連帯感が生まれる。

和解と連帯のドラマツルギー

したがって、力とは、権力や暴力としての力、つまり一方が他方を支配しようとする力ではない。かつての祟り信仰のように、死者が生者を支配し、取引をして、言うことを聞かせるとか、逆に生者が死者をなだめすかそうとするような、支配やコントロールの力ではない。むしろ、異なるものが出会うことで生じる合力としての力とでも言うべきものである。そこでは、互いに脅かす関係だと思っていたのが、互いに生かし合う関係だったという気づきが起こる。暴力から合力へ、せめぎ合いから生かし合いへ、対立から和解・連帯へという転換である。また、死者の力を、脅威から守護へ転換することである。その転換を導くのが「儀礼の力」である。

そこで暗黙のうちにおこなわれていることを、和解と連帯のドラマツルギー(劇作法、演出論)と呼ぶこともできるだろう。いわゆる「御霊《ごりょう》」「怨霊」などと呼ばれる存在との間で古くから反復されてきたのは、対立から和解へというパターンである。祟りばかり強調する拝み屋と、疑いを持ちつつも祈禱や祓いの儀礼をおこなう僧侶や神職は、それぞれ役割を持ち、そのなかで問題をいかに解決に導くかと苦心し、細かいイレギュラーな出来事に対処しつつ、大まかなシナリオに沿って、自ら次の展開を作っていく。しかし、こうした暴力的な支配、逆転というシナリオに対して、霊の疫病モデルから情報モデルに移行しつつある今日の被災者や信仰者の間で模索されているのは、生者と死者の共通性にもとづく「継続する連帯」(第五章)である。

ここでもまた、故・岡部医師に登場していただこう。岡部医師は、生前、東北地方の在宅医療のなかで「お迎え現象」に出会い、それを傾聴することの大切さを説くと同時に、医師にはできないけれど宗教者にはできることがあると確信していたという。死が近づいた場面で展開する非合理的な世界では医学は無力で「宗教の力」に頼るしかないと考え、被災地での「幽霊」の体験を訴える人に僧侶がお経を唱えるとなぜか解決してしまうというケースを取り上げていた（奥野　二〇一三：二二九、二三九）。ここには、なお宗教の力を治癒モデルではなく、治療モデルでとらえている節がある。この場合の「力」は、社会的役割ゆえに期待される機能、権能であり、医療社会学で「医師役割」「患者役割」などと呼ばれるものと変わらない。いわば「宗教者役割」によって発揮される力である。役割の持つカリスマに依拠する支配である。

しかし、本書でも見てきたように、実際には宗教者、とくに仏教者のなかには、霊を信じられない僧侶も多く、霊をどうとらえ、霊的問題にどう対処するかについては葛藤もある。お経を唱えれば幽霊は消えるというほど単純な話ではない。霊を信じられない僧侶は、あたかも霊が存在するかのように演技をする。つまり、儀礼という演技をする。しかし、なぜか効果がある。効果があるならいい。相手にするのは死者ではなく、生者なのだ。このようにプラグマティックに対応する僧侶に、私は数多く出会ってきた。

だが、この観察も実は一面的だと分かることがある。最初、霊に否定的な態度を示し、霊がいるかどうかはどうでもいいと言っていた僧侶、「自分には霊感もないし、信じられない」と言っていた僧侶が、インタビューも終盤にさしかかって、「やっぱり色々な話を聴くと、いるとしか思えない」とつぶやいたりする。その場合、インタビュアーが宗教学者であったために、霊を信じない近代的仏教者を演じていた可能性がある。彼らは、一般人からは「死の専門家」と見なされ、拝み屋からは祈禱や祓いの専門家としての役割を期待される。他方、近代仏教学では霊の非実在が強調されるので、宗教学者の前で霊を信じる素振りなど見せられない。そこで、多くの宗教学者(僧侶である宗教学者を含む)は、僧侶たちは霊の専門家ではなく、傾聴と寄り添いと伴走型のケアをおこなっているのだと解釈するようになった。このような相互作用のなかで出来上がってきたのが、臨床宗教師やスピリチュアルケア師などと呼ばれる新しい社会的役割である。そこでは、「故人が浮かばれていないのではないか」という訴えに、霊の疫病モデルにもとづいて儀礼で解決するという旧来の和解のドラマツルギーが採用される。同時に訴える被災者も実はそのような祟りの観念に疑いを持っている。第五章で紹介した北村信法さんのように、故人は「祟る人なの?」と尋ねられると、「いや…」と答えてしまう。実際には祈禱や祓いの儀礼は形骸化しており、被災者の横で傾聴、受容し、水平的に働きかけ、死者も生者も大きく異なることはないということに気づく連帯のドラマツルギーが、ある程度は功を奏している。霊を追い払う専門家として地域共同体内で割り当てられている役割を、一面では受け入れているように見せつつ、実際にはキュアではなく、ケアをおこない、公共性の高い場面での新たな宗教者の役割を確立するに至った。

しかしながら、多くの宗教者、信仰者にとって、これは新たな展開、新たな進化とは受け止められていない。第五章で取り上げた信仰者の多くは、自身の信仰に何か変化は生じたかと尋ねると、変化はなく、信仰が深まり、強まったと答えている。

とりわけ水守さなえさんの、超宗教の宗教者による傾聴活動についての語りを中心に、他の信仰者の発言も交えて再構成すると次のようになる。東京が世俗的世界だとすると、被災地は霊的世界という雰囲気があり、自然に霊に関する事柄を話せる。他の宗教の宗教者も、被災地では死者や霊に関する話をする。しかし、元に戻ると霊についての話はできない。同じ宗教同士の人間の間では、特に仏教の場合、教義の枠から逸脱した宗教的会話はしにくい。それに対して、異なる宗教の宗教者同士が被災地で傾聴活動をしていると、死者の魂とどう向きあうか、それをどう感じ取るかが、共通の話題となる。それが、超宗教・超宗派の共通言語を形成してゆく。

一方、すでに見てきたように、彼らの多くは、私がこの結論の章で理論化した「霊の疫病モデル」には違和感をいだき、若干の「電磁波モデル」を引きずった「情報モデル」に親近感を持ち、死者と生者の力比べのドラマツルギーよりも、連帯のドラマツルギーにシナリオをすり替えようと模索している。

被災地での信仰者と被災者の相互作用は、被災者側にも変化をもたらした。とりわけ外部の信仰者やボランティアとの関わりのなかで、祭りや巡礼や念仏講などの伝統的民俗的儀礼が復興した例がある。しかし、彼らはそれを新しいものというよりは古いものの復興ととらえる。実際には震災・津波という異常事態に対応して生まれた新しい取り組みも、本来のあり方、本来の信仰の強化だととらえると、周囲からも警戒されず、安心して進められるという心の動きがある。被災者の「心の復興」というが、実際には震災前の心の状態に戻るということはありえない。むしろ、震災を機に始まった死者と生者の連帯、被災者と支援者の連帯が日本社会全体に拡散しつつあることに希望がある。犠牲者の霊が社会に訴えたいことがあるとすれば、新たな大災害において一人でも多くの犠牲者を出さないよう「事前復興」などの形で備えることであろう。生存者はそれに応える責任、未来への責任がある。

震災前から、無縁社会や孤立死の問題に取り組んできた人々が、この一〇年、東日本大震災に関係する苦難に向きあってきたという経験は大きい。自死や孤立死を多く生み出す現代の日本は、ある特定の属性の生者を、死者のように扱っている社会である。本書は、突然の災害によって多数発生したさまよう死者の霊を包摂するという課題を示してきた。それは共同体の分断や、それにともなう社会的排除や社会的孤立と連動していた。

「生者すら尊重しない社会が死者を尊重するわけがない」と言えば理解しやすいだろうか。しかし、これは生者にこそ価値があるという世俗的な視点からの観察である。逆も言えるのではないか。「死者すら尊重しない社会が生者を尊重するわけがない」と。なぜなら、死者とは人格を持ちつつ社会をともに形成する他者の範型なのだから。死者を包摂し、死者と連帯する社会を構想することは、死者と生者の境界を曖昧にし、人間そのものを情報の束としてとらえ返すポスト「人間」の社会をもたらすと考える人もいるかもしれない。しかし、それは別様にもとらえられる。過去と未来の両方に責任の範囲を拡大し、生者と死者をつらぬくいのち――または生命原理としての霊――へ配慮し、両者が生きる基盤である大地と大洋へ思いを寄せる人間像を展望することである、と。

あとがきに代えて——片方の調査者から見た主観的現実

堀江宗正

「はじめに」を読んだ人は薄々感じたと思うが、共著者の高橋はこの調査に最初は乗り気ではなかった。被災地の「幽霊話」などは、古くからある型どおりのものばかりで、わざわざ調査するほどのものではない、というのだ。どうも幽霊など信じないという態度である。私は素直な人間なので、この言葉の裏や深さを十分に理解していなかった。宗教学者なら、そこまで頭ごなしに否定するのもどうかといぶかしく思った。つまり、当事者が真剣に信じていることなら、肯定も否定もしないという立場をとるべきではないかと思ったのだ。しかし、高橋は被災地における霊的体験の調査そのものを意味がないと思っていたわけではなかった。噂話には興味がないが、調査するからには実体験を対象とするべきだと考えていたのである。実際、高橋の調査への打ち込みぶりは目を見張るものがあった。

結論まで書き終えた今、私はやっと高橋の言葉の深い意味を理解しえたように思う。彼はユング心理学の研究者である。「古くからある型どおりのもの」とは、「元型」のことを指しているに違いない。そして、彼はそれが噂話として流れる前に、実体験として立ち現われる瞬間に肉薄したい、それを通して、ユングに並ぶ、いやユングを超える研究をしてみたいと考えたのだろう。もちろん、高橋はそこまで考えていなかったと言うかもしれない。しかし、無意識的にはきっとそうだったのだろうと思う。

私は、本論中にも書いたように、本調査の話が立ち上がる前に、まずボランティアとして被災地に通っていた。そこで第三章冒頭と第五章の終盤に紹介した塞翁さん(ニックネームの仮名)に出会い、いま振り返ると本書でもっとも濃厚な霊的体験の話を聞かされ、衝撃を受けた。「これはきちんとした調査研究が必要だ、聴いてしまった以上、何らかの形で書かなければいけない」と思った。そしてボランティアの作業中であるにもかかわらず、もしものときのためになぜか持っていたレコーダーを取り出し、塞翁さんに細部を繰り返し話してもらった。もともと私が、宗教・スピリチュアリティの研究者だと知ると、塞翁さんの方から、聴きたいだろうと持ちかけた話である。すんなりと録音は了承され、その瞬間に調査が始まったのである(本格的な調査の際には再会して、再度研究への協力をお願いしている)。とはいえ、そのときの音声はそのままパソコンに転送され、文字として書き起こしたものの、何かの文章に使われるということはなかった。それだけでは、研究として不十分だし、大学生を率いてのボランティア活動の合間では、体系的な調査をおこなうことなど考えられなかった。そのような便宜的な理由以上に、傷ついた被災者の体験を研究に利用することへの抵抗が大きかった。

高橋が、自身の科学研究費プロジェクトの研究分担者として私に声をかけてきたとき、私がそのような思いをいだいていることなど知るよしもなかっただろう。私は二〇一一年に『スピリチュアリティのゆくえ』を岩波書店から出してもらい、そこでインタビュー調査を以前からおこなってきたことも世に知られるようになったが、研究者の間では宗教心理学の理論研究、スピリチュアリティと死生観の研究者として知られていた。高橋が書いた調査の計画書にも「文化的・思想史的に分析する役割を担う」と書いてある。加えて、高橋以外の東北大学のプロジェクト・メンバーから見ると、私はよそ者であった。極端にいえば、調査者としてのモチベーションもポテンシャルも未知数のまま、高橋の旧知として出現した「幽霊」のような存在であった。

震災直後の宗教学者たちの雰囲気は、いまでは想像しづらいだろうが、「被災地で調査をするのだけはやめよう」というものだった。理由は、調査被害になるから、つまり調査することが、すでに傷ついている被災者をいっそう傷つけることになるから、というものであった。特に研究分担者の一人である鈴木岩弓先生は、震災前から沿岸部をフィールドとし、何度も足を運んできた研究者である。震災による破壊に鈴木先生自身も心を痛めておられた。そのため、傷ついた被災者への直接調査にはもっとも消極的であった。高橋もそのようなご意向に配慮し、被災者から霊的な相談を受ける宮城県の宗教者に調査対象を限定して、調査を開始した。とはいえ、科研費の申請書には後から調査ができるように「宗教者および被災住民への聴き取り調査」と明記され、被災者への直接調査も念頭に置かれていた。私は、調査被害への懸念という空気を感じつつ、じわじわと被災者への直接調査も視野に入れましょうと迫り、具体的に「こころの絆」調査（第三章・第四章）を提案した。

当時は、宗教学者が超宗教・超宗派の宗教者による被災地支援活動のジョイント役となり、アクション・リサーチ的に宗教の社会貢献活動を後押ししながら研究もし、ポスト世俗の公共宗教として論じるという流れが、東大の島薗進先生ならびに弟子筋の研究者たちによって作られていた。鈴木岩弓先生も「心の相談室」を通じて、似たような役割を果たしていた。私は宗教者災害支援連絡会などに通い、その趣旨には賛同しつつも、宗教学者としての最終的な貢献は、被災者と支援者とそれを取り巻く被災地で起きている宗教現象を宗教学的に調査し、分析することにあると考えていた。一方、鈴木先生からは、「表面的で免罪符的な調査」と「調査公害」になるという懸念が表明された。私としては、被災地で起きている霊的現象を知ってしまったことへの責任を果たさなければならない、という気持ちが大きかったが、フィールドワーカーとしての鈴木先生の言葉は重かった（実際、宮城県B市調査は慎重さを要した。二二七〜二二九頁を参照）。

かくして、我々は、宗教者対象の調査と並行して、被災者対象の調査が受け入れられるかどうかの予備調査、いわば地ならしと根回しをしようということになった。当時、高橋が宮城県の宗教者を対象としておこなったインタビューの録音を聞いていると、最後の方で私が提案した被災者対象の「こころの絆」調査への見解を尋ねる場面が出てくる。高橋は、被災地の宗教者にアンケート用紙を見せながら、「このような調査をしたいという人がいて、私はちょっとどうかなと思っているんですけど、大丈夫だと思いますか」といった聞き方をする。私は、高橋がここまで消極的だったのかと驚き、こんな聞き方じゃ聞かれた方もついネガティブになるのではないかと、宗教者の反応をドキドキしながら待った。結局、「よろしくない」といった宗教者は一人もいなかった。「いいんじゃないでしょうか」とあっさり言う人もいれば、いきなり具体的な文言についての指摘やアドバイスに入る人もいるという具合だった。本文中に書いたが、私自身も調査対象地の宗教者や被災者に、事前に調査被害の恐れがないか、気分を害することにならないか、慎重に意向をうかがっていた。そして、このような真面目な調査なら問題ないし、後世に残すためにもぜひ進めてほしいと、多くの人から背中を押された。

被災者への直接調査に後ろ向きと思われた高橋だが、いざ私と調査におもむくと、いつもどおり淡々と、しかし熱心に取り組むようになった。彼は調査とは別に、ボランティアとして仮設住宅での傾聴活動もおこなった。冷めているのか、情熱的なのか、わかりにくい人物である。ちなみに、私も高橋と一緒にではないが同様の傾聴活動に関わった。ただ、データだけを集めて、業績にするだけでは済まされないという性格が、被災地の調査にはあるのだ。

この調査は日本宗教学会の二〇一四年の学術大会でもパネルを組んで発表し、研究者の間で大きな関心を引いた（聴衆の数から推測して）。私は、被災地の外から被災者の霊的体験に触れた宗教者・信仰者へのインタビューをも追加でおこなう必要を感じ、小川有閑とともに東京で調査を実施し、これについても二〇一五年の学術大会で発表し、ある程度の責任を果たしたと感じた。海外の国際宗教史学会（International Association for the History of Religions）でも発表している。その後、高橋と私は二人とも様々な仕事に忙殺されるようになるが、それぞれ調査結果をまとめた論文も複数本書いた。

あらためて、本書の元になった既発表論文（発表稿を含む）をまとめる。

高橋原 二〇一三「臨床宗教師の可能性──被災地における心霊現象の問題をめぐって」『現代宗教2013』（国際宗教研究所編）秋山書店、一八八～二〇八頁。

高橋原 二〇一四「誰が話を聴くのか？──被災地における霊の話と宗教者」『死生学年報2014』東洋英和女学院大学死生学研究所、二三七～二五四頁。

高橋原 二〇一四「「心霊現象」と宗教者の対応」『宗教研究』八七別冊、四四〇～四四一頁。

高橋原 二〇一五「宗教者による心のケアと心霊現象——聴き取り調査から」『宗教研究』八八別冊、一五四〜一五五頁。

Takahashi Hara. 2016. "Ghost of Tsunami Dead." *Journal of Religion in Japan* 5(2-3): 176–198.

高橋原 二〇一八「声にならない声を聴く——死者の記憶に向き合う宗教者」『〈死者／生者〉論——傾聴・鎮魂・翻訳』（鈴木岩弓・磯前順一・佐藤弘夫編）ぺりかん社、四五〜七〇頁。

堀江宗正 二〇一五「被災地における霊的体験と継続する絆——身内の霊と未知の霊」『宗教研究』八八別冊、一五六〜一五七頁。

（小川有閑 二〇一六「信仰者の語る被災地の霊的体験——東京近辺の仏教者の事例から」『宗教研究』八九別冊、三三二〜三三三頁。本書に直接は取り入れられていない。）

堀江宗正 二〇一六「信仰者の語る被災地の霊的体験——東京近辺の諸教団の事例から」『宗教研究』八九別冊、三三三〜三三四頁。

Horie Norichika. 2016. "Continuing Bonds in the Tōhoku Disaster Area: Locating the Destination of Spirits." *Journal of Religion in Japan* 5(2-3): 199–226.

堀江宗正 二〇二〇「東日本大震災における霊的体験——個人との継続する絆と共同体の力」『臨床心理学』増刊第一二号、一一八〜一二四頁。

（このうち、堀江の最後の二本の論文に引いてあるデータは、調査の途中経過の数字が紛れ込んでいるところがある。本書に収録する際にはあらためて確認したので、今後は本書のデータを参照してほしい。）

このようにそれなりに研究成果を発表してきたつもりだが、世間一般に我々の仕事が広く引用されたり、参照されたりすることはなかった。被災地での霊的現象を取り上げた本には、学生の聴き取り調査やルポルタージュ、なかには体験談集のようなものもあるが、いずれも学術書とは言えなかった。私たちの調査のように体系性、理論的枠組、倫理的配慮を備えたものは本としては出ていなかった。そのような状況で、岩波書店の山本賢さんが、被災地での霊的な体験についてもっと学術的な研究が出るべきではないかと問いかけてきた。山本さんには、私が被災地でそのテーマについて調査してきたことは話していなかったので、誰か本を書きそうな人はいないかというニュアンスだったと思う。それなら、すでに私たちが共同研究をおこなっていて論文も書いていますと材料を示し、本書の企画がまとまっていった。

私は、いつも忙しそうに、そしてしんどそうにしている高橋が乗り気になるか不安だった。ところが、出版の話を持ちかけると、意外にも「いや～持つべきものは友達だなぁ……」と心温まる返事が返ってきた。それが二〇一八年の末である。だが、二人とも大学の仕事、他の著書や論文の執筆に追われて、苦しい日々が続いた。二〇一九年の夏には科研費もないのに二人でフォローアップ調査をおこなった。これは本調査から年月が経っていたので、その後の様子をうかがうことが目的だったが、自分たちの気持ちを奮い立たせ、山本さんにちゃんと取り組んでいることをアピールする意味合いもあった。

そこから順調に執筆に入るはずだったが、高橋は再びしんどそうな、気持ちが乗らないような雰囲気になってきた。それは一つには、二〇二〇年からの新型コロナウイルス感染症の蔓延の影響がある。

が、それだけではなかった。この年、高橋と私は奇しくもそれぞれの父親を亡くすことになったのである。そのことは高橋に、死者の霊に関する見方をあらためさせたようである。私は、本書の理論的支柱にすることを念頭に置きつつ、「物語的現実としての霊」という論文を二〇一九年に『宗教哲学研究』に発表していた。そこでは、すでに亡くなった肉親や知人の霊をめぐる霊媒とのやり取りを取り上げ、いかに相互作用のなかで物語的現実としての霊が立ち現われるかを記述した。それをあらためて読み返して、本書を書く上で重要だから読んでほしいと高橋に送ってみた。すると、かねてより「霊など信じない」という態度だった高橋が、「最近、霊、あるいは死者を存在論的に語るべきであるというような「気分」になってきています」と言いだした。「心的現実」論では足りない、もっとリアルなものとして受け止めないといけない、とも言う。「人間五十歳にもなると物の見方がかわってくるものですね。あらためて考え直します」とのことであった。

私ははてっきり、高橋が霊を全面肯定する実在論の立場に急転回したのかと勘違いし、本書の記述がどうなるか期待と不安の両方の気持ちで待っていたが、出来上がった文章は、読者もお分かりのように、通常の宗教学者と同様の態度であった。だが、微妙に違うところがある。通常の宗教学者は、霊については肯定も否定もしないという態度をとる。しかし、高橋は「はじめに」にあるように、「本書では、「肯定と否定」どちらの解釈も退けることはしない」と書いている。先ほどのメールの文章を読み直してみると、心的現実や物語的現実というとらえ方を否定しているわけではなかった。その概念を、物理的には存在しないという含意をにじませて消極的に用いるのではなく、存在論の立場から「リアル」さが醸し出されるゆえんを確かめなければならないというのが、高橋の本意であろう。それは私が結論にも書いたように。複数の異なる説明のどちらも否定しないというウィリアム・ジェイムズの立場に通じる。それを一歩進めると、多元的に、複眼的に見ることで、死者が存在者として立体的に立ち現われる、その瞬間を現象学的に、あるいはユングの『心理学と宗教』にあるように現象論的にとらえなければならない、という立場に至る。

結論では、私なりに高橋の思いをくんで、その辺を綿密に書き上げたつもりである。我々は死者の霊という目に見えない存在者を、複数のメタファーを使って表象し、複数の筋書きを走らせながら、それに巻き込まれ、複数の役割を演じながら、当初はなかったアドリブなども含ませて、よりリアルなものとして受け止め、変容に導きつつ自らも変容するというドラマを演じているのだ、と。

本書は、できれば震災一〇年となる二〇二一年三月ジャストの刊行を目指していたのだが、果たして高橋は、それは「現実的」ではなく、お盆が来る夏ごろが「現実的」だという。その節目の三月には、おそらく彼のなかで何かが起きたらしい。四月にかけて、あっという間に原稿を書き上げ、巻末資料もまとめて、後は私の原稿を待つだけという状態になった。このように気乗りしない風でいて、人をやきもきさせておきながら、あっという間に追い越してゆくところにも、高橋の謎めいた人柄が現われている。

私は、あらためてすべてのインタビューの録音を、通して二回は聴いて、新たな発見があるたびに自分の担当章の原稿を膨らませていった。食事をするときも、ジョギングをするときも、家事をするときも、霊についての語りを延々と聴き続けた。あるとき、私は、河原でジョギングをするために車を走らせながら、やはりカーステでインタビューの録音を再生していた。車を止め、ブルートゥースを切って、車の外に出て、ジョギングをするためにイヤフォンに音声を切り替えようとしたときである。近くに誰もいないのに、誰かが話をしている声が聞こえる。辺りを見回すが誰もいない。遠くで話をしているのなら若干の残響音が含まれるはずだが、一切の残響音がなく、近くで聞こえる。近くから聞こえるにもかかわらず、非常に小さい音で聞こえる。その話し方は、小声でしゃべっている様子ではなく、普通に会話しているようである。

これは、第五章に出てくるミディアムたちの説明と酷似していた。彼女たちは犠牲者が数多く出た学校で、同じように誰かが普通に会話しているのが、小さな音量で聞こえてくるという体験をしていた。私が降り立ったその河原は、昔から洪水が多い場所で、確かに多くの犠牲者が出ているはずである。水難者も多く出ていた。実は私は幼いときに、そこである種の霊的体験をしていた。残留思念や実存思念が行き交う場所だが、それも時間とともに、祈りによって上塗りされ、感じ取りにくくなってゆく。だから、かすかにしか聞こえないのだろうか。そんなことを想像しながら、しばし祈りを捧げたのち、再びインタビューの録音を再生して、風通しのよい河川敷でジョギングを開始した。

これはもちろん、インタビューを集中的に聴き続けたために幻聴が起きたのだ、と解釈することも可能である。霊聴だという解釈も、幻聴だという解釈も、私は退けない。その両者が、体験をより立体的にしてくれる。いずれにせよ、そんな風に三月から四月にかけては、被災地での霊的体験に関係する人々の話を聴き続け、その世界に埋没していった。後半の私の担当章がアンバランスに長くなってしまったのは、そのせいである。

出版に至るまでに多くの時間を費やしてしまい、調査に協力してくださった方には誠に申し訳なく思う。高橋もまた、自分のデータに向きあう時間があったようで、「よくもこれだけのデータを眠らせておいたものだと、我ながら罪深さにおののきました」と書いている。まったく同感である。アンケート調査中に、一期一会で出会った名前も知らない人の語りも、この本の中には含まれている。もしかしたら他界されている人もいるのではないかと恐れる。

いずれにせよ、被災地で生者と死者との間にどのようなドラマが展開されていたのか、その一端を学術的な観点から記録し、報告するとともに、分析、考察を加えるという作業は果たし終えた。この本がどのように読まれるのか、私には想像が付かない。しかし、やはりインタビュー調査をもとにして書いた『スピリチュアリティのゆくえ』(二〇一二)と同様、このような話が普通に話されるようになることが私の願いである。そのような社会は、死者だけでなく、生者にも敬意が払われる、風通しと居心地のよい社会になるはずだから。

参考文献

浅野智彦 2001『自己への物語論的接近——家族療法から社会学へ』勁草書房.
飯田史彦 2014『生きがいの創造[実践編]——悩み苦しむ人をどのように導くのか』PHP 研究所.
池上良正 2003『死者の救済史——供養と憑依の宗教学』角川書店.
池上良正 2011「救済システムしての「死者供養」の形成と展開」『文化(駒澤大学)』29, 5–31 頁.
池上良正 2014「宗教学の研究課題としての「施餓鬼」」『文化(駒澤大学)』32, 69–94 頁.
石井光太 2013『津波の墓標』徳間書店.
稲場圭信 2013「総説　震災復興に宗教は何ができたのか」稲場圭信・黒崎浩行編著『震災復興と宗教』明石書店.
巖谷勝正 1997「岩手県南部における百萬遍念仏」『佛教文化学会紀要』6, 85–98 頁.
鵜飼秀徳 2018『「霊魂」を探して』角川書店.
NHK 2013「亡き人との“再会”——被災地三度目の夏に」8 月 23 日, http://www.nhk.or.jp/special/detail/2013/0823/, 2015 年 12 月 16 日アクセス.
NHK 放送文化研究所編 1997『現代の県民気質——全国県民意識調査』NHK 出版.
NHK「無縁社会プロジェクト」取材班編著 2010『無縁社会——“無縁死”三万二千人の衝撃』文藝春秋.
小川有閑 2016「信仰者の語る被災地の霊的体験——東京近辺の仏教者の事例から」『宗教研究』89 巻別冊, 332–333 頁.
奥野修司 2013『看取り先生の遺言——がんで安らかな最期を迎えるために』文藝春秋.
奥野修司 2017『魂でもいいから, そばにいて——3・11 後の霊体験を聞く』新潮社.
開堂慈寛 2013『自分でできる霊性開花』道出版.
東北学院大学震災の記録プロジェクト／金菱清(ゼミナール)編 2016『呼び覚まされる　霊性の震災学——3・11 生と死のはざまで』新曜社.
東北学院大学震災の記録プロジェクト／金菱清(ゼミナール)編 2018『私の夢まで, 会いに来てくれた——3・11 亡き人とのそれから』朝日新聞出版.
金児暁嗣 1997『日本人の宗教性——オカゲとタタリの社会心理学』新曜社.
金子毅 2007「心霊スポットに見るトポス」一柳廣孝・吉田司雄編著『霊はどこにいるのか』青弓社.
窪寺俊之 2000『スピリチュアルケア入門』三輪書店.

参考文献

警察庁 2020「平成 23 年(2011 年)東北地方太平洋沖地震の警察活動と被害状況」, http://www.npa.go.jp/news/other/earthquake2011/pdf/higaijokyo.pdf, 2021 年 2 月 22 日アクセス.

国立歴史民俗博物館 2018「死者と生者の共同性――葬送墓制の再構築をめざして」12 月 15-16 日, https://www.rekihaku.ac.jp/events/forum/old/f2018/index.html#no109.

こころのケアセンター編 1999『災害とトラウマ』みすず書房.

「心の相談室」事務局 2011.『「心の相談室」チャプレン行動規範 ver. 1.3』http://www.sal.tohoku.ac.jp/kokoro/data/upfile/25-1.pdf, 2015 年 12 月 16 日アクセス.

坂口幸弘 2006「日本人遺族に応じた遺族ケアのあり方に関する研究――故人との「継続する絆」」『ホスピス・緩和ケアに関する調査研究報告』http://www.hospat.org/report_2006-d1.html, 2016 年 9 月 5 日アクセス.

坂部恵 1990『かたり』弘文堂.

佐々木宏幹・藤井正雄・津城寛文監修 2010『「霊」をどう説くか――現代仏教の「霊」をめぐる教化法』四季社.

佐藤健二 1995『流言蜚語――うわさ話を読みとく作法』有信堂高文社.

島薗進 2012『現代宗教とスピリチュアリティ』弘文堂.

宗教者災害支援連絡会編 2016『災害支援ハンドブック――宗教者の実践とその協働』春秋社.

白岩祐子・堀江宗正 2020「日本人の死後観――その類型と性差・年代差の検討」『死生学・応用倫理研究』25, 119-141 頁.

末木文美士 2018『冥顕の哲学 1 死者と菩薩の倫理学』ぷねうま舎.

菅原裕典 2013『東日本大震災「葬送の記」――鎮魂と追悼の誠を御霊に捧ぐ』PHP 研究所.

鈴木岩弓 2012「東日本大震災の土葬選択にみる死者観念」座小田豊・尾崎彰宏編『今を生きる―東日本大震災から明日へ! 復興と再生への提言 1 人間として』東北大学出版会.

鈴木岩弓・磯前順一・佐藤弘夫編 2018『〈死者/生者〉論――傾聴・鎮魂・翻訳』ぺりかん社.

鈴木岩弓 2018「二・五人称の死者―― "死者の記憶" のメカニズム」, 前掲『〈死者/生者〉論――傾聴・鎮魂・翻訳』145-181 頁.

曹洞宗総合研究センター編 2003『葬祭――現代的意義と課題』曹洞宗総合研究センター.

副田義也 2007「震災体験の癒しの過程における「重要な他者」と「一般的他者」」樽川典子編『喪失と生存の社会学――大震災のライフ・ヒストリー』有信堂, 25-51 頁.

高橋原 2013「臨床宗教師の可能性――被災地における心霊現象の問題をめぐって」『現代宗教 2013』, 188-208 頁.

高橋原 2014「誰が話を聴くのか？——被災地における霊の話と宗教者」『死生学年報 2014』東洋英和女学院大学死生学研究所.
高橋原 2018「声にならない声を聴く——死者の記憶に向き合う宗教者」鈴木岩弓・磯前順一・佐藤弘夫編『〈死者／生者〉論——傾聴・鎮魂・翻訳』ぺりかん社.
中外日報 2012「心のケア・宗教の力 1」9月6日，http://www.chugainippoh.co.jp/rensai/inochi/120906-01-01.html，2015年12月16日アクセス.
日本臨床宗教師会 2016「臨床宗教師倫理綱領」，http://sicj.or.jp/ethics/，2021年4月25日アクセス.
野家啓一 1996『物語の哲学——柳田國男と歴史の発見』岩波書店.
畑中章宏 2019『死者の民主主義』トランスビュー.
東山紘久・加藤廣隆 2007『カウンセリングと宗教——魂の居場所を求めて』創元社.
兵庫県こころのケアセンター訳 2009『サイコロジカル・ファーストエイド——実施の手引き第2版』
藤丸智雄 2013『ボランティア僧侶——東日本大震災 被災地の声を聴く』同文館出版.
藤山みどり 2014「「死後の世界」(1)現代日本のトレンドと報道」 http://circam.jp/report/02/detail/id=5077，2015年12月16日アクセス.
堀江宗正 1994『フロイトの歴史構想——宗教史・文化史・道徳性の問題』(東京大学大学院人文科学系研究科，修士論文).
堀江宗正 2009『歴史のなかの宗教心理学——その思想形成と布置』岩波書店.
堀江宗正 2015a「霊といのち——現代日本仏教の霊魂観と生命主義」『死生学・応用倫理研究』20，195-235頁.
堀江宗正 2015b「震災と宗教——復興世俗主義の台頭」似田貝香門・吉原直樹編『震災と市民 2　震災とケア』東京大学出版会，215-233頁.
堀江宗正 2016「信仰者の語る被災地の霊的体験——東京近辺の諸教団の事例から」『宗教研究』89巻別冊，333-334頁.
堀江宗正 2018「死後はどう語られているか——スピリチュアリズム的死生観の台頭」堀江宗正責任編集『いま宗教に向きあう 1　現代日本の宗教事情〈国内編I〉』岩波書店，147-167頁.
堀江宗正 2019a『ポップ・スピリチュアリティ——メディア化された宗教性』岩波書店.
堀江宗正 2019b「物語的現実としての霊——他者の死と自己の死をつなぐもの」『宗教哲学研究』36，1-13頁.
堀江宗正 2020「死生観(生死観)調査SoVoLaD(Survey on Views of Life and Death)」『死生学・応用倫理研究』25，56-93頁.
柳田國男 1946「先祖の話」『柳田國男全集 13』筑摩書房，1990.

参考文献

柳田邦男 2015「被害者の精神史——70年の歩みと転機のいま」日本記者クラブ, https://s3-us-west-2.amazonaws.com/jnpc-prd-public-oregon/files/2015/05/e17a2263a7e1ad41ab7f7be3b1e766bf.pdf, 2021年5月11日アクセス.

やまだようこ・加藤義信・戸田有一・伊藤哲司, 2010『この世とあの世のイメージ——描画のフォーク心理学』新曜社.

読売新聞 2008「年間連続調査——日本人(6)宗教観」5月29日25面.

若松英輔 2012『魂にふれる——大震災と, 生きている死者』トランスビュー.

Asad, Talal. 2003. *Formations of the Secular: Christianity, Islam, Modernity*. Stanford: Stanford University Press. タラル・アサド(中村圭志訳)『世俗の形成——キリスト教, イスラム, 近代』みすず書房, 2006.

Charet, F. X. 1993. *Spiritualism and the Foundation of C. G. Jung's Psychology*. NY: State University of New York Press. チャレット(渡辺学・葛西賢太・堀江宗正・高橋原訳)『ユングとスピリチュアリズム』第三文明社, 1997.

Conant, Roberta Dew. 1996. "Memories of the Death and Life of a Spouse: The Role of Images and Sense of Presence in Grief"(Klass et al. 1996: 179–196).

Cummins, Geraldine. 1932. *The Road to Immortality*. White Crows Books, 2012. カミンズ(浅野和三郎訳)『永遠の大道』潮文社, 1985.

Field, Nigel P. 2008. "Whether to Relinquish or Maintain a Bond With the Deceased." In *Handbook of Bereavement Research and Practice: Advances in Theory and Intervention*, eds. Margaret S. Stroebe et al., Washington D. C.: American Psychological Association, 113–132.

Field, Nigel P. et al. 2013. "Type of Continuing Bonds Expression and its Comforting versus Distressing Nature: Implications for Adjustment among Bereaved Mothers." *Death Studies* 37: 889–912.

Frank, Arthur W. 1995. *The Wounded Storyteller: Body, Illness, and Ethics*. University of Chicago Press. フランク(鈴木智之訳)『傷ついた物語の語り手——身体・病い・倫理』ゆみる出版, 2002.

Freud, Sigmund. 1912–3. "Totem und Tabu." *Gesammelte Werke*, IX. フロイト(門脇健訳)「トーテムとタブー」『フロイト全集12』岩波書店, 2009.

Freud, Sigmund. 1915–1917. "Vorlesungen zur Einführung in die Psychoanalyse." *G. W.* XI. フロイト(新宮一成ほか訳)「精神分析入門講義」『フロイト全集15』岩波書店, 2012.

Hearn, Lafcadio. 1896. *Kokoro: Hints and Echoes of Japanese Inner Life*. Tokyo: Tuttle Shokai, 2002. ハーン(平井呈一訳)『心——日本の内面生活の暗示と影響』岩波書店, 1951.

Hillman, James. 1975. *Re-Visioning Psychology*. N. Y.: Harper & Row. ヒルマン(入江良平訳)『魂の心理学』青土社, 1997.

Jankélévitch, Vladimir. 1977. *La Mort*. Paris: Flammarion. ジャンケレヴィッチ（仲澤紀雄訳）『死』みすず書房，1978.
James, William. 1901–2. *The Variety of Religious Experience: A Study in Human Nature*. N. Y.: Macmillan, 1961. ジェイムズ（桝田啓三郎訳）『宗教的経験の諸相（上・下）』日本教文社，1962.
Jones, James W. 1993. *Contemporary Psychoanalysis and Religion: Transference and Transcendence*. New Haven: Yale U.P. ジョーンズ（渡辺学訳）『聖なるものの精神分析』玉川大学出版部，1997.
Jung, Carl Gustav. 1938. "Psychology and Religion." *Collected Works*（N. Y.: Bollingen）, vol. 11. ユング（村本詔司訳）「心理学と宗教」『心理学と宗教』人文書院，1989.
Klass, Dennis. 2006. "Continuing Conversation about Continuing Bonds." *Death Studies* 30: 843–858.
Klass, Dennis, Phyllis. R. Silverman, and Steven. L. Nickman（eds.）. 1996. *Continuing Bonds: New Understandings of Grief*. Washington, D.C.: Taylor and Francis.
Kleinman, Arthur. 1988. *The Illness Naratives: Suffering, Healing, And the Human Condition*. New York:Basic Books. アーサー・クラインマン（江口重幸・五木田紳・上野豪志訳）『病いの語り――慢性の病いをめぐる臨床心理学』誠信書房，1996.
Ricœur, Paul. 1983–1985. *Temps et récit 1–3*. Paris: Seuil. リクール（久米博訳）『時間と物語 I–III』新曜社，1987–1990.
Ricœur, Paul. 2000. *La mémoire, l'histoire, l'oubli*. Paris: Seuil. リクール（久米博訳）『記憶・歴史・忘却（上・下）』新曜社，2004–5.
Root, Briana L. and Julia Juola Exline. 2014. "The Role of Continuing Bonds in Coping with Grief: Overview and Future Directions." *Death Studies* 38: 1–8.
Smith, Robert. 1974. *Ancestor Worship in Contemporary Japan*. Palo Alto: Stanford University Press. スミス（前山隆訳）『現代日本の祖先崇拝――文化人類学からのアプローチ』御茶の水書房，1996.
Stroebe, Margaret, Mary Gergen, Kenneth Gergen, and Wolfgang Stroebe. 1996. "Broken Hearts or Broken Bonds?"（Klass et al. 1996: 31–44）.
Stroebe, Margaret and Henk Schut. 2005. "To Continue or Relinquish Bonds: A Review of Consequences for the Bereaved." *Death Studies* 29: 477–494.
Takahashi, Hara 2016 "The Ghosts of Tsunami Dead and *Kokoro no kea* in Japan's Religious Landscape" *Journal of Religion in Japan*, vol. 5, Issue 2–3, pp. 176–198.
Valentine, Christine. 2009. "Continuing Bonds after Bereavement: A Cross-Cultural Perspective." *Bereavement Care* 28（2）: 6–11.

参考文献

Walter, Tony. 1999. *On Bereavement: The Culture of Grief*. Philadelphia: Open University Press.

Walter, Tony. 2017. *What Death Means Now*. Bristol: Policy Press. ウォルター(堀江宗正訳)『いま死の意味とは』岩波書店, 2020.

Walter, Tony. 2020. *Death in the Modern World*. London: Sage.

Weil, Andrew. 1995. *Spontaneous Healing: How to Discover and Enhance Your Body's Natural Ability to Maintain and Heal Itself*. N. Y.: Ballantine Books. ワイル(上野圭一訳)『癒す心, 治る力——自発的治癒とは何か』角川書店, 1995.

Yamamoto, Joe, Okonogi Keigo, Iwasaki Tetsuya, and Yoshimura Saburo. 1969. "Mourning in Japan." *American Journal of Psychiatry* 125(12): 1660–1665.

参考資料

「東北被災地域における心霊体験の語りと宗教者による対応に関する宗教学的研究」
2013-2015 年度
　科研費課題番号：25580012
　研究代表者：高橋原(東北大学)
　研究分担者：鈴木岩弓(東北大学), 木村敏明(東北大学), 堀江宗正(東京大学),
　相澤出(爽秋会岡部医院研究所)
　連携研究者：谷山洋三(東北大学)
　研究協力者：小川有閑(大正大学)

1　宮城県宗教者対象質問紙調査　単純回答欄[1)]

◎調査の概要
○質問紙調査：郵送, 自記式, 無記名(可能な方のみ氏名, 連絡先を記入いただく)
○調査対象者：宮城県内の寺院・神社・教会など地域に存在する宗教施設[2)]
○調査期間：2013 年 7 月～9 月
○郵送総数：1427 件
○回答数・回収率：273 件(19.1%)

◎調査の主旨説明文

新聞などで, 被災地住民の方々がいわゆる「幽霊」や「お化け」を目撃し, 不安を感じていることが報告されています. このような話は, 真偽の定かでない興味本位の怪談噺としても広まっていますが, 実際に「霊的な現象・体験」を深刻な悩みとして抱え, 宗教者に相談をしている方もおられるようです. これは被災者の方々

1)　相澤出「質問紙調査からうかがわれる被災地支援と宗教者の現況」(日本宗教学会第 73 回学術大会パネル「被災地における心霊体験とその意味について」『宗教研究』88 巻別冊, 2015 年, 153-154 頁)に基づき, 最終的な質問紙の精査によって数字を修正したもの. 質問の一部は省略した.

2)　津波被災地の限定が困難で, 被災地外から支援に入っている宗教者もいるために, 宮城県全域を対象とした. 対象者の抽出に際して,『宮城県宗教法人名簿(平成 23 年 4 月 1 日現在)』(宮城県総務部私学文書課)を用いたが, 神社に関しては一人の神職による複数社の兼務が多いので宮城県神社庁に提供していただいた神職名簿(宛名ラベル)を用いた. この他, キリスト教会については仙台キリスト教連合の協力をいただいた他, ネット検索なども用いてできるだけ多くの質問紙の発送を目指したが, 法人として登録がない, いわゆる民間宗教者などは対象から漏れている.

が抱えるさまざまな不安の現われであると考えられますが，この種の悩みはなかなか相談する相手が見つからず，胸の奥に抱え込んでいる方も少なくないのではないかと推察されます．

そこで，今回の調査では，宮城県内の宗教者の方々への郵送調査とインタビューによって，実際に霊的な現象（だと感じられるもの）を体験している人はどの程度いるのか，宗教者はこの問題にどのように対応しているのかを明らかにしたいと考えています（なお，震災によって遺族となられた方々の心情に配慮して，今回は一般の被災者の方々を直接調査対象とすることはせず，宗教者の方々に対して，この問題への対応やご意見をうかがおうとするものです）．

◎調査結果の概略（自由記述欄を除く）

○回答者の平均年齢：60.5 歳

○回答者の性別

男性　241 人（88.3%）
女性　13 人（ 4.8%）
無回答　19 人（ 7.0%）

○平均奉職年数（宗教者として）：29.7 年

○所属宗教・宗派・教派

仏教 144（うち曹洞宗 58），キリスト教 26，神道 86，新宗教 17

○回答者の宗教施設の所在地域における人的被害の状況について

「問 1　おつとめになっている宗教施設の所在地域には東日本大震災の影響で亡くなった方がおられますか」（n＝273）

はい　121 人（44.3%）
いいえ　148 人（54.2%）
無回答　4 人（ 1.5%）

○被災者と接した経験（信徒あるいは近隣の地域住民に限定せず）

「問 2　被災者の方々と会う機会がありますか」

はい　214 人（78.4%）
いいえ　54 人（19.8%）
無回答　5 人（ 1.8%）

○直接「幽霊をみた」「不思議な体験をした」という体験者との接点があったかどうか．

「問 3　東日本大震災後，噂話としてではなく，自分で「霊的な現象」あるいは

「不思議な現象」を体験したという方にあったことがありますか」

はい　　69 人(25.3%)
いいえ　199 人(72.9%)
無回答　　5 人(1.8%)

○これまで宗教者として「霊的な現象・体験」について相談を受けることがあったかどうか
「問 4　いわゆる霊的な現象・体験について相談を受けることがありますか」

はい　　111 人(40.7%)
いいえ　159 人(58.2%)
無回答　　3 人(1.1%)

○上記の「はい」と回答した方のみに質問(n＝111)
「問 5　問 4 で「はい」とお答えになった方に質問です．そのような相談は東日本大震災以前と比べて増減しましたか」

震災前は・・・
あった　　94 人(84.7%)
なかった　13 人(11.7%)
無回答　　4 人(3.6%)

震災前より・・・
増えた　　31 人(27.9%)
減った　　6 人(5.4%)
変わらない　70 人(63.1%)
無回答　　4 人(3.6%)

○こうした相談のために宗教者のところに訪れるのはどういう人か
「問 7　問 4 で「はい」とお答えになった方への質問です．相談する人はどのような人ですか(複数回答可，(n＝111))」

信徒(教会員・氏子・檀家など)　83(74.8%)
非信徒(近所の方)　22(19.8%)
非信徒(紹介された方)　30(27.0%)
その他　19(17.1%)

参考資料

○相談を受けたときの対応の経験を振り返ってもらった問い

「問9　問4で「はい」とお答えになった方への質問です.「霊的な現象・体験」について相談を受けた場合，どのように対応していますか(複数回答可，(n=111))」

(A)ひたすら話に耳を傾ける	84(75.7%)
(B)病院やカウンセラーを紹介する	10(9.0%)
(C)供養や除霊，お祓いなどをする	72(64.9%)
(D)共に祈る	32(28.8%)
(E)個人でできる具体的な対応方法を伝える	32(28.8%)
(F)その他	38(34.2%)

○相談への対応の可能性について

「問10　問4で「いいえ」とお答えになった方に質問です．もし「霊的な現象・体験」について相談を受けた場合，どのように対応しますか(複数回答可，(n=159))」

(A)ひたすら話に耳を傾ける	130(81.8%)
(B)病院やカウンセラーを紹介する	11(6.9%)
(C)供養や除霊，お祓いなどをする	66(41.5%)
(D)共に祈る	42(26.4%)
(E)個人でできる具体的な対応方法を伝える	22(13.8%)
(F)その他	20(12.6%)

○近隣の相談相手，場所について(以下，回答者全員への質問(n=273))

「問12　あなたの宗教施設の周辺に，あなた以外に「霊的な現象・体験」について相談する相手や場所がありますか.」

はい	87人(31.9%)
いいえ	158人(57.9%)
無回答	28人(10.3%)

○回答者自身の霊的な体験についての質問

「問15　あなたご自身はいわゆる「霊的な現象・体験」をしたことがありますか」

はい	92人(33.7%)
いいえ	165人(60.4%)
無回答	16人(5.9%)

○回答者の地域との接点や経歴について
「問 20　現在おつとめになっている宗教施設と同じ地域の出身ですか」

はい	209 人(76.6%)
いいえ	57 人(20.9%)
無回答	7 人(2.6%)

「問 21　現在の立場に就かれたのは世襲によるものですか」

はい	198 人(72.5%)
いいえ	67 人(24.5%)
無回答	8 人(2.9%)

2　宮城県宗教者対象質問紙調査　自由記述欄の内容

行頭に付した調査票番号が示すのは次の通り.
B：仏教系　X：キリスト教系　S：神道系　N：新宗教系
仮名遣い等の表現を適宜改めたほか，回答者，地域の特定につながる情報は伏せ字にしたり省いたりした．同じ配慮から，回答数の少ない宗派名は略示した(例：浄土真宗諸宗派は「浄土真宗」としてまとめた．臨済宗，天台宗は宗派名を略した．時宗，日蓮宗等，その他を「仏教諸派」としてまとめた．キリスト教の回答者はほとんどがプロテスタントの諸教派であるが，「キリスト教」で統一した．新宗教には天理教，金光教，立正佼成会，大和教等が含まれる).

問 3
東日本大震災後，噂話としてではなく，自分で「霊的な現象」あるいは「不思議な現象」を体験したという方と会ったことがある場合，その内容について.
調査票番号　　記載内容
B001　夢に行方不明の祖父母が現われ，誘われた．犠牲者の霊が息子に憑いているようだ.
B006　亡くなった孫が夢に出てくる等．子供が霊を見る様だ．仕事帰りに被災地で霊を見た.
B007　被災地(津波)の現場付近を車で通ると頭が痛くなり，通り過ぎるとなおる．毎回同じことがおこる.
B009　宮城県○市△仮設にて老婦人．夕刻，津波で損壊した家の片づけから帰ってきた後，何か体がダルい．仮設のテレビの上に黒い影が見えるようになった．向こう(津波で多くの人が亡くなった自宅周辺)から誰か連れてきたのではないか．数日後，ダルさはなくなり黒い影も見なくなったとの事．その場にいた他の老婦

人方からは同じ仮設の方が体験した話や噂などを伺った．夜，津波のあった場所を通ると道端に目玉がズラリと並んでいた等．岩手県○町仮設にて 50 代女性．目の前で津波に流された女の子の夢を見る．その時は金縛りにあったように体が動かなくなる．(電話相談で)幼い頃から霊が見えるという宮城県の女性．以前から街中でたまに霊を見かけるのだが，震災後，至る所で霊が見えるようになった．皆津波で亡くなった人と思う．(電話相談で)宮城県○市の女性．震災後，職場での仕事が落ち着かない．その職場では多くのご遺体が発見された．市内の僧侶に頼んでお祓いをしてほしいと思うが社長が「気の迷い」といって認めない．職場から家に帰ろうとして自転車で夜道を歩くと，知っている道なのにいつの間にか迷ってしまう事が，震災後頻発する．

B012　東日本震災と関係なく死後親族遺族に不思議な現象あるいは死の前に本人の不思議な現象はある．

B017　津波で被災した浜通りで，火の玉のような明かりを見た．同浜通りを徘徊する，霊的存在を感じる，または見る，声がきこえる等．

B019　コンビニで，亡くなっていないはずの人がいた．ピンク色の和服を着た人に手まねきで呼ばれた(消えた)．タクシーで人をのせたはずが，目的地についておりてもらおうとしたがその人がいなかった．

B020　亡くなった息子さんの車のライトが点いたり，ドアの音がした等．

B023　津波により廃墟と化した住宅地で体験したという話，夕方薄暗くなったところ三輪車に乗った幼児を見た．似たような状況で女性の話し声を聞いたというもの．

B025　「夢で見せられる」とのこと(知人の犠牲者が出てくる夢を見る)．同じ内容の相談が 2 件(2 名)あった．祖母が亡くなった後，同居していた子供の体調が悪くなり，原因も不明だった．

B031　亡くなった夫に声をかけられた．

B036　上半身のない人が歩いていた．道を歩いていて 3 人同時に足をつかまれる．自分の腹部から子供が出てきた．庭で人(霊)がのぞいている．又聞きですが実際に体験した人の話です．

B038　全てお聞きした話です．現在は誰も住んでいない元の住宅地で夜に人影を見る．

B039　夕方以降浜辺を通ると火の玉を見ることがあるという話を聞いた．

B041　橋の上に亡くなった人が居た．雨が降っている夜亡くなった人が信号待ちをしていた．

B047　国道○号線に，夜中女性があらわれる．海岸線に現れる話は聞きます！

B049　お檀家さんが被災地で支援のボランティアに参加していた際，突然重機が止まったり，お亡くなりになった方の姿が見えたというお話を聞きました．

B050　復旧工事に関わった方が，「だれか連れて来てしまった」とのことで，慰霊法要を致しました．

B052 「そこの場所に行きたくない．供養してくれ！」
B068 車両運転中に見た，等．
B072 娘さんと赤ちゃんが見つかる前日の夜，娘の声が耳元で聞こえました．「こんにちは！」次の朝，遺体が見つかったので，拝んでもらいたいと連絡がありました．四十九日までの間お骨を預かり，生花，お線香，御飯，お茶，お水，赤ちゃんには牛乳・ヤクルトをお供えして毎朝拝んでいました．○○の菩提寺にお骨を移動した後の夜に，赤ちゃんが現れてヨチヨチ歩きした成長した姿を見せてくれました．
B073 被災地へボランティアに参加した後，不吉な影や音に悩まされるようになった．
B077 ○○近くのトンネルを運転通過中に車の前を横切る人の姿を目撃したと話していた．
B078 お檀家の中に，震災以前から霊的現象に悩む方が居り，震災後にはある特定された場所に出向くと必ず同じ霊の存在を感じ，相談に来寺された．
B080 当山は祈禱寺院．日常的に霊障害の人たちが除霊祈禱に来ている．震災現場へ見に行った．又は遭遇した，夢に見る．言葉が聞こえて困るなどと云って祓いにきた．
B083 被災者で檀家になられた方(○○地区)ですが，海岸で霊的なものを見たという話はききました．
B084 ○○あたり，車を運転していると人を見たが，実際はいなかったと言った．
B085 亡くなった親族，知人などがよく夢の中へ出てくるなど．
B091 自身が体験しており，最近になりやっとゆっくり睡眠がとれるようになりました．
B093 被災地に実家のある方，現地で行われる法要に参加すると決まって気分が悪くなる．
B098 ○○市○○地区を車で通行中に人だま(青く光る円形状のもの)を見たと近隣の僧侶が話している．
B101 ○○地区には夜に幽霊が出て，一人歩きはおそろしくて出来ないと話していた．8月末日は地域全体を昔行なったという鐘を鳴らして念仏供養の行道を計画している．
B102 夢枕に亡くなった方が立ったなど．
B111 津波で多くの方が亡くなった地区で工場を再開した所，特定の場所に誰もいないにもかかわらず人の気配がすると相談された．
B119 被災地仕事に行き，人格が変わる．学校で突然パニック．自死等．
B133 ○○港付近で仕事中，アスファルトから手が何本も出てきたり，○○小学校付近では夜々子供の声が聞こえたり，タクシーに乗車しても降りるとき誰もいなかったり等，○○橋の欄干に沢山の子供が腰かけていたり．
B136 これ以上この問いには答えかねます．

B137　亡くなった主人が部屋にいるような気がすると語る婦人がいた．
B145　私は東日本大震災の年の2月頃，不思議な夢を見ました．何件とも続く枕経の勤めをしている自分を，2日間程でした．〇〇の病院で医師，ナース，等の姿を見ると，学校生徒送迎車バス運転手より聞く．〇〇前の海で話し声が聞こえ，行ってみたら足をひっぱられたと聞く．
B146　仏壇の前に何となく変化がおこる．廊下を歩く音がする．〇〇号線で，夜道に赤い車のそばに立っている．その他色々聞いている．
N003　夜中に戸の開く音がして参拝する拍手の音が聞こえた．昼でも戸をノックする音がしたり砂利の上を歩く音がする．
N004　〔体験者は〕女性が主で，男性はいなかった．女性2人と茶を飲んで居る時，2人が今この横を通ってる人がいると話しているが小生には何も見えない．又，他人より聞いた話ですが岩手県〇〇付近の国道を走っている女性ドライバーが列をなして通っている霊を見て車を止めたという話も聞きました．
N008　仏様を見る，物音がする，声が聞こえる等々で御祈禱を受けに来られ体調の不調を訴える方達もおります．
N009　話し声が聞こえる．物音がする．工事現場で事故，ケガ人が続出した．急に泣き崩れる(悲しみによるものかも知れませんが普通と違う感じがあります)．
N012　被災現場での慰霊のテレビ収録に霊が写っているという方と会った．そういう話を巷でよく聞く．
N013　Aさん(70代の女性)は，自身も津波にあい，奇跡的な助かり方をした人である．震災後，ショックにより，精神不安定などもあり，体調がすぐれず通院もしていた．ずっと耳鳴りが続いており，「ピー」という警笛が鳴るような音が1年以上続いていたという．それがある日ピタッと止み，体調も回復してきた．ちょうどその耳鳴りが止った日，Aさんの隣家の住民が白骨で発見された．震災後1年以上も経過してからの発見であった．Aさんの耳鳴りは恐らく白骨で発見された方が助けを求めておられたのではないかと思われる．
S001　お祓いの方のお話，①平成24年春頃，2人で海に出かけて帰りましたが，少し違和感を感じた，その夜，食卓に知らない人影を感じたので，恐怖を感じ，お祓いを享けに来た．②海岸の道路で運転中に，何かと衝突した感じがして，降りて確認したが何も無かったのでびっくりした．③震災後，夕刻海岸近くを走行中，集団で海の方へ向かう人陰と遭遇したと云う話．お祓いした人の事例．④震災後，体が重くなる人，軽く感じる人など．
S013　火の玉が見えたとの噂話を聞いた．
S017　亡くなられたご家族が多い方で深刻な悩みとして，受けとめたことがある．
S024　憑かれたという方のお祓いを何度も行っている．不信心だった方が枕元に来て自分の名を名のった．
S028　多くの方が逝去し自分の庭先等に死体が有り，その場を通るたびに霊的な現象に犯される．夜になると後の方に人の気配を感じさせられる方．子供の泣き

声になやまされる.

S029　○○市○○地区では，店舗等で実際に体験した方がおり除霊祈禱を何軒か実施しました.

S046　霊的現象を見るようになってしまった方28人ほど．家族からおかしな話をするようになったとの相談者23人．体の中に自分以外の人がいるような気がすると申す人14名．海に行った後，体調がだるくなり，交通事故を起こすと申す人30名ほど．声が聞こえる，さけび声が聞こえると申す人多数.

S048　県外からの支援者が，境内の慰霊碑(木製の標)を写真で撮ったら，不自然な状態で，関係者以外の誰かが写っていた．県外からの援者(神職)が，表階段の手すりに手だけが見えた.

S049　1．海岸近くで作業をしている方が夕方仕事を終えて帰ろうとすると何人かの実在ではない人が車に乗り込んで来た．2．海岸近くを車で走っていたら何かがぶつかったが，車に痕跡がない．3．霊感の強い人に「肩のところに人がいる」と言われた．4．作業所のドアがひとりでに開閉する．5．津波で不明の妹の所在地を夢で見たが，まさにその場所に妹さんがいた.

S050　震災時の12月お正月様をお受けに来られる方の中に自宅脇地が津波被災車両の集積地となっていて，赤ちゃんの疳の虫が異常に激しくなって困っているという事がありました.

S052　奉仕する神社の責任役員さんが震災3日後次男の住んでいる○○県に2次避難した．避難先の温泉地へ行き保養した．近くの神社に参拝した時，2人の老夫人に会った．2人の老夫人は阪神淡路の震災で100万円を日赤に寄付した．今回は直接被災者に渡そうということで100万円近い支援を受けた．神様のお蔭ですとのこと.

S062　本地域の氏子の方で，勤務先が，津波被害を受けた地域にあり，地震直後会社から自宅へ来るまで戻る途中に津波にまきこまれ，電柱に車がぶつかって割れた後ろの窓から脱出し，記憶がなくなる．気がつくと一そうの小舟に自分だけ乗っていた．その船の持ち主は，自分が中古住宅を購入した際にどういう訳かその船も住宅にロープでつながってあったそうで，震災翌日，舟から降りられた段階で，その舟は津波にまきこまれた方のために住宅に付属してあったのではないかと話したそうである.

S068　津波の夢を見て，体調が悪くなり，清祓をしてほしいという例.

S078　被災後行方不明(発見されず)状態が続いたが，御子息の誕生日直前に遺体発見，確認．御両親は「誕生日を区切にかえってきたのだろう」との談.

S084　津波で人が亡くなった草叢を草刈機で除去している折，頭痛がして困った．草叢の中に人がいる様な感じがして…．仕事が終了している現在全快した.

S086　亡くなった人が道を歩いていたり，ショッピングセンターで買い物をしている姿を見た.

X001　同封した当教団の機関誌の私の体験を御一読いただけたらと思います.

X003　○○で被災し，全壊．写真一枚だけ見つかり凡て流され，その地区では70人以上の人がなくなった．○○でも高台にあるところに住んでいた．一時，仙台の○○にアパートを借りた時，夜何気なく窓から外を見ていたらお母さんと女の子が歩いていた．その頭の上に白っぽい輪のような物が見えたので急いで外へ出たら誰もいなかった．
X004　○○在住の方で，海に立つ人を見たとのこと．
X007　被災された車のクラクションが突然なる．
X011　友人が何人も亡くなった地を訪れたとき，なにか，異常な想いになった．
X012　若い女性教会員(30代)が○○の田園地帯を夜に自転車で通っている時，幼い子供の霊が荷台に乗り，もう1人の霊は手につかまって来た．その姉妹は「よしよしいい子だね．神様って呼んだら，天国に帰れるよ」と霊達に語りかけると，スッと2人の子供の霊はいなくなって彼女から離れた．
X017　被災地で，亡くなった方の声が聞こえたとか，足音が聞こえた，あるいは姿を見たなどがありました．
X018　家ごと津波に流され，出るに出られない状況の中で，流れてきた大きな冷蔵庫がその家に当たり，穴が開いて，そこから脱出し助けられたといった証言です．

問6
「霊的な現象・体験」の相談増加の時期と，そのきっかけについて思い当たること．
調査票番号　　年月　　記載内容
B001　201301　生活が低い水準であっても安定してきたため，喪失と向かい合いはじめたのでは．
B004　201109　精神，肉体的に疲れているから．
B006　201104　大震災．
B018　201203　一周忌をさかいめにするようなかたちで語られるようになった気がする．
B019　201105　ゆくえ不明者が続出してきた時期．霊的・不思議な現象の体験者がふえた．
B022　201103　震災後に．
B025　201106　周りの「うわさ話し」などが多く広まってきていた頃だと思う．
B026　2012秋　ガレキ再生作業者から．
B047　201210　東日本大震災の後．
B080　201105-06　除霊祈禱の内，霊光云々と申出たのは2～3人あり．
B101　201110　当地区はほとんどの家は津波と火災で失われて死亡者も出ているので気味が悪いと言われている．
B133　201104　葬儀の数が増々震災で身内を亡くされた方が多くなり話を聞く機会が多くなってから．

B140　201103　震災が起きてから，霊の話が多く聞かれるようになった．
N009　201303　落ちつきをとり戻そうという時期．内面から正直な心が出てこられたのではと思います．
S001　201104　震災後，自然の脅威は測り知れない事の意味，見えない力は恐怖の思いを，誰かと分かちあいたいと云う気持ち．
S017　201201　初詣客が例年の2～3割多く，1月以降沿岸部の方々が目立つようになった．
S028　201210　震災の影響有りと感じる．
S029　201106　平成23年5月末迄より多くなった．
S046　201203　一周忌以後からどんどん増えた．
S048　201103　人のみならず犬，猫，ペットがいっぱい死んだ．死後の霊魂の漂白・浮遊感．
S052　201103　地域の拝み屋さんが行方不明のため．
S072　201302～03　被災地復興にともなう土木建設関係者の祓い(霊的現象)依頼が増えた．
S086　201109　震災後，皆さんの生活がやや落ち着き始めた頃から．
X003　201110　震災から一年が過ぎたころから増えた．仮設住宅へ入ったり，少しだけでも生活が落ち着いた頃だと思う．
X012　201107　死者の霊がかつて自分が住んでいた所に3カ月頃経過に戻って来て，生前の友人・知人に知らせたいと願う時期が死後3カ月の頃だから．

問8
相談の内容．
調査票番号　　記載内容
B001　霊的なものを感じる，取り憑かれた，どうしたらよいか，不登校となった．
B002　遺族代表 檀信徒小学校校長．この教区の和尚様たちより主に追善供養．
B004　霊に取りつかれているので除霊して欲しいという依頼(ほとんどは神様に拝んでもらった所，水子の霊が付いているというもの)．
B007　いわゆる「キツネつき」というもので，自身がとりつかれていると相談しにきた．本堂で御祈禱をするとだんだんと顔が変化しよだれをたらし，奇声を発し，終わるとまた普通の様になる．12～13年前のことだが，現在は本人も普通の生活を営み，まったく後遺症はない．
B009　霊的なものを見たり体験したりするので，供養やお祓いで何とかならないかというものが多い．
B011　故人の「夢を見せられる」が一番．
B012　本人が親族への訪問をする(死ぬ数日前たずねあるく)．親族の死の直前物音で知らされた気がする．死人の声を聞いた，姿が見えた等．
B015　水子さまの供養，お祓いがほとんど．心的病気の方や家族，あるいは，病

気とはいえないまでも….

B016　声とか，音が聞こえる．何とか出来ないかというものです．

B017　供養の依頼．または，普段の供養の仕方についての相談など．

B018「霊的なもの」を見た気がする―感じたりするとの相談と，そのことに共感を強いられる機会が増えた．

B019　大部分は，除霊や，お祓の依頼ではなく，自分自身の安心感を得る為の日常のおつとめがおもだった．

B022　お祓いの依頼．

B023　霊的なものにつかれている，供養して欲しいというもの．

B026　重機のオペレーターが，その作業中に，運転室をノックされたり，声をかけられたり，重機がうごかなくなったり．

B030　心霊写真・髪が伸びる人形・怨念の板等を置いていった．トンネル工事中に心霊現象が起こるとし，相談に来た．

B031　精神的に不安，どこから来るのか，どうすればいいのか等．

B032　除霊，お祓いの供養．

B033　仏壇の前に先祖の霊が現われ寝れないので供養してほしいと相談を受け，供養後良くなる(2 例)．

B034　近親者が亡くなった時，お知らせがあったかどうかの話題．お知らせとは亡くなる方がお別れにくるなど霊的というよりは感性に起因する内容である．小住も祖父が亡くなる時，少し前に「お世話になったね」と聞えた気がする．(話すと長い)人の能力を 0 点から 100 点まで分類すれば，0 点の人は 100 点の人が解らないし，100 点の人も 0 点の人を理解できない．

B035　霊的なものを感じる　ex)亡くなった人の声が聞こえる．夢に現れる．又は自殺現場での供養．

B037　とくに最近は霊的なニオイ(線香の香り，いやなニオイ，生臭いニオイ)等感ずると訴える人が多く薬物依存の傾向かとも思われる．

B038　霊的な何かが家の中に入ろうとする．会館のトイレに何かがいて，背中を押されて，用が足せない．

B039　独身寮に寝ると人の姿が見えて目を覚まし，寝られない．亡くなったはずの人が隣に寝ていることがある．

B040　①霊現象を日常的に体験している方，②霊的なものに不安を感じての相談の方，③霊的な問題が元で先祖供養にこられる方など．

B041　子供が夜泣きする．子供が天井を指してアアアと云う．夢見が悪いのでお祓いしてほしい．

B046　家の中から外に霊的なものが見える．母親と息子も見えたという．昔敷地内にお墓をつくった地域性もあるので，そのあたりを供養の意味で拝んだ．体調が悪く病院に行っても治らないので「おがみや」(霊媒師)にみてもらったら，ご先祖様であったり，水子，不慮の事故で亡くなった人の霊が災いしているといっ

て拝んでほしいと来られる.
B047　学問的に答える訳にいきませんので答えません！
B050　身体の不調を「オガミ屋さん」に見てもらったところ，水子が原因と言われ，当方へご供養の依頼がありました．年に何回か同様の依頼があります.
B051　霊的なものにとりつかれている．除霊をお願いしたい.
B058　神社にお参りして，体が重くなったので読経してほしいという依頼(読経後体が軽くなったと言って帰られました)．ご主人が亡くなられてから，毎晩夜中の1時頃に目が覚める，人のいる気配がするという相談(何か心配ごとやご主人に対する思いがあるのではとお話ししたら，思いあたることがあるそうで，気が楽になったそうです．後日お話をしたら，すこし落ち着いてきたそうです).
B063　津波で海へ流され行方不明になっている遺族の母親が涙ながらに何回も訪ねられました．葬儀を済ました後は安心したのか落ち着きを取り戻した様です.
B064　霊が見える，霊は見えないが音等で存在を感じる，夢に出る.
B065　他の宗教者？(拝み屋さん)等で解決がつかないで来られる方も多いようです.
B068　霊的なものを見た，見る，等.
B069　霊的なものを感じる，心霊写真がよく持ち込まれる，心霊現象で相談を受ける，臨死体験，等など.
B070　霊感の強い方からの案内で当寺との縁を知り，相談に来られたので水子供養，供養されていない先祖の供養等を行った.
B071　庭で光をみた，除霊とお祓いを依頼された.
B072　秋彼岸の檀家まわりしている時に相談を受け，夜中に娘さんが金縛りによくあうそうです．お茶をいただきながら話をきいていると廊下をコトコトと歩く音がしました．その後台所で男の子がスーと通り抜ける姿を見ました．その男の子は檀家さんの弟で生まれてまもなく栄養失調で死んでいたようでした．すぐに供養しました．その後金縛りはなくなり，娘さんは結婚されました.
B078　震災時に津波で亡くなった女の子のようであるようだ．以前から相談を受けていた際に，本人や家族も含め，恐怖心を抑え，会話することで状況を理解出来れば恐怖が薄れていくはずだと説得した．霊自体が相談者の言葉を借りて，相談者の妻に話したようだ.
B079　霊的なものを強く感じるのでどうしたらいいか？お祓いしてほしい．霊的なものの存在はあるかないか.
B080　震災原因を理由とする依頼者の申し出は，一般的な霊障患者の現象の他に，助けを呼ぶ声，死人に摑まえられる等あり.
B083　霊を見た．凶暴になってきた．夜中に歩く音が聞こえる.
B084　おがみやさんに言ったら何代前かの霊がついているとか水子がついているとかその供養が随分前から年に1，2度ある．震災前後，特別変わらずにある.
B085　亡くなった方の夢を見たので，成仏していないのではないか，何か悪いこ

とが起きるのを知らせに来たのではないだろうかなどという相談とご供養のお願い.

B086　体調が悪く，霊能者(？)に見てもらい，先祖供養がたりない等諭されて，供養する方が多い．又，親族の自殺者や水子の祟りといわれて，供養や除霊にくる．

B087「昔，水子供養をしなかったために災がふりかかっている」というようなことを，霊能者のような人に言われたらしく，その水子を供養してほしい，とのことでした．

B088　霊的なものを見たり感じたりする．

B090　自分が霊感が強いので何かを感じるとき，人が見えるときがある．

B092「拝み屋」さんに行ったら「先祖の悪霊がついているので寺に行って供養してもらいなさい」と云われたという類が一番多い．

B095　何かわからないが，いるのを感じる．気味が悪いので供養してもらいたい．

B097　夢に亡くなられた身内の方が出て来て，自分の気持ちを話す．どのように対応していったらいいでしょうか…とのこと．

B101　仮設訪問した時の誰かが見たということが伝わってくるとのことである．

B106　隣接する部屋を供養していただいた．

B109　供養．

B111　問 3 の場合は供養とお祓いを依頼されました．

B114　供養の仕方など．

B115　諸天，諸菩薩が夢か現実か判明しないが見守りを下さっている場面に出逢うと云う．常にみ佛のご加護を感じると云う方もおられる．

B119　パニック障害(突然なきだす等)．酒量の増加．

B121　水子の供養をしていなかったのでして欲しい．

B122　家の内の戸(ドア)が何もしないのに開く．家の裏の方から声が聞こえる等(家も何も無い畑等である)．

B127　若者 4 人で○○市 ×× 山へ夜 10 時過ぎ向かった処，途中で若い女性の声で「助けて〜！」との悲鳴を聞き，帰り途で当山に午前 2 時頃立ち寄った．

B133　夢枕に出てくるので供養したい等．

B135　水子の霊のたたり，供養について，等．

B137　亡くなった人をそばに感じる．

B140　ある建物に行くと，多くの霊が集まっているみたいだと聞きました．

B143　霊的なもの見たり感じたりする　お祓いの依頼．

B146　現在ではなく過去に子供が毎夜廊下を歩く．夜眠れない．

N005　霊的なものを感じたりとりつかれた様な感じになり除霊，お祓い等．

N008　震災で家族を亡くしその後体調が思わしくなく病院に通っても治らずとか，体調がすこぶる悪く病院であらゆる検査を受けたが異常ナシとか物音や人影を見せられ眠られずとかで，御祈禱にて大神様に原因をお知らせお諭しいただきそれ

にそってさらにお祓いやご供養をさせていただいております．
N009　特に霊的なものを感じる方が多い．そううつ病に近い症状が出る(霊的なものと関連しているのではと本人が不安になっている)．
N012　そのような場所に行くこと，近づくことが気になる．
S001　震災で亡くなられた方を何処かで見たと云う人．夕方近く，海の方から故人が歩いている影を感じたと云う人．死亡届を持って来た人は，既に震災で亡くなられた人だったと云う話(行政関係者の話)．
S007　車のクラクションが勝手に鳴り出す．夜に物音がする．子供が誰もいないのに，友達と話をするように会話している．
S009「霊的なもの」を見たり，感じたりするとの事です(特に女性)．
S017　挨拶程度の会話から深刻な悩みにいたることが2・3回あった(最近は全くない)．
S021　霊的なものに攻撃を受けているので自分が守っている．という話でした．
S024　憑かれて体調をおかしくしている方がほとんどお祓い後はほぼ100％の方が回復している．
S028　霊的なものを見た方，とりつかれている方等で供養お祓の依頼．
S029　霊的なものを見た又は感じた方より除霊のお祓いを依頼された．
S046　何が原因なのか知りたい，教えてほしい，指導してほしい．除霊してほしい・家祓いしてほしい(住居をお祓いしてほしい)．色々な所に行きお願いしたが，良くならない．助けてほしい．
S048「家の中に何かがいる…お祓いをして下さい」とにかく話をきいて，大祓詞を奏上し，大麻で祓ってあげる．
S049　お祓いの依頼でもその相談の方もだれの霊なのかわからないことが多い．
S061　お祓いの依頼．
S063　写真に霊的なものが写っている．
S068　金縛りにあった，悪夢による体調不良．
S072　交通事故が立て続けて起る被災地に行くと身体がだるい．作業中の事故など通常より多い．霊が付いて来てる．
S078　①何らかの気配を感ずるが，悪いことが起きないか．②悪意のある「気」を感ずるが大丈夫か…など．③友人がたてつづけに不幸に遭っているが，お祓いしたほうがよいか．④(スポーツ団体等)メンバーに怪我が絶えないがお祓いしてほしい…などなど．
S079　マンションの一室に霊がいる，心霊写真を処分したい等．
S080　地元の氏子さんですが，○○地区の御友人が大震災の起る直前までお会いしていらしたそうですが，その後犠牲となられてしまい，毎夜々々，夢の中でその御友人が立って何かを訴えておられる様子に悩まされ精神がまいってしまわれ，お祓いの御相談を受けました．御依頼の通りお祓いを御奉仕致しましたが，○○地区はお寺さんも流されましたのでどうすることも出来ない無念を訴えられてい

ると感じ，親しい御友人の姿を通して現れておられ，現地に行かれるのは難しいとのことで ×× の御自宅から○○の方角に向かって，その存在を忘れず，その方の分まで生きて安寧を祈りつづけてあげて下さいと申し上げました．…その後，その氏子さんにお会いしましたが夢に出られることは無くなったそうです．

S086　アパートにお住まいの方で，目の前に被災したスーパーが有り多数の方がスーパー内で亡くなったそうですが，スーパーが閉鎖しているのに裏口のドアが風もないのにひとりでに開いたり，また夜になるとアパート前の道を足を引きずったように歩く音がしたり，窓の外に霊の姿が見えたりするのでお祓いに来た．その他数々のお祓いに見えました．

X001　前述した大津波の被害地域で，亡くなった方々が現れているのを見た人からいろいろ噂が流れて来る．

X003　(霊的なものを見たり感じたりする)ある方は7～8人身内，親せきの方がこの津波でなくなり，深い悲しみにおそわれている．仮設住宅で暮らしているが，そこに毎朝毎日なくなった自分の弟さんがたずねてくる．その人だけでなく，娘さんにも見える．おがみやさんにいくと弟さんは死んでいるという実感がないので会いにくるという．お祓いをしてもらって少しずつ見えなくなった．

X010　霊的なものを見た，声を聞いた，というもの．精神的な疾患とも見受けられたので，判断は難しいと感じた．

X012　死んだ人の霊が歩いているのを見かけ，こわくなって夜に出歩けない．霊の影響をうけないよう祈ってほしい．

X014　うわさ話がこわい．

X016　霊的な神の恵みを受けること．

X017　ひきこもりやうつの相談を専門的にしています．ひきこもりの若い女性の中で，霊と会話したり，意図的に霊を呼び寄せたりする相談者もいます．占いやスピリチュアルから入り，抜け出せなくなる人もいます．

X026　死とは何か．人は死んだらどうなるのか等．

問 9　問 10　対応の具体例．

調査票番号　　記載内容

B001　その方の宗教観に沿って傾聴し，その方が納得する解決法を模索する．

B002　もしそう云う相談があれば共に相談にのる．

B011　他所をご案内する(毎度来寺の時など)．

B018　無常のおしえを談り，気づかせようとしている．大津波も原発事故も，無常の真理への登山道であることを話す．

B037　不安な心理が消えるまで毎日そのことを話しに来させる．やがて来なくなれば解消したものと理解する．

B038　問 9 C の回答中除霊やお祓いという言葉は使いません．あくまで，ご一緒に供養をいたします．

B085　亡くなった精霊のお塔婆を書き，読経し，回向する．
B119　だいじょうぶと言う．笑顔で返す．
B121　供養はするが除霊はしてない(できない)．
B127　未成年4名だったので深夜暴走行為をせず，若い世代だから出来る事やらねばならない事象を話し合った．仮に交通事故等で自分たちが命を落とした場合，彼等自身親兄弟はいかに思うか等話し合い納得していただいた．
B146　禅の数息観をさせる．
S001　(問9F)どんな話も，疑い無く聞いてあげること．大丈夫だと云う話をしてあげること，安心感を持たせること．
S017　改めて参拝された方の清祓い1件．
S046　(問9E)仏壇の礼拝の仕方お墓と仏壇の違い神棚と仏壇の違い，除霊の作法．(問9F)ご先祖神に守られる方法を伝える．
S078　問8記述，①②共に「とりこし苦労」の場合が多いが，②の場合，おそれを煽る「人」「団体」の存在が見えかくれする場合がある．このような方には「深入りするな」と諭すが……傾倒していくことが多いようである．
S086　人間の亡霊は守護霊以外はほとんど成仏出来ずに苦しんでいる霊で，助けを求めて人にすがったり，姿を見せたりします．そういう現象はごく自然の事だと考えます．
X003　身代わり洗礼をすすめる．聖書のコリント前書15章の29～死者のためのバプテスマのことが書かれており，生前イエス様を知らずに召された方には関係者がかわりにバプテスマを受けてもらう，未信者の場合は本人に先にバプテスマを受けてその後に身代わり洗礼をする．
X014　相手が求めれば祈る．
X017　幼少期の傷が原因となっている場合が多いので，傷の癒しや回復をしていくと，徐々に現象はなくなっていきます．私自身はそういった回復プログラムの訓練を受けています．
X026　死んだ人は生きた人とはかかわることはない．悪霊があたかも霊となって死んだ人が現れたように見えることを説明する．死んだ人は世の終わり(キリストの再臨の時)にキリストの義を受入れた者はキリストと同じように肉体をもって(朽ちない体)復活させられることを話す．

問11

自分の所属する宗教・宗派・教派では「霊的な現象・体験」をどのように考えているか．

調査票番号　　所属　　記載内容

B001　曹洞宗　曹洞宗では「身心一如」として，肉体を離れて霊は存在しないとする．
B002　曹洞宗　私共の寺は曹洞宗で聖観世音菩薩も安置してありますので，檀信

徒以外の方でも各種御祈禱(家内安全，身体健固交通安全，非行平癒祈願，癌，呆ケ封じ，安産祈願，怨霊退散，厄除け祈願，その他種々の願いの御祈願)をしております．

B003　曹洞宗　読経による除霊及び法話．

B004　曹洞宗　個人的には幽霊はいない(いては困る，あり得てはならない)と考えそのように布教している．

B006　曹洞宗　科学的に説明できない事象にとらわれてはいけない．人間は生きている限り悩み苦しむ者である．悩みや苦しみは心の問題であるから心を落ち着け生活することが大事．

B008　曹洞宗　特定の考え方はありません．私の尊敬する先輩は，霊は「いる様にでも，いない様にでも」説明できると言っておりますし，私もその様に考えます．

B009　曹洞宗　霊体験，霊現象に対しては積極的に肯定もしなければ，否定もしていない．あまり触りたくないという印象．ただ，道元禅師の著作や発言などにも，「三界の萬霊」への供養といったものがあると伺っているし，お盆に“ご先祖様が帰ってくる”といった記述がNGでない事から，霊(仏となった死者)の存在はおおらかに認めているというところではないか．曹洞宗門の葬儀は亡くなった方を仏弟子とする儀式で在る為，死後の存在を否定しては成り立たないと思われる．

B011　曹洞宗　特段の提示はありませんが，何らかの形で対応する場面も．今に考慮する必要が出て来る可能性も…？

B012　曹洞宗　曹洞宗というより私個人はいまだ直接体験あるいは現象を見た事がないのだが，色々な現象は否定すべきものではないと思う．この科学時代と科学的に総てをとらえる現代の人々の心は逆にヤンでいると思う．学問中心の科学あるいは全て法律の下という考え方あり方では人々は救えない．なぜならますます人間社会はハカイに向かっているからである．心が機械化している学校教育大学の責任多である．東大医学部救急長の体験に耳をかたむけても良い．

B013　曹洞宗　あり得ない話ではないが，恐がることはない．

B015　曹洞宗　禅宗なので，あまりふれていない．祖師方の体験談などとして，「観音菩薩の御加護があった」など…．

B016　曹洞宗　宗派としては特にない．

B017　曹洞宗　宗派としての見解については，勉強不足の部分が多い為，控えさせていただきます．

B018　曹洞宗　宗派や教派での対応に興味はない．

B019　曹洞宗　縁としてとらえすべての現象は，原因と結果の連続であるから，特別な現象あるいは体験ではなくだれでも時と場合により生じたり減じたりする．

B020　曹洞宗　曹洞宗としてどのように考えているかは，わからない．今を生きるための教えであり，そういった部分には踏み込まないのでは．

B023　曹洞宗　一般的解釈として「霊的な現象，体験」には否定的である．

B025　曹洞宗　あるともいえない，ないともいえない，「死後の世界観」は経験がない以上，断言できない．しない．否定もしない．但し，心情として「亡き人と生きる人」の間(家族間等)に「死後の世界観」が存在することは確かであることから，霊がいても何ら不思議なことではないと考える．因みに，記憶に残る姿(故人の)も霊といえると考える．

B026　曹洞宗　相談者のケースが各々ちがうのでそれに合った，供養の仕方をとり入れているが，供養とか，親戚など疎遠になっている方がよくあるので信心深く供養することと．

B027　曹洞宗　宗教とは，霊的な現象を否定・肯定もせず，今を生き切る事に教義の主眼．

B028　曹洞宗　檀家の方で，大病を患いこんすい状況になった時，夢をみて早く死んだ同級生が花畑のむこうから，来るな来るなと声がかかってどうしようと思った時，意識をとり戻したという話がある．単なる妄想とは決めつけられない．科学的に証明できなくても何かの作用があると思う．要は人間愛にもとづく生き方を追求するのが宗教だから霊が作用するとは思わない．因果応報は当然のことと思う．

B030　曹洞宗　あって当然のことではあるが，そのことにこだわる必要はない．

B031　曹洞宗　本来そのような事は存在しない…が相談あるいは，話しになったなら，その人の話しを聞き，一緒に考える．否定は絶対にしない．

B032　曹洞宗　明示はされていないが，「憑」の文字が文献に出てくる．私としては，「僧侶個々に任されている」と考えている．

B033　曹洞宗　霊的な現象は当然起きて当たり前 ほとんどの人は何も感じないで生活展開があるが，深い悩み，心が落ち着きを失くしている時に霊的な現象が現れやすいと思う．

B034　曹洞宗　御開祖様は霊的な力が有ったと言われている．経文の中にも神通力として，説明されている．

B035　曹洞宗　釈尊の「無記」の立場で，特に体系づけての考えはない．

B036　曹洞宗　宗派の総意ではないのですが，私個人としては，霊的な現象は精神的な面からくるものと実際に霊的なものが作用している面と２通りあると思います．

B037　曹洞宗　道元禅師とともに両祖と並び称される瑩山禅師は霊夢を多く見たと記述されてあるが，本宗での霊夢に対する位置づけも確定されておらず少なくとも私としては上記に対する見解は確定していないと理解しています．

B038　曹洞宗　教義の中には霊的な物に関する事案はありません．除霊，お祓いというお勧めもありません．現在に生きている方以外は全て「ご先祖様」という位置付けになります．

B039　曹洞宗　何らかの理由によって現れた現象であり，あっても不思議はない

こと.
B040　曹洞宗　霊の問題には介入しない．否定も肯定もしない.
B041　曹洞宗　生きている中で現象や体験にめぐりあう時もある.
B042　曹洞宗　あるような，ないような，ハッキリと否定はしていない.
B046　曹洞宗　宗派でということはわかりませんが，見えている人感じる人がいるということは現実なので第一には認めてあげるべきだと思う．それから対処すべき.
B048　曹洞宗　供養と除霊を考えます．本人と霊との関係を聞くことです．それに応じて考える.
B050　曹洞宗　各自の判断.
B051　曹洞宗　人には個人差があり，霊的な現象が見える人もいると思う.
B052　曹洞宗　死後の平安を祈る.
B053　曹洞宗　あるとも，ないとも言えない.
B054　曹洞宗　宗派としての指針はないと思う.
B056　曹洞宗　個々の霊魂は存在しない.
B057　曹洞宗　私の体験(学習)では霊的な現象を信ずる宗派としてはとらえていない.
B132　曹洞宗　霊はあると思ってます.
B134　曹洞宗　否定的.
B135　曹洞宗　大自然の大きなはたらきの一部として従容として受け入れる.
B058　臨済宗　基本的には霊的な現象などは存在しない考え方です(二元の自覚を説く宗旨として実体的・固定的な霊は認めていない．自覚の根拠を人間性の根本において霊性と呼ぶ場合がある).
B059　臨済宗　依頼があれば相談に対応する.
B061　臨済宗　ほとんど論じていない.
B063　臨済宗　体調の不良で精神的に衰弱している時や，不安，何時か何か起るのではないか，或は暗闇に入った時に感じられるものと思っています．私事ですが学生時代，国家物件の放火魔が現れ，その夜警に携わり，猫が前を走ったり，又，葉のさらさらと落ちる音が後ろで聞える等，おびえるとそうなるのかネ！
B064　臨済宗　御先祖様の霊を認めるが，具体的には定義しない.
B065　臨済宗　人智の及ばないものはあると思うが，基本的に「アダ」を為すようなことは無いと考えます．自分で作り出してしまうものというふうに思います.
B067　臨済宗　特に霊的な現象，体験等については宗派として取り上げていない．それぞれ各寺院の判断.
B068　臨済宗　あまり重要視はしていないと思われます.
B069　臨済宗　否定的である．心の問題，怖いと思えば縄もヘビに見える.
B070　臨済宗　宗派としては「己事究明」が命脈であり，霊的な現象，体験等について特に対応，教えはありません.

B071　臨済宗　無記，解答なしと仏教はとらえていると思う．禅的に言えば「不教字」仮に体験したとしても理屈では説明できない．

B137　臨済宗　輪廻からの解脱を目指す仏教では，生と死は断絶したものではなく，目蓮尊者の故事が記された盂蘭盆経等がある．偽経とはいえ，生者が生きていくうえで死者との関わりが決して軽くはない意味を持つことを示していると思う．

B072　真言宗　宗教，宗派問わず，供養やお祈りをして成仏しているのだから霊が現れるはずがないと考えている宗教団体が多いと思います．

B073　真言宗　あまり聞いた事がない．

B075　真言宗　特に意図するところはない．

B076　真言宗　統一的な見解は示されていない．

B077　真言宗　真言宗では霊的な現象，体験をまとめたものは無い．一部，教師の体験がまとめられている．

B078　真言宗　知らない．

B079　真言宗　不思議な事はあるが，それは霊的なものかどうかの肯定も否定もせず．

B083　真言宗　霊の存在は真摯に受け止めています．でなければ，葬儀や法事などの供養は必要ないでしょう．

B084　真言宗　宗派での見解はどんなものかよく知らない！

B085　真言宗　よくわからない．決まった見解がないと思う．

B086　真言宗　特に認めていない(霊の存在は認めているが，現象として表れ，子孫を祟ることなどない)．

B141　真言宗　宗派でどのように考えているものかは，私は解りません．個人としては，霊的云々といったことを否定はしませんが，その前に，被災された方々の支えにはもっと大切なものがあるものと考えています．

B087　浄土真宗　「迷信」の類は否定したい立場だと思います．私たちの宗派は「他力」で，「念仏をとなえれば即成仏」できるという楽々宗派で，そく，浄土へ行けるというモノです．したがって，こちら側でどうこうしなくても「浄土で極楽湯にでもつかっているのでしょう…」との考えです．残された私たちに「たたる」なんてありえないでしょう．うちのおばは「いつも見守っていてあげるから」といって亡くなりました．

B088　浄土真宗　迷信的なものとしてとらえ積極的に対応しようとはしない(私自身は踏み込んで対応しようとしている)．

B089　浄土真宗　現実にはありえないことで，妄想の現象だと思う．

B090　浄土真宗　常識では，理解できないような現象・体験はある，しかし，霊や魂ではない．

B091　浄土真宗　宗教宗派では理解できないこととととらえています．

B092　浄土真宗　「ま，そのやうなこともあるだらう．しかし，そんな不思議より

も救われないはずの煩悩具足の人間(われわれ)が佛によつて救われるといふ方がずつと不思議なことぢやないか」と蓮如上人はこたへている．これと同じ考へに立つている．

B093　浄土真宗　この世でのいのちを終えると，阿弥陀仏の救済によって，浄土で佛となることが決まっている．よって「霊」という概念はほとんどない．

B094　浄土真宗　個々のこころの問題としている．仏教においては，霊の存在については否定であると思う．

B143　浄土真宗　そういうものはない．きのせい．

B095　浄土宗　具体的な見解を聞いたことはない．

B096　浄土宗　認めていない．

B097　浄土宗　特別なことではなく，誰れもが現象を体験したりし得るものと思っており，信仰心を篤くすることが肝要と思っております．

B098　浄土宗　とくに宗派としての指針は無いと思う．個人の考えで対処していると思う．

B099　浄土宗　浄土教なので密教あるいは霊的な考えはない．自分自身の供養体験と合掌念仏の功徳を説き，祈りの考えを進めている．

B100　浄土宗　基本的には「なし」と考えております．

B101　浄土宗　肉体が亡くなっても，精神(心・魂)は永遠に残る．お念仏を常に称えることによって，西方極楽浄土に迎えられる．お念仏しない方は地獄の世界に行かざるを得ない．信心，阿弥陀仏の本願を信ずることの大切を教える．

B103　浄土宗　否定．

B104　浄土宗　否定はしませんが不可思議な現象は起こりうるものだから受け入れます．しかし，必要以上に恐れや忌避すべきではなく，当該の方々の気持ちが安らぐまで阿弥陀様を念じ，救いとっていただくよう，念仏をただひたすら称える．

B105　浄土宗　否定しております．

B107　浄土宗　否定も肯定もしない．

B108　浄土宗　不明．

B142　浄土宗　あまり話題としていない．

B116　天台宗　わからない．

B118　天台宗　特別にはない．

B121　天台宗　宗派全体としての統一見解等は出していない．個別には霊能者も存在するかも知れないが，「マユツバ」の印象があって，自分としては手は出せない．出さない．

B122　天台宗　否定はしていない．私自身も多少感じることもあります．

B123　天台宗　寺院により異なる．

B124　天台宗　各寺院による．

B109　仏教諸派　あり得るものと考える．

B113　仏教諸派　心，精神の極端な耗弱．心身に対する恐怖体験の後遺症的なもの．存在の有無はわからないもの．
B114　仏教諸派　きちんと供養されていないと思う．
B115　仏教諸派　六道，就中三悪道と称す地獄界，餓鬼界，畜生界には無数の魑魅魍魎が跳梁跋扈しておる様です．戒律を無視し心に隙をつくると芳しくない精霊に心が乱されます．佛教徒として釈尊のみ教えを遵守しつつ，宗教的行法をして，「施餓鬼会法要」「盂蘭盆会法要」を執り行い，心の安心を得る事で有る．
B119　仏教諸派　修法師(祈禱師)霊媒師(おがみや的？)等の修学がある．私自身両方修学．
B125　仏教諸派　私の能力では言葉に表わす事はちょっとできません．しかし仏教では霊という捉え方は基本ありません．
B130　仏教諸派　特に固定された考え方はない．
N001　新宗教　感じる事やそう見えるなどは，直に受けとめる．
N002　新宗教　特に教理的にはないが，個人的にはあるものと思っている．
N003　新宗教　先祖の霊は我々を守って下さると教えて下さっています．私自身の経験からも実感しています．
N007　新宗教　人間のいのちには三つの側面があり，一つは宇宙の大生命の現れとしてのいのちです．私達のいのちは宇宙と一体の永遠不滅の大いなるいのち，二つは人間としてのいのちでその人格の主体は魂とか霊魂と呼ばれているものです．それは常に変化しつつ過去・現在・未来の三世にわたって生成して向上していく，三つは肉体のいのちであると教えられています．
N008　新宗教　如何に科学の世の中でも科学で割り切れない霊的現象はある霊魂不滅説を唱えております．実際に私共では霊現象の写真も数収めておりますし信者の方達の目の前で音(ラップ音)や日の現象・ロウソクの形とかで現れますので…．仏様のお姿とかも明確に生前のお姿を申し上げますので皆さん一致されるので誰それだと確信していただけてます．
N009　新宗教　否定はしておりません．その現象を通して，回りの方々も含め，何を学びどう生きるのかを確立する(まず，供養を大切にしている)．
N011　新宗教　ことさらに霊的現象・体験を表に出すことのない宗教だが，人間では計り知れない天地の働きの中にそういった現象があっても何らおかしくはないと考えている．したがって，幽霊・お化けは，この世に未練を残して亡くなった方の現れであるという受け止め方には肯定的．しかし，そういった現象を恐れたり悲しんだりするよりも，今月今日いのちをいただいている者としての生き方のほうに重点を置く．慰霊祭や霊祭も行うが，教えにもとづいた信仰生活を進めることで，自分も子孫も，御霊までもが助かることになると信じている．要するに，有難い生活を送れば，幽霊・お化けさえ有難くなるということ．※ちなみに，教えは教祖が書き残した自伝と弟子の伝えが教典となっているが，「結界取次」という教師と信徒の対話により，そのときそのとき一人一人に応じて，まさ

にオーダーメイドで現在もなされているので，教師によって言うことや考え方が違うこともままある．そういう意味で，この問いに対する答えは私個人の考え．

N012　新宗教　「生きても死にても天地は永遠に我が住処」「み心穏い安らいて，神慈しみ受け給え」という教えのもとに宗教活動をすすめている．

N013　新宗教　本教では，死ぬことも神様のおかげの中での出来事であると考えます．生きている間はもとより，死んで御霊(みたま)となっても神様のおかげを受け続けていくものです．そのためいたずらに死を恐れたり，忌み嫌う事はしません．本教では，みたまは，いつも神様とともに私たちを見守り，私たちを導いてくださっていると考えています．本教において「霊的な現象・体験」というものは，神様・みたま様からのメッセージであり，それを生きている私達がどう捉えていくかという事が問題になります．教祖の教えに照らし合わせて，その霊的現象が，どの様な意味を持つのかを信心を通じて理解していくという事の方が大事であると考えます．

N014　新宗教　特に考えはない．

N015　新宗教　特になし．

N016　新宗教　「このよう(世)に かまいつきもの ばけものも かならずあるとさらにおもうな」と云う御教祖様(おやさま)のお言葉があり，基本的にはそのようなことはないと思います．

N017　新宗教　私はあまり考えない．

N018　新宗教　神の存在を否定し，自分一人で生きていると思っている人は，何も感じることは出来ないだろう．日々，神様のお蔭で，親の(先祖を含む……！)お蔭で，生かされているんだと感じて生きて居る人は，大なり小なり，日々の出来事の中から感じられるものがあるだろう…！

S001　神社神道　神道の思想に於いては，万物に神が宿るとされる．自然の摂理の中には，何かのシグナルが有ると云う事は，霊的な現象も確かに存在するものです(霊的現象は，肯定派)．

S002　神社神道　亡くなった人の霊魂のわざわいは，強い恨みがないと出てこないと感じます．一般的に恐いものと思われてますが，何かを伝えようとしているもの．

S004　神社神道　具体的にはなし．

S005　神社神道　亡くなった方の霊(みたま)の現象．

S007　神社神道　万物には命が宿り，霊がある．それに対して「礼」を欠いたことにより様々なことが起こる．霊に対して「礼」を欠かさない事，共存共栄の精神を持つことが大切．

S008　神社神道　問 10 と同様(個人的見解)．

S010　神社神道　唯ひたすらに逝きし人の面影を偲び，家内の繁栄をお守りいただくことを祈る．

S011　神社神道　日頃の行いのたまもの．

S013　神社神道　霊感の強い人の特殊な体験.
S015　神社神道　あまり考えた事がない.
S016　神社神道　わからない.
S019　神社神道　その時の状況，体験談を聞き，判断する.
S020　神社神道　？
S021　神社神道　特に統一した見解は聞いたことがありません.
S022　神社神道　夜眠れぬ，亡霊が出る，写真に亡霊が影る等あり，除霊の祈禱，お祓いを行ってやる等あり．祈禱後は何もないので霊感はい除されたと思う.
S024　神社神道　個々に任せている.
S025　神社神道　余り霊的なものと結び付ける事はしたくはない．心情は常に汲み取りたいと思っている.
S026　神社神道　個人的に霊的な何かはあるのではないか.
S027　神社神道　観世音菩薩は33変化身してあらゆる悩みや苦しみを祓ってくれる救済力があるとして信仰され参詣者が絶えない．兇徒の難から逃れ悩みや苦しみから救われるよう祈る心が，「霊的な現象」ではないでしょうか？
S028　神社神道　霊的な現象は霊感の強い方に多く見られると思う．供養をすることにより又，祓により御霊を鎮めることを進めている.
S029　神社神道　大多数の方は信じていないと考える.
S030　神社神道　考えていない.
S032　神社神道　十分あり得ることである.
S033　神社神道　考えはない.
S034　神社神道　お祓いをする.
S035　神社神道　特になし.
S036　神社神道　霊的なものはあると考えております.
S038　神社神道　一般には霊感の強い人もいると言われています．そういった方々の体験等があるといわれています．神道的に解決できることは「祓い」であると思います.
S039　神社神道　慰霊祭を実施する.
S042　神社神道　宗教として考え方が決っているわけではない.
S043　神社神道　霊的現象はあると考えている.
S045　神社神道　別に考えていない．問10に記したようにそういう者が相談に来た時は話を聞いて相手の気持ちがやわらげれば幸いと考えている．お祓いを依頼されれば，祈禱はするがそれは除霊という意味ではなく，依頼した方の気持ちを大切にするという意味である.
S046　神社神道　否定はしないが，除霊に自信がもてない人が多々いらっしゃる．霊的現象に対応できる作法はしっかりある．(神道として)やれる場が少ない．やる場が少ない.
S047　神社神道　他の人の考えは分からない.

S048　神社神道　自分で考えなければならない.
S049　神社神道　霊魂はそのみたまを慰めることにより，より清くより高いところに上って行く.
S052　神社神道　特になし.
S053　神社神道　自然現象.
S054　神社神道　なし.
S057　神社神道　霊的な現象・体験に対して，明確な考えは特にありません.
S058　神社神道　神社神道としての考え方は県神社庁に聴いて下さい.
S059　神社神道　現世と幽世とがありその中に霊魂が存在すると考えている(それ故に，呼びかけ，祈り，感謝があると考えている).
S060　神社神道　霊祭が少なく(あまりない)，組織での話題はない.
S062　神社神道　これといった取り決めはない．私たち個々にまかされていると思われる.
S066　神社神道　神道では霊というよりは，神という概念がありますが，神葬祭を行っており，「霊」(みたま)としてお祀りすることはあります．又，神社には悪霊に取りつかれ，祓いを申し出る方々もいます.
S067　神社神道　特になし.
S068　神社神道　難しい問で，答えが適当でないかもしれませんが，人それぞれの立場，生き様，育成社会体験等々から，強弱を問わず持っている人が多かろう．宗教者以前に人としての修業を積み本題について考えていくこと，そして，対象者への望ましく，適切な対応ができる能力を身に着けられるよう，努力していきたい.
S070　神社神道　神道ではお祓いをします.
S071　神社神道　霊的な現象はあると考えている.
S073　神社神道　勉強不足につき解らず．人は死亡すると，魂は神の元に還り，家の守神となってその家の繁栄・家族等を見守る.
S075　神社神道　天災などで人間が怨念を抱いて死ぬと，その魂は怨霊となり，地震や大火・大雨・洪水などの災害や疫病を起こし，祟ると恐れられてきました．その怨霊を祈禱によってお祓いすることにより「怨霊」から「御霊」(神や守護霊)へと祀り鎮めることで種々の災厄から免れ，平穏と繁栄を願う「御霊信仰」という信仰が平安時代より見うけられます(文献的にも).
S078　神社神道　特別何らかの位置付けはしていないのではないだろうか．但し，「特殊祈禱」として「憑き物除け」が存在する.
S079　神社神道　菅原道真，平将門の例を出すまでもないですが，非業の死を遂げた人物の祟りをおそれ，御霊を祀るという行為が古からあるように，霊的な現象というものは，ごく自然にあるものと考えています(すいません．私個人の考えでした).
S084　神社神道　具体的に文字(文章)で表現することはむずかしい.

S085　神社神道　今は全く自分の生きて行く道だけです．他は何も考えられませんです．且皆様の幸せを祈るのみです．

X001　キリスト教　新約聖書の使徒の働き 23 章 1〜11 節．

X003　キリスト教　問 14 と同じ．

X004　キリスト教　「霊的な現象・体験」を否定することはない．そういった事象，事象を知覚できることは神からの賜物であると考える．ただし，それが特別な異能力であるとも考えない(権威化しない)．あくまで，人の能力の一部で，常に解釈を求めると捉えている．

X005　キリスト教　キリスト教で言う「霊的な体験」とは自分のありのままの姿に神の助けによって気づかされることであって，この設問で問われている所のオカルト的な現象のことではありません．一方で日本の文化の中で育った私たちにオカルト的な現象理解があることも事実であり，それはそれとして受け止めて個別にていねいに対応する必要があるとおもいます．

X006　キリスト教　いわゆる異言を語る者，超常現象の類と考えている．

X007　キリスト教　霊的な現象は否定をしませんが，過度に強調したり恐れたりはしません．

X008　キリスト教　聖書においても，諸霊の存在することは否定されておりませんが，それらはイエス・キリストの霊(聖霊)とはっきり区別されています．

X009　キリスト教　昔からの因習に縛られている方々の心を解放してあげる．

X010　キリスト教　霊的現象・体験は聖書にも記されているので，あり得るとは考える．しかし，全てのものが無批判に肯定されるべきではなく中には病や精神的状況によって経験するものもあると考える．

X011　キリスト教　特別重要視することはない．

X012　キリスト教　私の所属する○○(教団名)は，霊的現象が起きるのは聖書にも記されているので認めてはいる．また悪霊の存在も認めている．しかし，具体的経験から学ぶ事は少なく，霊的な現象をうまく処理する(死者の霊をさとして向こうの世界へ送るとか，悪霊払い)方法を身につけていない．宗教家である牧師は，霊についての知識の段階が千差万別である．無知な人が多い．

X014　キリスト教　幽霊を恐れる必要はない．神の霊(聖霊)は常に働かれているので人間が自覚することもあるが，これも恐怖の対象ではない．

X015　キリスト教　人間の認識をこえる現象はあり得ると考える．人間自体「霊的」な領域をもつ存在であると考えるゆえ，事柄を合理的に説明したとしてもなお課題が残ることはあろう．

X016　キリスト教　神からの恵みとして与えられる体験はあると考えています．悪霊というものも聖書に書いているので，まれにあると思いますが，私自身は経験したこと，相談を受けたことはありません．

X017　キリスト教　所属団体での霊的な理解には，かなり幅があります．全く認めない立場の人もいます．ただし，聖書には悪霊追い出しの箇所もあるので，悪

霊の存在そのものや，悪霊を追い出す出来事自体を否定することはできないでしょう．
X018　キリスト教　かなり慎重に扱います．完全否定ではありませんが，聞いているケースでは非常に個別性が特徴で，普遍的でない．たとえば十字架のネックレスを身につけていたので，捜索隊のライトに反射し，助けられたと言った証言です．
X019　キリスト教　ここの設問の霊的と捉え方が違うので答えられない．
X020　キリスト教　悪霊(サタン)の働きはある．(聖書から)人々を不安に陥れる霊．
X021　キリスト教　特にありません．
X022　キリスト教　実際にあることと考える．
X023　キリスト教　霊の存在は説明しているが，霊界全体の構造などについては解っていない(キリスト教全体に言える)．復活と霊現象についての説明は殆んどできない．
X025　キリスト教　キリスト教として聖霊の存在を認めている．人の心を導くものとして．
X026　キリスト教　サタン(悪魔)，悪天使が霊魂不滅を信じさせるために行っていると考えます．私共の教団の聖書解釈は霊魂不滅です．故人とキリスト再臨の時，再会できる．霊魂ではなく肉体(栄光の身体)をもった復活です．慰霊とか供養はしませんが，「故人の想い出の会」，残された家族の実存的ケアはします．
X027　キリスト教　特に語ったことはない．

問 14
「霊的な現象・体験」に関する悩みについて，個人の立場から感じていること，考えていること．
調査票番号　　所属　　記載内容
B001　曹洞宗　心身の状態によって，さまざまな現象を体験することは不思議な現象ではない．その人の持つ宗教観や文化的背景によって，現象に意味づけを行うが，そのことによって不適応をおこしていなければ，問題ない．
B003　曹洞宗　特になし．
B004　曹洞宗　問 11 の通り，幽霊(俗に言われている)の姿は現世に生きている人にとっては，今を忘れている姿の象徴であるので，そのような生き方をしてはならないという立場で布教している．
B006　曹洞宗　あの様な震災を体験し多くの物故者をだし，近しい人達がお亡くなりになった中で何も感じないという事は無いと思う．霊が存在する，しないではなく，その様な「者」を見たり感じたりする人には否定するのではなく肯定的に捉えて精神的に落ちつかせてあげる様考えます．
B007　曹洞宗　霊的な現象体験に対する悩みは昔から語られているものであるが，

昔は地域のしきたりや祭り，葬儀に至るまで，神や仏(先祖)のことだけでなく，現在を生きている人々の事も考えてないようが構成されていたのであり，個人個人の悩みもその中でポジティブに解消されていく機会があちこちにあった．しかしその機会が失われていくにしたがって，その様な(霊的な悩み)事等もより深刻に考える様になり，悪いものとしてしか，とらえられない様になってきた．

B008　曹洞宗　霊的な存在はあってもなくても良いと思います．その有無により現実に生きている人の幸福があれば良い．「亡くなった人に守られているよ」と言う事と「霊のたたりなんか無いよ」と言う事は別に矛盾しないと思います．

B009　曹洞宗　実際に霊がいるかどうかはさておきその事で悩んでいる方がいる事実を観る事が大切だし，本当に霊が存在しているとしても(私はいると思っている)何も問題はない．元々は皆生きていたのだし，死んだ後は宗教者として霊(死者)の苦しみをケアしていくだけでいいと思う．宗教者は生者も死者もケアする力があるのだから．

B011　曹洞宗　伝わる現象・体験は否定しませんが，現象は体験そのものと又他より伝える体験が体内にとどまり，それぞれ各人の深い思いの1つの表現として現れるものと私自身は思っております．恐怖心がいつまでも心にある1つの大きな体験そのものと感じます．よって，前述の如く，良く傾聴し，時には一緒にお経を読誦し先祖供養，心を落ちつけていただいております．

B012　曹洞宗　仏教は因縁論だがキリスト教的には運命とある．やはり運命(これも因縁かも)的なものはあると思う　というのは生前自分はもう定められていると感じるからである．未来に我々は今いけないが，未来は出来あがってあるかもしれないからである．よってこれらの現象はおきるべくしておきている事であり，どうこれを現代科学的に知らしめるかである．余談　さだまさしの詩に母が背中の子に「この世は運が良いとか悪いとか」という論がある．体験者はそういう事でしょう．

B013　曹洞宗　供養してもらいたい霊が，してもらえそうな方の周囲に現れる．出来るだけ，何らかの形で，供養することが大事だと思う．

B015　曹洞宗　心的な要因が多いと思う．そうだと思えば，立ち木でも怖くなるものだから．

B016　曹洞宗　不思議なことは有るものだし，霊的体験が多い人は確かに実在する．全然感じない人も多く居り，その方々は霊的なことを信じない．むやみにすべての人には話せないと思います．

B017　曹洞宗　人それぞれの心の状態に大きく関係する(左右される)ことと考えていますので，具体的な体験の有無や，科学的な根拠にはこだわらず，とにかく相談者の感じた事，思った事に耳をかたむけ，心に寄りそい，気のおち着くよう，出来ることをしてあげたいと思っています．

B018　曹洞宗　(「霊的な現象・体験」に関しては)世情の不安などがその増減に関係している．大地は動くものだ．それも常に激しく鳴動し，原発もその例外では

なく無常の一部分だ.

B019　曹洞宗　実験心理学でいわれている幻覚・幻聴があると思われる. このことにより, 高度な哲学心, 宗教心に高めることが課題と思われる.

B022　曹洞宗　否定せず傾聴する.

B023　曹洞宗　そもそも人間の感覚(五感)は自分で考える程確かなものではない. 感情や記憶又は外的要因で変化しうるものと強く思う. 多くの場合そういった事による思い込みであろう. 只, この世の現象全てが説明できる物とは思わない. 中には説明, 理解しにくい事はある.

B025　曹洞宗　目の前で家族や知人が流されていく光景は簡単に忘れられることではないと思う. 中には建物の下にはさまり助けたくても助けられず, そのまま置いてきた知人のことを, その知人の遺族に言えず誰にも言えずずっと一人で苦しんできた方がいる(2年を経過した頃相談があった). なんでも良いので, 話していただける場をつくり, 何度も話していただけるように接していく必要があると思う.

B026　曹洞宗　地域的に寺に来る前に“おがみや”さんで判断してもらい, 結果として先祖供養や水子供養をすることが多いのでさほど感じない.

B027　曹洞宗　共に向き合い, 支えるしかない. ひたすら聴くこと.

B028　曹洞宗　亡者への思慕, 偲は大いにあって良いことで, それがあなたの人間的向上につながるということを説明している.

B030　曹洞宗　怖い心霊現象は自分の心のあり様から来るようでもある. 心霊現象はあって然るべきものと考えるが, あくまで一つの現象であり, 重きものととらえていない. 先ず己の心のあり様を整えるべし.

B031　曹洞宗　宗門的には存在しないとの考えであるが, 個人としては, そのような現象, あるいは体験をしているし, 近くの人も感じてる人がいる. 古くからの日本郷土では, 心やすらかに生活する為に, このようなことは大事にしなければと感じてる. 否定しては解決しない.

B032　曹洞宗　その体験にあい, 悩んでいる人が居ることは事実として受容すべき. そして対応として供養すべき.

B033　曹洞宗　自分には不思議な力が備わっていると感じ取って生きて来た.「念ずれば花開く」の教えの如く多くの難しい問題が今までたくさんあったが, 必ず仏様に守られて救われて今がある. 長年多くの人生相談に対応し努力中である.

B034　曹洞宗　悪霊もしくは良い霊に取り付かれることは有るであろう. 残念ながらその現象を科学的に解明することは難しいので更なる技術開発が必要である. 脳内科学というよりも, 人体から発するよく解らない波長の解明をすることで理解できる日が来るであろう.

B035　曹洞宗　非常に難しい問題である.「体験者の単なる心理的な問題」として片付けられればこれ程簡単なことはないが, その様な回答では私自身の相談された経験からしても非常に説得力がない. 如何に深遠な教理があっても, 僧侶が葬

儀を司る以上は「霊魂」の問題は不可避であり，たとい葬儀と「霊的な現象」とはそれぞれ別次元の問題であっても，両者は通底している筈.「霊的な～」とは個々の体験的な事柄ゆえ追体験して悩みを解決することは不可能だが,「霊的な～」の悩みを持つ人の苦悩を和らげる方法として，供養が有効かも知れない．まことに残念だがそれ以上の殊更に論理的な解決策は持ち合わせていない.

B037　曹洞宗　人間的な心理現象の一つ．ただし，体験や現象を繰り返し，繰り返し話していくうちにだんだんと話が巧妙化され，現実，想像，期待的空想が付加し，本人もますます霊と実感したと確信する傾向が強くなります.

B038　曹洞宗　あくまで悩まれている方の主観でしかないので，共有することができない．もっと共有できる何かがあれば，もう一歩踏み込んだお手伝いができるのにとは常に思っています.

B039　曹洞宗　あっても不思議ではない.

B040　曹洞宗　①本人の言葉や体験を全て聞く．②一般的なメディアが流す興味本位的な「幽霊」「お化け」については否定的に考えている．③相談者の悩みの元を探り，共に考え，不安や悩みの解消に重点をおいている．④目に見えぬ物を最初から否定する気はないが霊的なものを実証することもできずにいるのが現状です.

B042　曹洞宗　数年前病院入院中に高熱が出た時に，前にお世話になった人(複数)の顔が大きく眼前に現れた．夢ではないので，直ちにコールし強い解熱剤を処方していただいた．所謂「おむかえ」だったのかと思った.

B044　曹洞宗　ない.

B046　曹洞宗　霊的な現象を体験した人はとても不安に感じて助けを求めておいでになります．話を聞いてあげてそれを自分たちなりに解釈しその霊を供養してあげることで，相談者本人も安心していきます．カウンセラーと同じです.

B048　曹洞宗　問 11 で申した通りです.

B050　曹洞宗　ご相談者の方の状況によって変わります．肯定も否定もしません.

B051　曹洞宗　佛心の強い人には，現象や体験をする人もいると思う.

B053　曹洞宗　個人の性格や体験によって(総論的なことは言えない)．夫々考え方が異なるようだ.

B055　曹洞宗　縁起の教えを元としています．霊・お化けとか言われる方々にはそれなりのものがあると思います．ゆっくり聞いてみたい.

B056　曹洞宗　悩みは無いが，夜中に津波被災地域を車で通った時，暗やみの中取り残された家の近くを通った時に得体の知れない恐さを感じた．何かが居そうな気がした.

B057　曹洞宗　小学生の肝だめし大会などで幽霊がいるかと聞かれますが，道場のお話しをしています.

B133　曹洞宗　亡くなった方々はまだ亡くなった自覚がないのでは．無事，成佛できるよう供養したいと思っている.

B134　曹洞宗　世の中には“見える人”“見えない人”“感じる人”がいる．どちらも否定しない．先入観もある．

B135　曹洞宗　超自然的，非科学的な事柄であったとしても，人間(のみ)が特異に発達させた能力，感性であれば，大切に処していくべき．

B146　曹洞宗　震災後，特に多く耳にすることが多い．私は霊的体験は一度もない．したがって，霊の存在を否定肯定することはできない．多分他界された家族や親族，友人は悲しみのあまり精神的肉体的に疲労しているので潜在的妄想により見ているものと思う．

B058　臨済宗　霊的な現象，体験を否定はしませんが，自分に見えても他の人に見えないものはたくさんあります．精神的な状況から，自ら霊的な現象を引き起こしている方も沢山います．まず，相談者の方の環境，精神的な状況を把握しなければ，適切なアドバイスはできませんので，きちんと話を聞くことから始めなければいけないと思っています．

B059　臨済宗　個人的には，特になし．

B061　臨済宗　ない．

B063　臨済宗　恐れからの先入観から，物音・光に敏感に感じられ，それが霊的現象と勘違いしているのではないか．

B064　臨済宗　ひたすら説明．「霊は物理的な存在ではない」．

B065　臨済宗　自分自身が作り出す，又は人から話をきいてふくらませた強迫観念を人に話して同意を得たり，拝み屋さんで益々大きくされているようなのが多いようです．

B068　臨済宗　霊的な現象，体験はそれを感ずる本人の心の中が不安定な状態の時にあらわれると思います．当人が感じる「苦」があるとすれば，それに向き合う力が無い時，向き合うことができない時に具現化すると思います．よって，その「苦」を理解し向き合うことが出来れば感じる人間の心が充実していればみえなくなり，霊的なものは感じなくなると思います．

B069　臨済宗　心霊写真が時々持ち込まれる．また自分自身金縛りの体験(精神と肉体の目覚めのズレと近親者の危篤のとき)や臨死体験や体外離脱の体験をしている檀徒がいる．医学の進歩の結果であろう．

B071　臨済宗　霊的な…とは私達のコンピューター(頭脳)では判断できない世界の分野である．カントは理性外(もの自体)の世界と言っているが，仏教では空とか無というとらえ方があると思う．それ自体存在しないがすべてを存在させる力とでもいえるもの「心の根源」．

B137　臨済宗　自分自身がそのような体験をしたことはないが，俗にいう「つかれる」というような状況(？)になった友人を見たことはある．それが霊なのかどうかはわからないが，不思議な現象が存在することは確かだと思う．

B072　真言宗　普段，我々は霊が見えていない為，存在している事に気がつかないだけです．死んだら終わりではない．肉体から魂(霊)が抜け出たに過ぎない．

霊は存在しています．人間重視から霊重視の供養をしなければならない．
B073　真言宗　霊的な現象について私は有っても不思議ではないだろうと考えています．ただ流言によって多少誇張されたり，間違って伝えられたりすることも多いと思います．(例えばマスコミ等によって)体験される方にとってはそれが現実であり，悩んでいる方も多く，否定せずに共感し，よく聞く必要があると思います．第一に考えなければならないのは相手に安堵感を与えられる様にする事だと思います．お祓いもその一つでしょう．また，背後に何らかの心のストレスを抱えていらっしゃる方もあります．その場合，別の話題からそれとなく聞き取りの必要があれば専門機関や互助サークルの紹介もできたらと考えます．
B075　真言宗　特になし．
B077　真言宗　霊的な現象等で悩む方を慰めしたい．
B078　真言宗　霊的現象に対する悩みを抱えている方は，相当いると思っている．突然起こったありえない現象に恐怖し言葉にできない方，到底理解されないだろうと，話すことを控えている方．話しをして，相手が理解してくれることで，悩みが常態化しないことが肝心だと思う．それには周囲の理解が不可欠．
B079　真言宗　見た事や体験がないのでわかりませんが，霊的なものはあるような気がする．
B083　真言宗　私は長年，托鉢を春夏秋冬を通じて行じて来た者です．赴く家には確かに霊的なものを感じる事も多々ありましたが，問9にも書きましたが，生き方の問題を有し，霊的なものへとなすりつけている方々が多いのも事実でしょう．それが「拝み屋」と称す者の餌食となっていることも見逃せないのでは….
B084　真言宗　あるといえばあり，無いといえば無い．人の心のあらわれであるかもしれない．不思議な事は確かにあります．寺に居ると．
B085　真言宗　特になし，ただ，お参りに来た被災者の遺族より夢でも良いからもう一度会いたいという話は良く聞く．突然，別れたので哀愁の念が強いのだろうと感じている．
B086　真言宗　ほとんどは夢のおつげ的なものや，思い込みが多いと思う．しかし，除霊や供養によってその方が以前の生活にもどれるのであれば，当然行います．
B140　真言宗　実際にそういう現象はあると思いますので，真剣にお話を聞き，供養の場合は，心をこめて拝む．
B141　真言宗　人間には，もっと大切な，重要なことが沢山あると思います．「態度の変容」として「行動の変容」の支えです．
B087　浄土真宗　こういうアンケートが届いたことにびっくりです．震災後に，そういう悩みが増えているとのことでしょうか？ 誰の死も平等に悲しいものだと思いますが….今回は余りにも悲しすぎましたから，「お化けでもいいから，あの人に会いたい」などという気持ちが強いのでしょうね．そういう気持ちはわかります．「死に対する恐怖心」がさらにこころを苦しめなければいいのですが，

さらに，つけ込んで，うさん臭いカルトがはびこらないで欲しいです．

B088　浄土真宗　言説で表せない現象はありうるし，あって当然だと思う．そのような現象をあまり驚くべきでもない．

B089　浄土真宗　その人の精神状態に問題があると思いますよ．

B092　浄土真宗　霊的なもの(見えないもの)への恐怖感が今の寺院の経済をささへている．了解してもらへない．いたし，かゆし，ですけどねっ！！

B093　浄土真宗　説明のつかない現象はたしかに「ある」と思いますが，個人的には科学的な解明がなされていない以上，現段階ではその現象に対して否定も肯定もしない立場です．ただ一般的には深く思い，悩みを抱える方々も多く，それに対応した手段として「霊的な能力のある人」にたより，状況の改善を試みるひともおられるようです．そのような手段によって，悩む人の心が良い方向へと改善されるのであれば，そういった方法も「価値のあるもの」と言えるかもしれません．

B094　浄土真宗　慰霊とか鎮魂ということを報道することによって人のこころをあおっている．特に東北地方は鎮魂思想の強いところである．

B095　浄土宗　ある(存在する)人にはある(存在する)，ない人にはない．見える人には見え，見えない人には見えない．だからといって肯定も否定も適当ではない．相手の立場を認め，寄り添うことが大切だと考える．何か漠とした不安や心理状態が，具現化したのであるならば，宗教者は安心，安らぎを得られるように相手に対するべきだと強く思う．

B097　浄土宗　心の中の気になっている事柄で，解決したり対処することが可能な事柄は，事情が許す限り早めに対応して，心穏やかな時間を過ごせるように常々心がけることが大切と考えています．

B098　浄土宗　本人が感じた事，見たことは尊重する．

B099　浄土宗　霊的な現象・体験はこわいもの，どうすることもできないこと等はその人の持っている感受性及び心のすきまと思う．

B100　浄土宗　基本的には「ない」ことですし，宗派的立場においても肯定できませんが，個人的な体験については無下に否定はできませんので，個々の求めに応じて供養等を行っております．

B101　浄土宗　霊的な悩みとは，平常生活における正しい信仰をしているかどうかが問われていることである．正しい信仰による，信心を得られた生活をすれば因果応報から解放されると教えている．

B103　浄土宗　新興宗教や無責任な拝み屋，ネットでの情報で地元のひとや遺族は振り回されています．また，根も葉もないうわさを助長する宗教者もいますし，何よりマスコミの責任のあり方を問いたい．遺族は誰もそんな事を言う人は，一人もいないし，おばけでもいいから，亡くなった人と会いたいと云います．また，「うちの家族はどこかでさまよっているのでは…」などと悩まされています．非常に腹立たしい．

B104　浄土宗　抱え込んでいる悩み，苦しみを相談できる人，友人，家族がいらっしゃらない方の話し相手になりたいと思いますが，当方の浅い経験と祈禱の宗派ではない事と相俟って応対できない事です．

B105　浄土宗　否定的な立場ですが，話には耳を傾けます．

B107　浄土宗　親密度が高ければ高いほどテレパシー的な心理作用が働き，現実化しているのではないかと思う．

B116　天台宗　霊などはないと考える．従って恐れることはない．

B121　天台宗　現在の情報化社会の中でもこの種の現象・体験・吹聴などが起こるのはある意味同情に値する．異常体験，極度の恐怖，強迫観念などによる精神的な圧迫の結果，通常の思考回路に異常をきたしたり，その他様々な要因があると思われるが，あくまで個人的な問題と考えるものである．従って自分も体験することがあるかも知れない．何とも言えません．

B122　天台宗　かつてはテレビ等の影響で心霊写真等も持ちこまれましたが，何年か過ぎれば同様なことが起きてくるのでは？と思います．霊的現象等が出ないよう宗教者達が各地で慰霊の業を行っていると思っています．

B124　天台宗　今回の東日本大震災の様に突然に起きる事故などで亡くなられた方などの魂などは亡くなったと本人も気づかないまま，この世界に残ってしまっているということはあると思います．

B139　天台宗　心についての学習が不足している．そしてTVなどの聴取率を上げる番組によって，学んでいるというか，知識を入れている．これは，宗教者として，無視出来ないことではないのか！

B109　仏教諸派　霊的な現象を体験したという人は実在し，読経回向によって問題がなくなることも見聞している．

B119　仏教諸派　相談者自身の心の中にある不安等がそういう現象等に出て来ることが多い．たたりは無い．

B112　仏教諸派　死後の世界で供養されないでいる霊が現世の人にのりうつり，精神的，肉体的に不調を来している例が多い．原因がはっきりしていれば除霊供養することによって解決することが多い．体質的に霊感の強い人がいるようです．霊がのりうつりやすいケースを見ている．

B113　仏教諸派　「無」．個人的には死後の世界があれば良いなと思っている．

B115　仏教諸派　東日本大震災の一周忌並びに三回忌の各法要は〇〇小学校跡地と〇〇港にて執行しました．早朝迄の雪も止み，海風は未だ厳しく感じましたが，ご遺族と共に横難者の菩提を弔い乍ら一日も早く輪廻転生し，新しい生命を受くる事が叶う事を念じました．恐怖を優先せず，横難者の菩提を念ずる事に専念する事が心が軽くなる道の様です．

B125　仏教諸派　霊感があると思っている人，今回の事で身内を亡くされた人達はやはり霊的な物を体験したと言うのではないかと思います．でも子どもを亡くした方たちが霊でも良いから会いたいと思っているのに殆どの方が会えないとい

うのも現実で気の毒に思います．

N001　新宗教　なし．

N002　新宗教　霊からのメッセージ的なものが存在すると考える．

N007　新宗教　問11で書きましたようにいのちについて考えますのでその現象に対しては供養・祈りであると思います．

N008　新宗教　主に先祖様への思い不足，ご供養の不足，感謝の不足等があると思い出してほしくて，又伝えたい事やしてほしい事の希望や不満があると気付いてほしいが為に様々の現象として身内の方達，縁ある方に諭すことが多い様です．勿論他人様であっても頼る無縁仏様やたまたま入居した部屋で以前自殺をした方が居て知らずに入居して頼られる等の例もありますが…．

N009　新宗教　思うことがありますが今は…！

N011　新宗教　霊的現象・体験に悩んでいる本人の心が納得しなければ，解決しないと思う．思いきり泣く，心の内を語る，共感してくれる相手がいる，現象の意味づけがなされる，弔いの儀式をする，など霊的現象・体験と自分の心に向き合う作業が必要なのだろう．考えてみれば，教会に持ち込まれるどのような悩みもそうなのであって，宗教者として，寄り添う能力が求められていることを痛感する．

N012　新宗教　御霊として，鎮まるべきところ，収まるべきところに，鎮まり収まることが御霊の助かりとなり，生者の守りの御霊となることであり，そのことを祈るのが，生者のわれわれの務めであろうと考えている．

N013　新宗教　当市では，ある特定の地域で幽霊が出るという話しはよく聞かれます．その地域では，多くの方が亡くなられていますので，当然の事と思います．それとは別に，身内の方を亡くされたり親しい方を亡くされている方で，亡くなった方が夢枕に立つとか夢に出てくるとか，そういった事も多くあると思います．そういったケースは，亡くなられた方のみたま様が，遺族を守って下さっているのだと思いますので，このことが判れば，きっと遺族の助かりの為の力になるのではないかと思います．

N016　新宗教　確かにそういう体験をしている方はおられ，悩んでいたらその原因を考え，そういう現象が起こらないように共に考えます．又お祓いをするなどしたこともあります．

N017　新宗教　霊的な現象を信じて，くようをする人にはつきやすいと思う．信じてない人にはつかないと思う．

S001　神社神道　霊的な現象は，ごく自然的なことで，人間が感じとれない波動的なものでしょうか．現在は，見えない物は信じない，形の無いものは，偽りと云う考えが定着していることでしょう．人間は，自然に従順であれば，霊や魂の存在は感ずるものです．私たちが退化した能力が，大震災で蘇りつつあると思います(自然に畏敬の念を表す時)．

S002　神社神道　人の霊，動物霊(きつね)が乗り移った人を見た事がありますし，

お祓いをし，正常に戻る姿も見たことがあります．霊的な現象はまったくないとは言えないと思います．私がお祓に携わった霊現象には必ず理由がありその理由を解決すると霊現象はしずまり元に戻りました．単純ですが理由です．

S007　神社神道　問 11 で答えた様に，万物には霊が有り，それに対しての「礼」を欠く事が，俗に言う「さわり」「たたり」等で有るので，「礼」を欠く事の無い様にする事が大切．我々は「生かされ生きている」と思うことが大切．全ての物と共存共栄している事を忘れない事が大切．

S008　神社神道　×．

S015　神社神道　特になし．

S016　神社神道　吾々の地域は震災地に近いが，比較的軽度であったとかんがえている．従って「霊的な…」は一切なかった(聞いていない)．これまで宗教に携わって永いが，幼年期に水害がこの地方にはあって水害には因果関係があってか，その時にも来た(神社に)人はあったが「霊的云云…」は無かったと思う——それらとの関係の「学術的なことことについて」は，不勉強です．

S017　神社神道　古くから当地域の鎮守さまと尊崇されている神社の宮司として，人生相談の一つとして，可能な限り親身になって対応するよう心がけている．

S019　神社神道　霊感について相談が，たびたびあり，特に女性の方がほとんどです．男性についてはほとんどありません．遺伝的な人間構成なのか．霊感の強弱があるようです．一般人は心がすなおな人かなと思うこともあり，本能的なものか．その対応がさまざまに考えられる．又心が被労しているときか．(精神被労か)→ストレス．

S020　神社神道　特に考えておりません．

S021　神社神道　聞くこと，本人の気がすむことが大切だと思っています．

S022　神社神道　霊験あらたか，霊の作様等かならずある神霊，祈禱等粗末にするとバチが当る神葬，当り日年祭等努めるべきで心の安どになることを感じている．

S024　神社神道　リアルに苦しまれていますので，楽にしてさしあげることと，対応策をシッカリとお教えする．

S028　神社神道　供養，祓いを進める．

S031　神社神道　特にありません．

S033　神社神道　ない．

S034　神社神道　特になし．

S045　神社神道　霊的現象は否定もしないし，肯定もしない，体験した人の話を聞くだけである．

S046　神社神道　1．霊的現象を商売にしている傾向にあるので東北大学文学研究科が動きはじめたことに期待したい．2．悩んでいる人の割合は低いが，いらっしゃることは事実なので，対処方法を拡散していただきたい．

S047　神社神道　無し．

S048　神社神道　死後の霊魂の安定は「まつり」つなげることで可能だと思っていたが，「まつる」場所，「まつる」人自身がなくなってしまった今回の大震災は，現実のたくさんの死と，故里に堆積する死者の歴史(霊魂の歴史)の喪失のような気がする．地域再建は霊魂が宿るふるさとの再建をも目ざすことになると思う．霊的な現象とは霊魂の不安定を霊と人間とが共に感ずる心理だと思う．その落ち着き場所を示すのが，広い意味での宗教の役割でしょう．
S049　神社神道　私はあまり霊感が強くないので，現象に会うことはありませんが，気配を感じることは多々あります．
S050　神社神道　「怖い存在ではなく近くで見守って下さるという事」ですが，今回の震災では，被災され，亡くなられたことを訴えていると感じます．
S052　神社神道　神道では「祓い」による明き清き正しき直き心を以て事に当たると考えられているのですべての神事の前に「修祓」があります．
S054　神社神道　なし．
S057　神社神道　亡くなられた身内や友人に対する強い思い等が関わっているのだと考えています．霊的な現象・体験は否定しません．本人が納得できるまで，悩み等の相談に対応します．
S058　神社神道　個人的にはあるのではないかと思う．
S060　神社神道　特にない．
S062　神社神道　神社界では，(あるいは個人の考えでは，)日本人は，古来より，人間が亡くなっても霊(たましい)は存在すると感じてきた人種であると考えている．それは人間以外の万物においても同じことで，一人の人間からすれば，周りにある全てが神であると考えれば私たちは自分に関わる全ての物に生かされているのであると思う．霊的な現象は，体験した人が，犯した罪を悔い改めなければならない場合，あるいは体験した人が霊を慰めてあげなければならない場合，何かに気付いてあげなければならない場合，など様々であると思う．
S063　神社神道　実際に体験してみると，総てを否定できなくなるが．現象について第三者に話をする事は遠慮がある．相談者の方々にも「こんな事他人に話せない」とタブー視しているむきもある．確かに私自身の中でも結びつけて考えたり，偶然と否定した考えになる．
S066　神社神道　霊的な現象や体験を自分自身で体験したことは無いので何とも言えませんがよく霊感が強い人といわれているように個人差はあるものの霊に敏感な感受性の強い方がいることは確かです(身内にも霊感が強いと云われている者がいる)．
S068　神社神道　対象者に不安をあおるような言動行為は一切しないとひたすらにお祓い，清祓いすることにより，心身の不浄をなくし心をさわやかにすることが，神道人の役割と考える．
S072　神社神道　科学的に説明できない事柄はあると思う．しかしそれらがすべて霊的な現象かと問われれば，そうではないと思う事もある．

S073　神社神道　霊的な現象については，見える人(気付く人)と見えない人(気付かない人)がいます．現れたら何を言いたいのか，何をしてほしいのか，何をすべきかを問いたい．人は生きているから何かをする事が出来るが，亡くなってしまえば出来ず，誰かに頼らなければ叶える事が出来ない．気付いてくれる人，叶えてくれる人に現れるのではないかと思う．この世に授かった命は大切なものであり，生かされている事をよく考え，日々の生活，しっかりと生きていく事が大事であると思う…思っていても実行はなかなかむずかしいものである．
S075　神社神道　霊魂がもっとも尊く不滅の存在であり，皆で死者に対し畏敬の念を持ち日々感謝することが大切なことであると思う．戦争で亡くなられた，英霊が犠牲になられた一般国民の方々にも同じことです．今の繁栄が犠牲になられた方々の上にあり，感謝の気持ちを忘れずに．
S077　神社神道　自分自身にはそのような感性はないと思うので儀礼や神事を通して相手の不安を払拭するよう取計らう．
S078　神社神道　問9の記述のとおり，不安から生ずるものが多いように思う．しかしながら「場所」によっては「斬首場であった」や「機関整備に伴い供養塔などが移設され，のち，ないがしろになっている」場合が見られ，全くの妄想とも考えてはいない．依頼や相談を受けた際は，自身現地に出向き，「嫌な感じがする」か否かを判断材料としているが，正に「威圧的な空気」であったり「長くは留りたくない雰囲気」を覚えたことも少くはない．相談してくる方には「感じようとするアンテナの感度」と表現しているが，個人的には「念」や「気」というものの存在を否定していない．
S079　神社神道　問いの通り感じております．
S080　神社神道　私自身本格的な御相談を受けたことや精神的にいわゆる取り憑かれた状態の方等，実際にお会いした訳ではありませんが(噂話で色々お聞きしますが)，日本人にとって固有の神様とは自然への尊崇の念であり「霊的な現象・体験」も(自然には敵わない)自然の一部と考えます．恐れや敬いの念を忘れず，安らかなれと祈ってあげるべきです．存在を否定したり粗末な考えや扱いを行えば報いとなって自分に返ってくる鏡の様なものと感じます．関連する訳ではありませんが，大震災で犠牲となられた多くの方々のことを思えば日本人ならば(日本人の習慣・英知・経験など)自然とそう感じるのではないでしょうか？
S085　神社神道　ありません．
S086　神社神道　霊的な現象体験や霊を感じる人はそれを感じる物を持った(体質的な物？)限られた人だけのようです．誰もが感じると言う事ではないようです．一番大切な事は亡くなられた方の家族や身内の方が手厚く心を込めて供養なさる事だと思います．
S087　神社神道　霊的な現象や体験は現在まではないが霊的現象はあると思っています．
X001　キリスト教　キリスト教の一般的な考えとしては新約聖書の使徒の働き(使

徒ペテロやパウロ達)で記されている出来事を文字通り信じています．幽霊とは死んだ方々が現れているのではなく，その真似をしている悪霊等の仕業です．

X003　キリスト教　霊的な体験をさせていただくことは感謝です．神と人との繋がり，人と人との繋がりを確信し，天国がある事を確信するからです．それは希望となり希望は今を生きる力になるからです．

X004　キリスト教　自分で知覚はできないがそういうこともあるかもしれない．1，相談をしてくださった方に寄り添い，「相談者」へのケアを行う．2，その他は必要に応じて対応する．という 2 点が方針である．

X005　キリスト教　いわゆる「霊的な体験」を経験することにはその人個人の人生観や生育歴といった人格の根底にある部分との密接なつながりがあると思います．ですからその体験を安易に否定することは避けなければならず，ていねいな対応が求められていると思います．その意味で，除霊や慰霊といった行為はその人の体験の意味を探ることを回避してしまう行いではないかと考えます．

X006　キリスト教　ただひたすら耳を傾けるだけではないかと考えている．

X010　キリスト教　真偽を見分けることの難しさはあると思う．また，そのことによって恐れている場合は，心配しなくてよいと話せるが少なからず慰めを受けている場合，どのように聞き，お話すべきかは考える必要がある．

X011　キリスト教　そのような悩みの重荷が解かれることを祈るばかりです．

X012　キリスト教　人間の存在の根源が霊であり，霊が生まれる時どのように肉体に入り，死ぬ時どのようにして出て行き，人生において霊魂の成長について無知ならば死後どのようにさ迷うかについて，あまりにも無知な牧師や僧侶が多い．また社会的風潮として宗教と魂，見えない世界の関係が，分かりやすく多くの人に伝える機会が少ない．マスコミの悪しき論調も悪影響して，多くの人々が死後の幸いな人生への道がふさがれている．

X014　キリスト教　恐るるに足らず．真の神は守っていて下さいます．

X017　キリスト教　現象ばかりに目を向けると，解決が難しくなります．現実の生活での「生きにくさ」や「心の傷」の問題が根底にあるので，さまざまなサポートや支援をしながら，「現実逃避」せずに現実に向かって生きて行けるように助けてあげることが鍵だと思っています．宗教関係者の誤った霊的問題の対処がニュース沙汰になるのを見るにつけ，とても残念な気持ちでいっぱいになります．

X020　キリスト教　真の神様を疑わせたり，人をこわがらせたりする悪霊がこの世に存在すると思います．精神病とは全く別ものです．

X021　キリスト教　特にありません．

X022　キリスト教　問題を明らかにして，理論的に解決していただく．

X023　キリスト教　ほとんどの宗教者(僧侶・牧師・神父・神官)達は，宗教行事執行者となり，霊の世界やその構造，宇宙全体の構造(多重構造)などほとんど知らない，説明できない．説明があっても唯物論的なもので，「心」の構造すら説明できない．

X026　キリスト教　愛する方とのお別れ程，つらく，かなしいことはありません．聖書の言葉どおり，復活信仰を悲しんでいるかたに語っています．
X027　キリスト教　特にない．

3　アンケート「亡くなった人との〈こころの絆〉についてのおたずね」

1　震災・津波で亡くなった方(関連死も含む)，あるいは行方不明の方で，あなたが〈こころの絆〉(こころのつながり)を強く感じている人をどなたか一人あげるとしたら，どのような方が思い浮かびますか．
a　家族　　b　親族　　c　友人　　d　仕事上の同僚　　e　趣味・社会活動の仲間　　f その他(　　　　　)

～以下の質問は，この方を念頭に置いて答えてください～
(該当者が思い浮かばない方は回答する必要はありません)

2　その方との絆を感じさせるもっとも大切なものを一つあげるとしたら，それは何でしょうか．「とくにない」場合は，何も書かなくてけっこうです．
a　写真　　b　お墓　　c　仏壇　　d　位牌　　e　形見の品(　　　　　)
f　思い出　(　　　　　　　　　　　　　　　　)
g　その他　(　　　　　　　　　　　　　　　　)

3　それについて，あなたはどのような気持ちをいだいていますか．(複数回答可)
a　悲しい気持ち　　b　癒される気持ち　　c　励まされる気持ち　　d　懐かしい気持ち　　e　その他(　　　　　　　　)

4　その人の夢を見ることはありますか．
a　よく見る　　b　見たことはある　　c　見たことがない

5　[見たことのある方へ]その夢を見て，どのような感じをもちましたか．
(　　　　　　　　　　　　　　　　　　　　)

6　[見たことのない方へ]夢を見ないということについて，どのようにお考えですか．
(　　　　　　　　　　　　　　　　　　　　)

7　次のなかで，あなたが今までに感じたことのあるものを教えてください．(複数回答可)
a　その人から見守られていると感じたことがある
b　その人の気配を感じたことがある
c　その人が天国・極楽・浄土・他界などにいるという感じを持ったことがある
d　その人からメッセージを受け取ったと感じたことがある
e　その人に語りかけると，答えが返ってくるような感じがする
f　その人が自分の心のなかで生きているという感じがする

8　その他，その人との〈こころの絆〉に当たることで感じていることがありましたら教えてください．

(　　　　　　　　　　　　　　　　　　　　　　　　)

9　その人に対して，何か宗教的なことをおこなっていますか．（複数回答可）
　a　その人の安楽・冥福・浄福などを祈る（追悼・供養する）
　b　自分自身に関することを祈る（祈願する）
　c　経文や聖句などを唱える
　d　何かをお供えする
　e　仏壇や墓の前で会話をする
　f　その他（　　　　　　　　　　　　　　　　　　　　　　　）

10　あなたは，死んだ人の魂はどうなると思いますか．回答リストの中から，1つだけあげて下さい．
　a　消滅する　　b　墓にいる　　c　別の世界に行く　　d　生まれ変わる
　e　ここにいる
　f　その他（　　　　　　　　　　　　　　　）　g 魂は存在しない

11　あなたは，何か宗教を信じていますか．　a　信じている　　b　信じていない

12　現在，あなた自身の心の健康は，総合的に見て良好だと思いますか．
　a　良好である　　b　良好ではない　　c　分からない

13　あの世や霊魂や生まれ変わりなどを信じることで，気持ちが前向きになると思いますか．
　a　思う　　b　思わない　　c　分からない

14　亡くなった方との〈こころの絆〉を大切にすることで，気持ちが前向きになると思いますか．
　a　思う　　b　思わない　　c　分からない

15　ここでたずねた事柄について，人と話すことはありますか（個人的でも複数の人の集まりでも）．
　a　話す　　b　話さない　　c　相手や時と場合による（　　　　　　　　　　）

16　ここでたずねた事柄について，何か宗教者に話してみたい，聞いてもらいたいと思うことはありますか．
　a　ある　　b　ない

17　「ある」と答えた方は，とくにどのようなことを相談したいと思いますか．
　（　　　　　　　　　　　　　　　　　　　　　　　　　　　　　　　　　　）

18　亡き人の気配や声についての体験談を，人から聞いたことはありますか．
　a ある　　b ない

・あなた自身の性別・年齢・職業について教えてください．
　男　女　（　　　）歳　　職業（　　　　　　　　　　　　）
　　　　現在は職業無しの方→以前の職業（　　　　　　　　　　　）

質問は以上です．ご協力，ありがとうございました．

同，調査結果

質　問	選択肢	回答数	回答率(無回答を除く)	無回答を除いた総数
Q1　故人	a 家族	32	32%	100
	b 親族	31	31%	
	c 友人	19	19%	
	d 仕事上の同僚	2	2%	
	e 趣味・社会活動の仲間	5	5%	
	f その他	11	11%	
Q2　絆を感じさせるもの	a 写真	26	27%	97
	b お墓	13	13%	
	c 仏壇	2	2%	
	d 位牌	3	3%	
	e 形見の品	2	2%	
	f 思い出	46	47%	
	g その他	5	5%	
Q3　絆への感情	a 悲しい気持ち	59	60%	98
	b 癒される気持ち	10	10%	
	c 励まされる気持ち	23	23%	
	d 懐かしい気持ち	38	39%	
	e その他	18	18%	
Q4　夢	a よく見る	9	9%	100
	b 見たことはある	55	55%	
	c 見たことがない	36	36%	
Q5　夢を見た感想(自由記述の分類)	ポジティブ	18	33%	55
	ネガティブ	15	27%	
	ニュートラル	4	7%	
	記憶に関するもの	16	29%	
	アンビヴァレンツ	2	4%	

質　問	選択肢	回答数	回答率(無回答を除く)	無回答を除いた総数
Q6　夢を見ないことについて(自由記述の分類)	十分に供養し、必要がないから	5	21%	24
	あの世で元気にしているから	4	17%	
	会いたい・寂しい	4	17%	
	考えない(たくない、られない)から	5	21%	
	もともと夢を見ない	4	17%	
	特になし	2	8%	
Q7　故人について感じたこと	a 見守り	53	56%	95
	b 気配	24	25%	
	c あの世	44	46%	
	d メッセージ	22	23%	
	e 答え	35	37%	
	f 心のなか	63	66%	
Q8　その他，絆として感じたこと	(自由記述)			
Q9　宗教的行為	a 供養	73	80%	91
	b 祈願	27	30%	
	c 経文	22	24%	
	d お供え	51	56%	
	e 会話	58	64%	
	f その他	4	4%	
Q10　魂の行方	a 消滅する	7	7%	97
	b 墓にいる	25	26%	
	c 別の世界に行く	25	26%	
	d 生まれ変わる	13	13%	
	e ここにいる	13	13%	
	f その他	10	10%	
	g 魂は存在しない	4	4%	

質　問	選択肢	回答数	回答率(無回答を除く)	無回答を除いた総数
Q11　宗教信仰	a 信じている b 信じていない	47 43	52% 47%	91
Q12　心の健康	a 良好である b 良好ではない c 分からない	55 31 12	56% 32% 12%	98
Q13　死後生で前向き	a 思う b 思わない c 分からない	45 25 30	45% 25% 30%	100
Q14 〈こころの絆〉で前向き	a 思う b 思わない c 分からない	72 11 17	72% 11% 17%	100
Q15　人に話すか	a 話す b 話さない c 相手や時と場合による	40 20 38	40% 20% 38%	99
Q16　宗教者に聞いてもらいたいことはあるか	a ある b ない	30 65	32% 68%	95
Q17　相談したい内容	霊的なこと 儀礼的なこと 現世的なこと	9 5 5	39% 22% 22%	23
Q18　体験談を聞いたことはあるか	a ある b ない	65 28	70% 30%	93
性別	男 女	46 53	46% 54%	99
年齢	～49 50～59 60～69 70～79 80～89	8 17 29 32 12	8% 17% 30% 33% 12%	98

高橋 原

1969年生．東北大学大学院文学研究科教授．死生学，実践宗教学．博士(文学)．臨床宗教師養成にも関わってきた．著書に『ユングの宗教論――キリスト教神話の再生』(専修大学出版局)，共著に『隠される宗教，顕れる宗教』(シリーズ「いま宗教に向きあう」2，西村明 責任編集，岩波書店)他．

堀江宗正

1969年生．東京大学大学院人文社会系研究科教授．死生学，スピリチュアリティ研究．博士(文学)．著書に『ポップ・スピリチュアリティ――メディア化された宗教性』，『スピリチュアリティのゆくえ』(シリーズ「若者の気分」)，編著に『現代日本の宗教事情』(シリーズ「いま宗教に向きあう」1，責任編集．以上，岩波書店)他．

死者の力――津波被災地「霊的体験」の死生学

2021年9月10日　第1刷発行
2023年3月15日　第2刷発行

著　者　高橋《たかはし》 原《はら》　堀江《ほりえ》宗正《のりちか》

発行者　坂本政謙

発行所　株式会社 岩波書店
〒101-8002 東京都千代田区一ツ橋2-5-5
電話案内 03-5210-4000
https://www.iwanami.co.jp/

印刷・理想社　カバー・半七印刷　製本・牧製本

© Hara Takahashi and Norichika Horie 2021
ISBN 978-4-00-061489-4　Printed in Japan

いま死の意味とは　トニー・ウォルター　堀江宗正訳　四六判二一二頁　定価二三一〇円

ポップ・スピリチュアリティ　—メディア化された宗教性　堀江宗正　四六判三二二頁　定価二七五〇円

死者と霊性　—近代を問い直す—　末木文美士編　岩波新書　定価九四六円

帝国日本の閾　—生と死のはざまに見る—　金杭　四六判三二二頁　定価三五二〇円

遠野物語・山の人生　柳田国男　岩波文庫　定価一一五五円

死者の書・口ぶえ　折口信夫作　岩波文庫　定価八一四円

岩波書店刊

定価は消費税10%込です

2023年3月現在